Bruce Davis
und
Genny Wright Davis

Liebe heilt

ch. falk verlag

Aus dem Amerikanischen
von Gion Chresta

Titel der Originalausgabe:
The Heart of Healing

Umschlaggestaltung: Manuela Rosenkind

Satz: Indragni, Ascheberg-Herbern
Druck: Dorendorf, München

Printed in Germany
ISBN 3-924161-04-6

Widmung

Wir möchten dieses Buch unserer europäischen spirituellen Familie widmen. Euer Mut, tief nach innen zu gehen, um zu heilen und zu vergeben, wirkt heute nicht nur auf die ganze Erde ein, sondern gibt, wie wir glauben, allen zukünftigen Generationen Hoffnung und macht gleichzeitig unsere Vorfahren frei. Wir fühlen uns durch Eure Aufrichtigkeit und Eure Verpflichtung, Euer Größeres Selbst zu sein, bestärkt und beschenkt.

Einleitung

Ich erinnere mich, daß ich als Kind an meinem Schreibtisch saß oder im Bett wach lag und dachte: „Es muß noch etwas anderes geben.“ In den späteren Schuljahren schrieb ich ernsthafte Abhandlungen über das Leben und verbrachte meine Nachmittage damit, auf dem Fahrrad kreuz und quer die Stadt zu erkunden und in Hinterhöfe zu spähen. Doch alles schien mir verschlossen, hoffnungslos und ohne Ausweg zu sein. Nicht einmal meine Träume, was die Welt mir in Zukunft alles bringen würde, konnten mich zufriedenstellen.

Von Zeit zu Zeit stieg ein so gewaltiges Gefühl in mir auf, daß ich fast zu explodieren glaubte. Ich spürte in diesen Momenten lichtvoller Klarheit, daß ich jemand ganz Besonderer war. Doch als Erwachsener war ich dann nicht sicher, ob diese Augenblicke, in denen ich ein unglaubliches Gefühl von Sinnhaftigkeit empfand, von meiner Arroganz herrührten oder von Gott selbst in mir. Wie ich aber je diese andere Seite von mir in der Welt draußen würde verwirklichen können, blieb mir leider immer verborgen.

Wie sehr ich es auch versuchte, ich konnte mich selbst nie davon überzeugen, daß ein Weg, auf dem ich dauernd zu kämpfen hätte, wie zum Beispiel der Weg über politische Veränderungen, eine neue Liebesbeziehung oder ein erneutes Mich-Einlassen auf meine Gefühle mein Leben zur Erfüllung führen würde; ich war nie zufrieden. Was sich mir zur Wahl und als Lebens-Sinn anbot, stillte nie den Durst, der mich vorwärtstrieb. So versuchte ich, möglichst wenig Kompromisse einzugehen.

Als ich dann eines Tages am Eröffnungsseminar eines Universitätslehrganges teilnahm, veränderte eine einzige Begegnung mein ganzes zukünftiges Leben. Ich traf eine bemerkenswerte Frau, eine Schamanin und Medizinfrau der Eskimos, welche mich merkwürdigerweise erwartete. Binnen weniger Stunden wurde ich zu ihrem Lehrling, und eine tiefe Freundschaft begann, die vier Jahre dauerte und mich zu Genny, meiner spirituellen Partnerin, führte. Genny und ich gingen später auf Reisen und lernten auf den Philippinen psychisches Heilen; ferner übten wir täglich die Lektionen eines unglaublichen Buches, das sich *Ein Kurs in Wundern** nennt, bis sich unser Leben auf sein inneres Ziel ausgerichtet hatte, erfüllt von Sinn und Wunder.

Heute, sieben Jahre später, müssen selbst wir zugeben, daß die Ereignisse, die in diesem Buch beschrieben sind, einer anderen Welt anzugehören scheinen. Wir fragen uns, wie wir wohl anderen Menschen begreiflich machen können, daß jede Erfahrung, die hier beschrieben ist, jedem von uns offensteht. Wie können wir andere wirklich davon überzeugen, daß eine andere Wirklichkeit immer in unserer Mitte existiert, wie die äußeren Lebensumstände auch immer aussehen mögen?

Wir brauchten eine Eskimo-Schamanin und philippinische Heiler, um unser Ego aus seinen verhärteten Vorstellungen herauszubrechen, doch beinahe täglich treffen wir jemanden, der keine so außergewöhnlichen Lehrer und Erfahrungen braucht, sondern ganz natürlich seine Aufgabe und seinen Lebenssinn findet. Auf dem Weg der Demut werden diese Menschen leicht und schnell zur Wahrheit geführt.

Dieses Buch ist für jene unter uns, die denken, daß wir höher stehen als die Blumen und die Vögel — und für diejenigen, die um unser aller Gleichheit wissen. Dieses Buch ist für jene unter uns, die ihr Schicksal zu kontrollieren suchen und ihr Leben zu planen, statt unsere wahre Bestimmung wachsen und erblühen zu lassen.

Wir wissen, daß derselbe Geist, den wir damals erfuhren, heute auf der ganzen Welt Tausende und Abertausende von Herzen berührt. Es ist in der Tat eine spirituelle Revolution im Gange. Wir glauben, daß dieses Zeitalter auf seinem Höhepunkt etwas noch viel Großartigeres als das Auftauchen eines einzelnen göttlichen Wesens bringen wird. In unserer Vision sehen wir eine

Welt, welche dieses göttliche Wesen in jedem erkennt und die weiß, daß wir alle miteinander verwandt sind, enger als jetzt mit unserer Familie. Diese Sicht der Welt verbreitet sich rasch. Viele Menschen erkennen, daß jeder von uns nur insoweit ganz und heil ist, als *alle* ihre Ganzheit erkennen. Worte können die Einheit und den Frieden, welche uns innewohnen und die unsere Bestimmung sind, nicht beschreiben. Wir wissen, daß diese Revolution schon im Gange ist — nicht durch Demonstrationen und Ansprachen, sondern durch jeden von uns, der es wagt, Liebe und Vergebung in den dunkelsten Bereich seines Lebens zu bringen, und so die Schönheit seiner eigenen Seele entdeckt. In dem Moment, wo wir die Dunkelheit nicht mehr länger als unseren Feind betrachten, sondern als etwas, das uns weiterhilft, kann alle Welt sich als ganz und kostbar erkennen.

* *A Course in Miracles.* Hrsg. von der *Foundation For Inner Peace,* Tiburon, CA 1975;
Erscheint voraussichtlich 1987 in deutscher Sprache im *Ch. Falk-Verlag,* Planegg. Das amerikanische Original ist ebenfalls beim Ch. Falk-Verlag erhältlich.

Erster Teil

Die Einweihung

Kapitel 1

Im Frühling, als der Schnee ganz geschmolzen war, begann ich, täglich mehrere Stunden unter meinem Baum zu sitzen. Jeden Tag wartete der Baum auf mich, und obwohl dieser Park in Denver im Staat Colorado oft sehr belebt war, beanspruchte nie jemand anderes meinen Platz unter dieser Eiche.

Vor einiger Zeit war mir klar geworden, daß Glücklichsein eine innere Sache ist. Erfolg zu haben oder geliebt zu werden konnte mich nicht zufriedenstellen, wenn ich mich nicht zuvor in meinem Herzen genug wertschätzte, diese Geschenke anzunehmen. Hier im Park konnte ich täglich erfahren, inwieweit ich dem Leben vertraute oder mich davor ängstigte. Mit dem Baum im Rücken hatte ich ein einmaliges Übungsfeld, die Wurzeln meiner Sicherheit wachsen zu lassen, die Äste und Blätter meines Suchens in den Himmel zu schicken, während ich mich den Jahreszeiten meiner wechselnden Gefühle und Gedanken hingab. Hier konnte ich die Strahlen der Sonne als Strahlen der Liebe Gottes empfangen. Und hier fand ich auch innere Ruhe vom Streß in meinem Leben. Unter diesem Baum zu sitzen, umgeben vom Park inmitten einer geschäftigen Stadt, war genau der richtige Ort für meinen Versuch, mich zu erinnern, wer ich wirklich war.

Jeden Morgen arbeitete ich als Therapeut. Einstmals hatte ich persönliche Therapie als soziales Engagement betrachtet: Wenn man miteinander Schwierigkeiten hatte, hieß das in Wirklichkeit, daß man es nicht schaffte, seinem Ärger über die eigene politische und soziale Stellung im Leben Ausdruck zu geben. Ich glaubte, daß Selbstwertgefühl und Beziehungen wieder belebt würden, wenn man sich nur erlaubte, seinen natürlichen Zorn zu spüren und ihn zum Ausdruck zu bringen. Als ich dann diesen Punkt selbst erreicht hatte, erkannte ich, daß wir viele Entschuldigungen finden können, um einfach wütend zu bleiben. Hinter all meinem Ärger, daß wir in unseren Lebensäußerungen so eingeschränkt waren, lag viel Schmerz und ein offenes Gebiet unbekannter Tiefe.

So trat ich in einen therapeutischen Prozeß ein, ähnlich der Primärtherapie, um den unterdrückten Schmerz und die noch unbekannten Gebiete, die ich in mir ahnte, zu erforschen. Fast ein Jahr lang schrie und weinte ich meine Gefühle heraus, als Erinnerungen die leeren Stellen in mir zu füllen begannen. Durchscheinende Schichten meiner Emotionen wurden wie bei einer Zwiebel eine um die andere abgeschält, immer weiter in die Vergangenheit zurück. In einem späteren Stadium dieses Prozesses rollte ich mich ein, stöhnte und zitterte und fühlte mich zusammengedrückt, als ob ich gerade geboren oder wiedergeboren würde. Ich ließ es zu, daß meine Gefühle dann noch weiter abgeschält wurden, während ich auf die Heilung wartete, welche in dem damals verbreiteten Buch über Primärtherapie versprochen wurde.

Eines Tages ging mir auf, wie ich mich und meine Klienten damit einschränkte. Ich kontrollierte unsere Sitzungen mit meinen Erwartungen und wählte immer wieder den Weg, den Schmerz des inneren Kindes zu spüren. Vielleicht waren wir in der irrealen Hoffnung gefangen, ihn ein für alle Mal fühlen zu können und somit davon frei zu werden. Dabei vergaßen wir jedoch das spielerische Kind in uns, daß intuitiv weiß und schöpferisch ist; auch dieses Kind mußte erfühlt und erfahren werden.

Mein Leben und meine Arbeit veränderten sich. Im Zentrum, das ich mitleitete, begannen wir, Erwachsene, die uns mit den verschiedensten Problemen aufsuchten, einzuladen, ihre Kindheit wiederzuentdecken. Dem Alter entsprechend, in dem sie sich fühlten, schickten wir sie in verschiedene Räume, um mit Stofftieren zu spielen, zu weinen oder zu zeichnen — was immer sie gerne taten. Der Schlüssel zum ganzen Prozeß war, ihr inneres Alter und die Bedürfnisse ihres inneren Kindes erkennen zu lernen. Wir alle fühlten uns an der Schwelle einer neuen Erfahrungswelt in der Psychologie, befreit von unserer neurotischen Vergangenheit.

Ich war überzeugt, daß der nächste Schritt in meiner Arbeit die Dissertation war. Zunächst aber schrieb ich mich für ein

Seminar am »Institut für Humanistische Psychologie« ein, einer Universität im Norden Kaliforniens, welche später »Saybrook Institute« hieß. Der erste Abend des einwöchigen Seminars begann mit einem Film über eine psychische Operation auf den Philippinen. Der Patient vom Film war anwesend und erzählte uns, daß er an einem Gehirntumor gelitten habe, den die Ärzte an der Universität von Los Angeles weder hatten unter Kontrolle bringen noch heilen können. Dann sei er — als letzte Zuflucht — nach den Philippinen geflogen, um sich dort von einem einfachen Heiler behandeln zu lassen. Der Heiler ging in Trance, öffnete mit seinen bloßen Händen Haut und Schädeldecke und entfernte das kranke Gewebe aus dem Gehirn. Hierauf schloß er die Öffnung, ohne eine Narbe oder irgendein anderes Zeichen einer Operation zu hinterlassen. Und hier saß der Patient, redete und scherzte über das Gewebe, welches im Film entfernt worden war. Einige wollten wissen, ob es wirklich menschliches Gewebe gewesen sei oder nur „Hühnereingeweide", wie man dies oft von solchen Operationen hört. Er lachte und sagte: „Wie kämen wohl Eingeweide von Hühnern in mein Gehirn! Ich weiß, daß etwas aus meinem Kopf entfernt wurde!"

Ich geriet in einen Zustand psychischen Schocks. Ein Teil von mir glaubte und verstand sogar, was ich gesehen hatte; ich fühlte die Wahrheit darin; ein anderer Teil jedoch war verwirrt und konnte es nicht fassen. Es schien mir auch gar nicht wichtig zu sein, was für ein Gewebe man herausgenommen hatte, denn er war gesund! Der wissenschaftlich diagnostizierte Gehirntumor war weg, und ich akzeptierte dies schließlich als Tatsache.

Obwohl meine Grundsätze damit etwas ins Wanken geraten waren, tröstete ich mich damit, daß naturverbundene Menschen die grundlegenden Lebenskräfte möglicherweise besser handhaben konnten als die moderne Wissenschaft. Aber bald erkannte ich, daß die Wahrheit, die hinter den Kräften stand, welche ich im Film kennengelernt hatte, viel umfassender war, als ich es mir in meinem inneren intellektuellen Dialog zurechtgelegt hatte. Sie war auch umfassender als meine Lebensgrundsätze, ja sogar umfassender als meine Gefühle, wie stimmig sich diese im Moment auch anfühlten.

Das Seminar fand auf einer schönen Ranch statt, umgeben von Gärten, einfachen Backsteinhäusern und zwei Schwimmbecken. Unter den Teilnehmern befanden sich ein Xerox-Direktor, der seine Stellung gekündigt hatte, Therapeuten verschiedener Schulen, ein Industriemagnat, ein katholischer Mönch und eine besondere Frau, Doris. Sie weckte augenblicklich mein Interesse, als sie sich als Schamanin vorstellte.

Doris war Medizinfrau mehrerer Eskimodörfer in Alaska. Sie arbeitete mit Heilkräutern und vor allem mit ihren psychischen Fähigkeiten, welche sie als Kind in Samoa ausgebildet hatte. Sie sagte uns, daß in allem ein Geist lebt: in Menschen, Steinen, Pflanzen — in allem. Ihre Heilungsarbeit schloß mit ein, daß sie zu den Geistern, die den Patienten umgaben, redete. Meistens, so sagte sie, sind der Grund und die Heilung jeder Unpäßlichkeit kaum mehr als einen Meter voneinander entfernt.

Als sich jeder vorstellte und darüber sprach, warum er an diesem Seminar teilnahm, da hörte ich ihrer Geschichte besonders aufmerksam zu. In mir war ein unglaubliches, aber auch verwirrendes Gefühl entstanden, daß unser Zusammentreffen einen tieferen Sinn hatte, als es zunächst schien. Wir waren einander eben erst begegnet, und schon verkehrten wir nicht mehr wie Fremde miteinander, sondern wie gute Bekannte, die sich nach Jahren des Getrenntseins wiederfinden.

Die Extreme menschlicher Erfahrung, mit denen ich in Kontakt kam, überwältigten mich. Mein Kopf versuchte verzweifelt, sich irgendwo festzuhalten und meinen aufgewühlten Bauch zu kontrollieren. Ich zog mich zurück und suchte Zuflucht in meinem kleinen Hüttchen. Dort legte ich mich aufs Bett, rollte mich wie eine Kugel zusammen, weinte und fühlte mich verloren in dieser Wildnis seltsamer Erfahrungen. Als ich so dalag und mein Kissen umklammert hielt, spürte ich plötzlich, wie etwas, das ich nur als eine Gegenwart beschreiben kann, ins Zimmer kam. Sie setzte sich neben mich; ich fühlte mich wie von einem lebendigen Körper umarmt und ein süßes, friedvolles Gefühl breitete sich in mir aus. Ich hörte mit Weinen auf und sank in eine tiefe Entspannung. In dieser tiefen Ruhe wußte ich, daß jemand bei mir war.

Auf dem Rückweg zum Hauptgebäude entschied ich mich dafür, daß dieses Erlebnis dem momentanen psychologischen Bedürfnis nach einer Mutter entspringen mußte. Als ich den Gruppenraum betrat, begegnete mir Doris, die ein besorgtes Gesicht zeigte. Sie schaute tief in meine Augen und fragte: „Ist alles in Ordnung?" Ich nickte. Da fuhr sie fort: „Ich wäre lieber in meinem physischen Körper gekommen, aber ich wollte dich nicht erschrecken."

Ohne zu zögern akzeptierte ich das Unmögliche. Ich wußte, daß die Gegenwart im Zimmer Doris gewesen war; sie hatte mich gehalten und geheilt! Doris lächelte und führte mich in den Raum zu einem Stuhl.

„Es wurde Zeit", begann sie, „daß wir uns trafen. Ich habe auf dich gewartet. Wir planten dieses Zusammentreffen, lange bevor wir uns dieses Mal inkarnierten."

Ich nickte, verstand und verstand wiederum nicht, worum es eigentlich ging. Sie begann mit mir zu reden, als ob wir uns schon seit langem kennen würden — oder genauer, schon viele Male gekannt hätten. Als ich gerade dazu ansetzte, tausend Fragen zu stellen, sagte sie: „Behalte sie noch bei dir, ich werde heute abend zu dir kommen."

Nach dem Abendessen wartete ich auf sie, aber da noch ein Gruppentreffen und Diskussionen stattfanden, konnten wir uns nicht zusammensetzen und reden. Enttäuscht ging ich zu Bett. In derselben Nacht träumte ich, daß ich zu Hause schlief, und ich sah ganz klar, wie ich in meinem eigenen Bett von der Arbeit des kommenden Tages träumte. Alles fühlte sich vertraut, wirklich und lebendig an. Dann sah ich, wie Doris bei mir, der ich schlief, erschien. Ich bewegte mich etwas, um ihr einen Platz zum Sitzen freizumachen. Sie sagte: „Ich werde oft so zu dir kommen, und wir werden in deinen Träumen Verschiedenes besprechen.“ Im selben Augenblick erkannte ich, daß ich schlief. Diese Erkenntnis rüttelte mich wach, und in höchster Aufregung suchte ich herauszufinden, wo ich war. Ich war allein.

Am nächsten Tag kam ich gerade noch rechtzeitig zum Gruppentreffen, um mehr von Doris' Geschichte zu hören. Sie schilderte ihre Arbeit in den entlegenen Dörfern Alaskas. Dort gab es kein Telefon, so daß sie, wenn man sie brauchte, oft auf telepathische Weise um Hilfe gebeten wurde. Man „sagt“ ihr, warum und wie dringend man ihr Kommen benötigt. Sie übermittelt dann dem Dorf telepathisch ihre eigene Botschaft, wann und wo sie ankommt, setzt sich in ihr Flugzeug und fliegt bei jedem Wetter dorthin.

Doris erzählte: „Neulich erhielt ich zu Hause die Nachricht, daß ein kleines Eskimomädchen durch's Eis ins Wasser gefallen sei. Die Dorfbewohner taten alles, was sie konnten, um sie zu wärmen, aber wenn sie nicht innerhalb der nächsten Stunden Hilfe bekam, würde sie erfrieren. Ich wußte, daß es mich mindestens zwei Stunden kostete, um bis zu einem schmalen Landstreifen in der Nähe des Dorfes zu fliegen, und schickte ihnen eine Nachricht mit meiner Ankunftszeit. Unterdessen begann ich mit dem Mädchen zu arbeiten, noch während ich zu diesem Dorf flog.

Jemand fragte sie, was „mit dem Mädchen arbeiten“ bedeutete. „Heißt das, daß Sie sie aus der Ferne heilten?“

Doris erklärte: „Ich hatte meinen Körper im Flugzeug gelassen und begab mich zu ihr, um mich auf sie zu legen und sie so zu wärmen. Als ich dann gelandet war, kamen die Eltern angerannt und erzählten mir, daß das Mädchen schon viel wärmer sei. Ich aber wußte, daß nur die obere Hälfte ihres Körpers warm war, denn ich hatte ihnen nicht übermittelt, daß sie sie umdrehen sollten. Daher rannte ich unverzüglich ins Dorf, drehte sie um und legte mich erneut auf sie. Bald war der Körper des kleinen Mädchens auf beiden Seiten erwärmt, und sie kam wieder zu

Bewußtsein. Als ich ging, war sie schon wieder auf den Füßen und spielte mit den anderen Kindern."

Nachdem Doris mit ihrer Geschichte geendet hatte, wurde sie vom ehemaligen Xerox-Direktor nach der Bedeutung einiger seltsamer Worte gefragt, die ihm dauernd in den Sinn kamen, und er wiederholte sie laut. Doris stand auf und umarmte ihn. Es stellte sich heraus, daß diese Worte aus einem bestimmten Eskimodialekt stammten und einen Teil einer Botschaft darstellten, die Doris von einem Schamanen eines weit abgelegenen Dorfes erhielt. Doris erklärte ihm, daß es für ihn eine ganz besondere Bedeutung habe, Empfänger dieser Nachricht zu sein.

Dieses Seminar schien also nichts mit dem üblichen akademischen Stoff zu tun zu haben, sondern war statt dessen ein mir vorbestimmter Kurs, den ich benötigte, um in meinem Leben weitergehen zu können. Die Grundfesten, auf die ich mein Leben gegründet hatte, waren so schnell erschüttert und so meisterhaft in Frage gestellt worden, daß ich nicht mehr in der gleichen Art wie bisher weiterleben konnte. Es war, als ob mein Innenleben ein Gebäude mit einer bekannten Anzahl Räume darstellte, und ich hätte nun die Aufgabe bekommen, doppelt so viele Räume zu finden. Wie viele neue Räume würde ich noch kennenzulernen haben?

Das Seminar ging zu Ende. Bevor wir uns verabschiedeten, versicherte mir Doris, daß alles, was geschehen war, hatte geschehen müssen. Sie erklärte mir: „Die Antworten auf alle deine Fragen liegen in deinem Inneren. Du hast sie mit dir in diese Welt gebracht. Setze dich still hin und übe dich darin, empfänglich zu sein für das, was wirklich ist."

In gehobener Stimmung und innerlich gestärkt verließ ich die Ranch. Ich fühlte mich, wie noch nie zuvor in meinem Leben, als derjenige anerkannt, der ich wirklich war. Ich wußte immer, daß noch mehr auf mich wartete, aber noch nie war jemand dagewesen, der gesagt hatte: „Ja, ja, greif zu!"

Zu Hause angekommen, wurde meine Aufmerksamkeit sogleich wieder voll von meinen Klienten in Anspruch genommen. Sie suchten bei mir nach Antworten und nach Bestärkung, um sich mehr in ihre Gefühle zu wagen. Sie suchten ihren eigenen Weg, um gesund zu werden.

Der Alltag hatte mich wieder. Oft fuhr ich zum Abendessen zu meinen Eltern, die in der Nähe lebten. Nach dem Essen blieb ich immer noch eine Weile und brachte dann ihre Köchin Josie nach Hause. Ich freute mich immer auf unsere Unterhaltungen auf der Heimfahrt, und so war es für mich ein Leichtes, Josie von meinen Erlebnissen in Kalifornien zu erzählen. Ich fragte sie, ob sie je von Geistern und von Geistigem Heilen gehört hätte. Sie lachte: „Natürlich! Du solltest einmal in unsere Gospelkirche kommen; einige unserer Kirchenschwestern reden in Zungen, und die ganze Zeit geschehen Heilungen durch unseren großen Herrn Jesus." Als ich ihr davon berichtete, was sich in Kalifornien zugetragen hatte, wiederholte sei ein um das andere Mal: „Jesus! Danke, Jesus!" Etwas verlegen, fragte ich sie: „Weshalb sagst du das?"

Da erzählte sie mir, daß die ganze Gemeinde jeden Monat Zettel mit Namen in einen Korb lege. Am Anfang des Monats würden zwei dieser Namen gezogen, und jeder betete dann während des folgenden Monats für diese Zwei. Sie hatte meinen Namen in den Korb getan, und er war einer der zwei für diesen Monat gewesen; so hatte also jeder für mich gebetet. Daher war sie überhaupt nicht überrascht, daß ich „berührt worden war". „Eines Tages", so sagte sie, „wirst du ein Heiler sein, und deine eigene Kirche haben."

Ein Heiler, eine eigene Kirche, ich? Zuerst einmal bin ich jüdisch, und zweitens weiß ich gar nicht, was ein Heiler ist oder tut. Ich wechselte das Thema. Die Erinnerungen an die Woche auf der Ranch zogen sich in einen wenig benützten Winkel meines Kopfes zurück.

Doris und ich korrespondierten miteinander. Im allgemeinen hieß das, daß ich Briefe schrieb, welche Doris damit beantwortete, daß sie mich in meinen Träumen besuchte. Gelegentlich sandte sie mir auch einen ordentlich getippten Brief, wie um mir zu sagen: „Schon gut, dann mach ich's halt so, wenn du's auf dem anderen Weg nicht hören willst." Die Briefe sagten: „Ich bin mit dir; vergiß nicht, ich kann nur in deine Träume kommen, wenn du's mir erlaubst." Ich wußte nicht, was sie damit meinte, und es fiel mir schwer, die Existenz einer spirituellen Ebene in meinem Leben zu akzeptieren. Die Logik, nach der ich meinen Alltag ausrichtete, und das Weltgeschehen schienen die Möglichkeit eines göttlichen Planes auszuschließen. Und doch ereignete sich hier und jetzt in meinem Leben das Ungewöhnliche, daß eine Frau, die Tausende von Meilen entfernt lebte, in meinen Träumen erschien und mir Briefe schrieb, in denen sie von Dingen aus meinem Alltag wußte, die nur ich selber kannte, und die sie mir erklärte. Trotz des Chaos um mich her wuchs in mir ein Ahnen, Teil einer großen Harmonie und Ordnung zu sein. Jeder Tag brachte kleine Zeichen und Wunder: Bücher, die ich fand, Menschen die ich traf, Briefe, die ich erhielt, brachten mir genau die Antworten, die ich auf meine Fragen suchte.

Doris sagte: „Meditiere! Es ist Zeit, daß du dir, ob wach oder in deinen Träumen, meiner Gegenwart gewahr wirst, einer Gegenwart, die über dich hinausgeht. Nacht oder Tag, alles ist ein Traum. Meditiere, suche etwas Größeres! Dein Leben ereignet sich nicht einfach, du mußt es leben!"

Was meine Beziehungen zu Frauen betraf, wurde mir klar, daß ich genug davon hatte, jemandes Wunschbild erfüllen zu wollen. Ich sah keinen Grund mehr, auf Liebe zu warten oder um Liebe zu buhlen. Ich fühlte Liebe in mir, aber noch war ich dieser besonderen Frau, mit der ich diese Liebe teilen sollte, nicht begegnet. Eine innere Stimme sagte mir, daß diese Frau erscheinen würde; alles, was ich zu tun brauchte, war klar genug zu meditieren, genügend stark daran zu glauben und mein Innerstes, das alles weiß, darum zu bitten. Ich spürte auch, daß ich sie nicht in Bars oder auf Parties zu suchen brauchte.

So saß ich nun Tag für Tag, gestärkt von der Eiche in meinem Rücken, Wochen und Monate im Park und fühlte, wie die Liebe in mir wuchs. Ich war davon überzeugt, daß die Frau, mit der ich gemeinsam mein Leben gestalten würde, jeden Augenblick auf mich zukommen konnte. Diese Liebe schien aber nicht auf zwei Personen beschränkt zu sein; ich wurde gewahr, daß sie alles um mich herum anrührte. Denn gerade dann, wenn wieder eine neue Dimension von Liebe in mir erwachte und hervorströmte, lärmten die Amseln im Park besonders laut und schienen ein Drängen zu verspüren. Sogar der Wind, die Eichhörnchen, ja, der ganze Park schien es zu wissen, außer vielleicht jenen Menschen, deren Körper durch den Park spazierten, während ihre Gedanken anderswo umherwanderten.

Eines Nachmittags schlief ich unter meiner Eiche ein und träumte, daß ich im Park lag. Eine Frau mit dunklem Haar, hellen nußbraunen Augen und einer Ausstrahlung von großer Sanftheit kam zu mir. Sie hob meinen Kopf aus dem Gras auf ihren Schoß, und unsere Blicke begegneten sich. Dann sagte sie: „Wir werden bald beieinander sein.“

Augenblicklich wachte ich auf. Sie war so wirklich, so gegenwärtig! Ich konnte nicht glauben, daß ich nur geträumt hatte. Aber es machte keinen Unterschied, ich wußte, sie war hier! Ich war ihr begegnet! Sie war in meinem Leben! Es konnte sich nur noch um kurze Zeit handeln, bevor wir uns auch in dieser Wirklichkeit begegnen würden.

Kapitel 2

An diesem Tag blieb ich lange im Park sitzen, hoffte, wartete und hing meinen Träumen nach. Doris hatte mich verschiedene Traumarten erkennen gelehrt: Es gibt die angstvollen Träume, die jede Nacht aus denjenigen Energien des Tages entstehen, für die ich nicht Verantwortung übernehme und die ich nicht bewußt in mein Leben einbaue. Stark emotionale Träume hingegen sind ein natürlicher Weg für tief in unserem Inneren gefangene Stimmen, an die Oberfläche zu kommen und gehört zu werden. Sich wiederholende Träume sind wie eine Schallplatte, die immer in derselben Rille spielt: die Psyche ist in einer ungelösten Situation gefangen. Lichte Träume, in denen die Sinne eine klare und vollständige Welt erschaffen, wie wir sie bei vollem Wachsein erleben, sind Träume, in denen das Höhere Selbst direkt zu uns spricht. Träume, in denen wir fliegen und physikalische Gesetze überwinden, hatten für Doris die größte Bedeutung. Sie vertrat die Ansicht, daß diese Träume unsere unsterbliche Seele enthüllten.

Die braunäugige, dunkelhaarige Frau war zu mir in meinem Traum geflogen, hatte mich aufgehoben, umarmt und mir zugeflüstert: „Bald werden wir beieinander sein." Es war mehr als ein Traum gewesen; alles wirkte so deutlich, so glaubhaft. Ich wußte, daß ich ihr begegnen und sie sofort erkennen würde. An diesem Tag suchte ich den ganzen Park nach ihr ab. Die Amseln schienen außergewöhnlich lärmig und aufgeregt zu sein, und als die Sonne unterging, spürte ich mich in jeder der wechselnden Farbschattierungen. Jede Bewegung, jedes Geräusch hatte eine tiefe Bedeutung für mich. Ich war im Zustand der Liebe, und auf meinem späten Heimweg wußte ich, daß sie jetzt in mein Leben getreten war.

Tage und Wochen vergingen, und ich suchte ununterbrochen nach ihr. Manchmal kam ich mir dumm, ja verrückt vor, meine Träume zum Zentrum meines Lebens zu machen. Ich saß die ganze Nacht vor dem Fernseher, verschlief den größten Teil des nächsten Tages und aß nur, um etwas im Mund zu haben. Aber all dies konnte mein Gefühl nicht zum Schweigen bringen. Zu dieser Zeit war mein Widerstand am stärksten, aber dennoch konnte nichts dieses leise Sich-Öffnen in mir aufhalten. Ich spürte die eindeutigen Symptome des Verliebtseins: Hoffnungslosigkeit und das Gefühl der unbesiegbaren Kraft der Liebe, die miteinander abwechselten.

Ich sah keinen Grund, noch länger an diesem Ort zu bleiben. Meine Arbeit am Zentrum war zu Ende gegangen, und zugleich fanden auch verschiedene Beziehungen ihren Abschluß. Wann immer ich Doris' Gegenwart spürte, fragte ich sie, was ich tun sollte. Wenn ich ihre Antwort nicht hören konnte oder wollte, schrieb ich ihr. Doch sie erleichterte mir nichts und gab mir keine eindeutigen Antworten. Ihre einzige Unterstützung war: „Geh tiefer in dich — und du wirst es wissen." Ich haßte es, derart auf mich selbst zurückgeworfen zu werden. Ich war jetzt sehr oft ärgerlich, und ich haßte auch das. Ebenso haßte ich mich dafür, daß ich anderen gegenüber so kritisch war, sie aburteilte, und mich selbst so bedürftig und unvollständig fühlte. In all den Jahren meiner Therapie-Erfahrungen war Schicht um Schicht der inneren Zwiebel abgeschält worden, und dennoch war da jetzt nichts, was mir mein inneres Chaos klären half.

Zwei grundverschiedene Weltanschauungen schienen in mir um die Vorherrschaft zu kämpfen. Würde ich eine Stütze in der primitiven Welt finden, oder sollte ich einen Kompromiß eingehen und die relative Sicherheit der modernen Welt akzeptieren? Doris sagte: „Es gibt nur eine Wahrheit. Du kannst dein Leben damit verbringen, das zu leugnen, was du schon weißt, oder du kannst tiefer gehen und noch mehr lernen." Ich hatte die Türe zur Liebe in mir schon geöffnet, ohne in einer Beziehung zu leben. So blieb mir keine Wahl, als zu versuchen, weiterhin hinter die Welt der äußeren Erscheinungen zu blicken.

Es war Zeit, wegzuziehen. Ich hatte zwar Angst, sie nicht zu treffen, wenn ich überstürzt aus dieser Gegend abreiste. Ich hatte aber ebenso Angst, daß ich ihr nicht begegnen würde, wenn ich diese Gegend nicht verließ und nach Hinweisen Ausschau hielt. So packte ich all meine Sachen in meinen kleinen Fiat und fuhr in Richtung Kalifornien, um mich dort an meine Doktorarbeit zu begeben. Wenn ich, wie Doris gesagt hatte, diese Beziehung — wie jedes andere größere Ereignis in meinem Leben — schon vor meiner Geburt gewählt hatte, war unser Zusammentreffen ja unausweichlich. So dachte ich immer weniger darüber nach, wo sie wohl war, und gab mich immer mehr dieser inneren Gewißheit hin.

Im offenen Auto fuhr ich durch die Berge, dann den großen Salzsee entlang und durch die Wüste. Ich erlebte mich als Teil der wechselnden Szene, offen und verletzlich, aber auch kraftvoll und gefestigt wie die Erde. Ich war auf dem Wege, Michael, den Xerox-Direktor aus dem Seminar, und seine Frau Marsha zu treffen. Seit jenem Tag, als Michael die Eskimo-Worte gehört hatte, waren er und seine Frau ebenfalls Doris' Lehrlinge geworden. Sie verkauften nun in einem Wohnwagen indianischen Schmuck und hatten eine ständige Bleibe in einem kleinen Hüttchen hoch oben in den Sierras. Wir trafen uns in Nevada und fuhren durch die Wüste zu diesem Berg-Hüttchen. Doris hatte einen spirituellen Schutzschleier über uns drei geworfen; wir spürten ihn, lachten und kuschelten uns aneinander.

Wir sammelten innere Stärke, während wir einfach in den Tag hineinlebten. Doris hatte uns gelehrt, daß das Üben von Hingabe, Loslassen und Nichtwissen zu wahrem Wissen führt. Marsha und Michael luden mich ein, bei ihnen in den Sierras zu wohnen, und ich richtete mein Leben so ein, daß ich einige Tage in der Woche in den Bergen verbrachte und dann nach San Francisco fuhr, wo ich die Universität besuchte und bei anderen Freunden wohnte. In dieser Zeit besuchte Doris uns drei oft in unseren Träumen. Zweimal flog sie auch nach Reno, um uns für kurze Zeit zu sehen und uns darin zu bestärken, der Auflösung von alten Formen zu vertrauen.

Doris, Doris, Doris. Während sie uns führte und lehrte, enthüllte sie uns mehr aus ihrem Leben: Sie war in Samoa zur Welt gekommen, ihre Mutter stammte von dort, während ihr Vater Deutscher war. Alle Erwachsenen des ganzen Dorfes umsorgten sie wie Eltern, und das ganze Dorf war ihre Familie. Erst als sie sechs Jahre alt war, gaben sich ihre wirklichen Eltern zum ersten Male zu erkennen.

Als sie klein war, spielte sie mit den anderen Kindern zusammen psychische Spiele. Sie unterhielten einander während der Mahlzeiten damit, allein durch ihre Konzentration, ohne sie zu berühren, die Deckel der Kochtöpfe aufzuheben. Sie heilten sich gegenseitig Schrammen und blaue Flecken mit der Weichheit ihrer eigenen kleinen Hände, die sie auf die Wunden legten, wie wenn so eine Stelle nur liebevoll gehalten zu werden brauchte, um sich daran zu erinnern, daß sie wieder in Ordnung sei.

Ihre Eltern gaben sich ihr zu erkennen, weil sie dachten, daß Doris in dieser sich rasch verändernden Welt eine Ausbildung haben sollte. Sie schickten sie in eine katholische Privatschule im Nordwesten der Vereinigten Staaten. Dort hatten die Kinder stillzusitzen, in Reih' und Glied zu stehen und zu schweigen, außer sie wurden von den Nonnen zum Reden aufgefordert. Die Kälte einer solchen Kultur, die sich direkt gegen ihre Natur richtete, versetzte Doris einen Schock und machte sie hysterisch. Sie rebellierte auf ihre eigene Art: Sie besaß die Fähigkeit, mit ihrer Stimme eine derartige Schwingung zu erzeugen, daß sie von allen Wänden widerhallte. Dann schlich sie sich nachts in die Träume ihrer Lehrer und zahlte ihnen ihre Strafen heim, indem sie sie erschreckte. Eines Tages wurde sie als Disziplinarmaßnahme in eine Besenkammer eingesperrt. Da gestaltete Doris mit Hilfe eines Besens eine Puppe, die die Oberin darstellen sollte, und brach ihr das Bein. „Zufälligerweise" hatte die Oberin im gleichen Augenblick einen Unfall; die Hexenkünste des Kindes waren erfolgreich gewesen. Den Nonnen aber wuchs die Sache nun über den Kopf; sie stellten Doris' Eltern das Ultimatum, ihr Kind entweder abzuholen oder es in eine Anstalt eingewiesen zu sehen.

Doris kehrte in die natürliche Schönheit von Samoa zurück. Durch die psychischen Schädigungen, die sie erlitten hatte, war ihr innerer Friede jedoch zerstört. Dann tauchten Gerüchte auf, daß sich die Japaner den Inseln näherten, und jedermann geriet in Panik. Ihre Eltern wußten nicht, ob sie nach dem südlichen Australien oder nach dem Norden, nach Malaysia fliehen sollten. Sie entschieden sich für Malaysia und mußten diese Fehleinschätzung der Kriegslage mit dem Leben bezahlen. Doris mußte zusehen, wie ihre beiden Eltern vor ihren Augen brutal ermordet wurden.

Hierauf wurde sie von den Japanern in ein Konzentrationslager auf den Philippinen gebracht. Obwohl sie erst zwölf Jahre alt war, wurde sie von den japanischen Wächtern als Sexualobjekt mißbraucht. Wenige Jahre dieser psychischen und physischen Gewalt und die großen Entbehrungen am Rande des Todes ließen sie zu einem Skelett abmagern. Sie wog nur noch dreißig Kilogramm. Doris lernte, ihren Haß zu kanalisieren. Sie begann, ihre Zauberkünste an den Wachen, die sie mißhandelten, auszuprobieren. Sie konnte ihre Finger so heiß machen, daß sie auf der Haut ihrer Opfer Brandwunden hinterließen.

Zum Ende des Krieges traf sie einen Amerikaner, der den Bataan-Todesmarsch überlebt hatte. Er war Linguist und besaß eine außerordentliche Fähigkeit, Menschen zu verstehen und zu lieben. Sie war viel jünger als er und begab sich vertrauensvoll unter seinen Schutz. So erholte sich Doris allmählich und kam schließlich zur Genesung in ein Spital an der amerikanischen Westküste.

Während sie uns ihre Geschichte erzählte, weinte sie manchmal, aber sie bestand darauf: „Ich weiß, daß ich jede Einzelheit davon gewählt habe, denn in diesem Leben werde ich mich vollenden; ich will nicht mehr zurückkommen!" In der Tat erschien uns ihr Leben erfüllter als hundert normale Leben, und die ganze Zeit schwang eine Gewißheit von Vertrauen und Liebe in ihren Worten mit, die sie von der „anderen Seite" fühlte. Ihr knochiges Gesicht und ihre leuchtenden Augen spiegelten nur die spirituelle Tiefe wider, die sie erlangt hatte, während ihre physischen Narben der Vergangenheit angehörten. Bei einem anderen Besuch fragte ich sie dann, warum es für mich so hart gewesen war, zu glauben; ich entstammte ja so glücklichen Verhältnissen und kannte nur das Beste von der Welt. Doris sagte: „Du warst nie gezwungen zu glauben, aber was noch wichtiger ist, dir wurde nie die wahre Schönheit des Glaubens gezeigt. Erinnere dich, derjenige, der du denkst, der du bist, existiert nur einen Moment lang, ist ein Sandkorn in der unendlichen Weite deines Geistes. Was ich in diesem Leben weiß, hast du alles schon einmal gewußt. Jeder hat es. Aber wir ziehen es vor, uns nicht zu erinnern. Wenn wir uns daran erinnern würden, dann würden wir alle erkennen, daß wir vom gleichen Blute sind und der gleiche Gott uns erschaffen hat. Wir würden einander lieben und uns zu verstehen suchen." Oh, ich wollte mich erinnern, ich wollte glauben!

Doris besaß die Gabe der Hellsichtigkeit. Wenn wir jemanden besuchten, sah sie nicht nur, wer er in diesem Leben, sondern auch, wer er in einem früheren Leben gewesen war. Zuweilen sagte sie beim Nachhausegehn: „Der Grund, daß du so viel Respekt vor dieser Person hast, ist, daß er während mehrerer Leben dein Lehrer und guter Freund war." Oder: „Der Grund, daß du dich so übermäßig um diese Person kümmern möchtest, ist, daß sie vor nicht allzu langer Zeit deine Tochter war; du aber warst eine Frau, ihre Mutter."

„Wir sind alle Freunde und gehören zu einer Familie, wir lieben und hassen einander im Laufe der Geschichte. Aber glaube nicht, daß die Geschichte der Vergangenheit angehört! Alles geschieht gleichzeitig. Wir wiederholen buchstäblich dieselben Streitigkeiten und die gleiche Eifersucht. Wir sprechen bloß manchmal eine andere Sprache oder tragen andere Kleider, doch alles geschieht im ‚Jetzt'. Jede neue Beziehung ist eine Gelegenheit, die Vergangenheit zu heilen, denn in einer anderen Dimension lebt die Vergangenheit noch immer weiter. Das ‚Jetzt' schließt Vergangenheit, Gegenwart und Zukunft ein."

„Wie ist das denn mit der ‚anderen Seite'?" fragte ich. Doris erklärte: „Ich kann dir darüber nichts sagen. Ich könnte zwar, aber es würden nur Worte bleiben. Du mußt es aus erster Hand erfahren. Wenn deine Lehrzeit erfolgreich ist, dann wirst du keine Todesfurcht mehr kennen. Ein Heiler ist jemand, der gestorben ist und wieder ins Leben zurückkommt, um zu dienen. Ein Eskimo-Schamane muß unter das Eis schwimmen und wieder zurückkommen. Wenn es Gottes Wille ist, wirst auch du unter dem Eis schwimmen, aber in einer Weise, die für dich richtig ist. Bete um innere Stärke. Bete darum, einer solchen Prüfung würdig zu sein."

Doris konnte ich glauben, daß sie viele Male gestorben war. Dies mußte die Quelle ihres tiefen Glaubens sein. Sie kannte keinen Unterschied zwischen Glauben und Wissen. Dies war so grundverschieden von meiner Vorstellung von Glauben, etwas einfach mal anzunehmen. Sie wußte. Sie war beides, König Salomon und der einsame Hirte. Sie war mit so vielen Gaben gesegnet, aber bestand darauf, wie jeder andere behandelt zu werden. Wenn man sie auf ein Podest stellen wollte, war sie beleidigt. „Warum? Ich bin nicht anders als alle. Jeder hat, was ich habe!"

„Wie ist das mit den Gurus", fragte ich, „die sich anbeten lassen? Sie müssen doch wissen, daß sie auch normale Menschen sind und daß die Leute, die sich vor ihnen verneigen, ebenfalls Gurus sind."

„Du hast deine eigene Frage beantwortet", sagte sie.

„Ich habe immer gefühlt, daß sich wahre Lehrer vor ihren Schülern verneigen würden", erklärte ich, „denn sie würden dieselbe Essenz in jedem sehen."

Unsere Beziehung bestand aus Briefwechsel, kurzen Besuchen, Meditationen und den Träumen. Doris schrieb zum Beispiel: „Bist du dir bewußt, daß du nachts zur Schule gehst? Du warst in mehreren Traumklassen, die ich auch besuchte."

Ich schrieb Doris von einer Reihe von Heilungsträumen, in denen Ärzte und Schwestern vielen Leuten halfen. Sie fragte zurück: „Haben sie große Bedeutung für sie? Wenn ja, dann ist es kein Traum".

Bei einer anderen Gelegenheit kam Doris wieder in meinen Schlaf und forderte mich auf, nicht so ernst zu sein. „Freu' dich! Laß es dir gut gehen! Du mußt noch wachsen und dich entwickeln. Hab' Spaß!"

Während eines Besuches in San Francisco erklärte mir Doris, wie man einen Lehrer findet. Sie begann: „Jeder hat in jedem Leben die Möglichkeit, mit drei Lehrern zu arbeiten: Der erste ist ein unsichtbarer Lehrer für die psychische und spirituelle Entwicklung; jeder hat einen solchen Lehrer. Ein zweiter Lehrer für psychische und spirituelle Entwicklung wird einem außerdem auf der körperlichen Ebene gegeben. Der dritte Lehrer erscheint nur im Leben derer, die bereit sind, außerkörperliche Erfahrungen zu machen und andere Bereiche des Seins zu erkunden."

Eines Nachmittags — nach langen Gesprächen — gingen wir zusammen spazieren. Aus dem Nichts kam eine Kindergruppe tanzend auf uns zu, umkreiste uns und verschwand so schnell, wie sie gekommen war. Doris sagte: „Das ist ein sehr gutes Zeichen. Du machst große Fortschritte!"

Dann folgte eine Zeit, wo ich verwirrt und ungeduldig war, nichts fühlen konnte und mich nur selbst bemitleidete. Doris schrieb:

„Meine Blumen, sie werden nicht welken,
meine Lieder, sie werden nicht enden.
Ich singe, ich hebe sie hoch;
dahingestreut, ausgebreitet.
Können meine Blumen auf Erden
auch welken und vergilben,

bringt man sie dennoch
ins allerinnerste Haus
des Vogels mit der goldenen Feder."

Als ich ihr Geschenk empfing, wünschte ich mir, eines Tages fähig zu sein, anderen dieselbe Liebe geben zu können.

Mehrere meiner Freunde schrieben Doris und baten sie um Hilfe. Einmal schrieb sie zurück, daß der erhaltene Brief in ihrer Hand vibriert hätte, und fügte bei: „Zusätzlich zu den Heilschwingungen, die ich sende, nimm täglich 500 mg Vitamin E und drei Teelöffel Lezithin."

Doris sieht die Aura um jedes Organ, ebenso wie die Aura um die ganze Person. Ihrer unüblichen Diagnosen und Verschreibungen wegen war sie von den Gesundheitsbehörden von Alaska oft verwarnt worden.

Die spirituelle Seite ihrer Beratungstätigkeit konnte ihr jedoch niemand nehmen. Sie schrieb: „Letzte Nacht besuchte ich für dich die ‚Aufzeichnungen'. Die ‚Aufzeichnungen' enthalten Negatives und Positives vergangener Leben. Der Plan und die Notwendigkeiten für das jetzige Leben werden ebenfalls dort aufbewahrt. Diese ‚Aufzeichnungen' werden dann zugänglich, wenn es für das innere Wachstum des betreffenden Wesens notwendig ist. Sie können nur in sehr tiefer Meditation gefunden werden. Bei unserem nächsten Treffen werde ich dir erzählen, was ich dort gefunden habe." Wie üblich hatte ich zwar Informationen erhalten, blieb aber dennoch auf mich selbst gestellt.

Als ich eines Tages an der Universität einer Professorin von Doris und meiner Lehrzeit bei ihr erzählte, machte sie mich auf ein dreibändiges Werk, *Ein Kurs in Wundern,* aufmerksam. Diese Bücher waren einer Psychologin an der Columbia-Klinik spät nachts auf innerem Wege übermittelt worden. Nach Jahren hatte sie die Manuskripte schließlich zur Veröffentlichung freigegeben, und vor kurzem erst waren Fotokopien davon angefertigt worden. Noch gab es kein offizielles Exemplar zu kaufen, aber ich durfte in einer Kopie lesen, die in der Universitäts-Bibliothek von

Sonoma aufbewahrt wurde. Die Professorin half mir dabei, die Bücher für ein paar Stunden täglich auszuleihen. Ein Band des *Kurs* war ein Arbeitsbuch, das spirituelle Übungen enthielt, die man täglich machen konnte. Ich durfte jeweils einige Übungen kopieren und dann zur nächsten Lektion wiederkommen. Dann gab es einen Band, in dem der Ursprung und die Philosophie der Wunder beschrieben war, sowie ein Buch, das das „Handbuch für Lehrer" genannt wurde.

Der *Kurs* sagte:

„Aus deinem Ego kannst du nichts tun, um dich oder andere zu retten, aber aus deinem Geist kannst du alles für die Rettung beider tun."

„Man muß lange lernen, um zu verstehen, daß alle Dinge, alle Ereignisse, Begegnungen und Umstände hilfreich sind."

Alle paar Tage, manchmal sogar täglich, kam ich zurück, um mehr zu lesen:

„Nur Geist ist Wirklichkeit... Geist ist ewig frei... Das Bewußtsein, das dem Geist dient, ist unverletzlich."

Diese Worte schienen einen tiefen Hunger in mir zu stillen. Manchmal schmuggelte ich das Buch aus der Bibliothek und lag lesend auf dem Rasen vor dem Gebäude. Dann legte ich mir das Buch auf die Brust und ließ die Worte und die Sonne in mich eindringen. Die Botschaft war so einfach:

„Wohne in Frieden, wo Gott dich haben möchte."

„Wenn du deine Aufgabe akzeptierst, Frieden zu verbreiten, dann wirst du Frieden finden, denn indem du ihn erfahrbar machst, wirst du ihn sehen."

Ich erkannte bald, daß ich die Lektionen in meinen Alltag einbauen mußte. Währenddessen weilte Doris nun schon lange wieder in Alaska. Sie hatte Anchorage verlassen müssen, da die Behörden sie erneut ins Gefängnis werfen wollten, weil sie ohne Lizenz einen Heilberuf ausübe. Sie ließ mich wissen, daß sie eine Liebesbeziehung mit einem Stabswachtmeister hätte und daß sie sich im tief verschneiten Norden sehr wohl fühlte. Ich wollte nichts von dieser menschlichen Seite von Doris wissen, um mein Idealbild von ihr aufrechtzuerhalten. Es war zu erschreckend für mich, jemanden zu kennen, der mit solchen Gaben gesegnet und gleichermaßen menschlich war.

Im *Kurs* gab es solche Widersprüche nicht. Diese Bücher enthüllten mir, daß hinter der chaotischen Abfolge von Ereignissen in meinem Alltag ein zusammenhängender Sinn und eine innere Ordnung standen, die ich dringend brauchte:

„Glaubst du wirklich, daß du besser als Er für deine Sicherheit und Freude sorgen kannst?"

„Du bist immer zur rechten Zeit am rechten Ort."

„Es gibt keine Zeit, keinen Ort, keinen Zustand, in dem nicht auch Gott ist. Es gibt nichts zu fürchten."

„Du wirst den Weg in den Himmel finden. Alles andere, was du suchst, wird wegfallen."

Ich trank diese Worte wie ein Verdurstender. Der *Kurs* sagte:

„Der ganze Hinmmel ist in dir. Jedes Blatt, das fällt, es lebt in dir. Jeder Vogel, der jemals sang, wird in dir wieder singen. Und alle Blumen, die jemals blühten, haben ihren Duft und ihre Anmut für dich aufgespart."

Warum hatte man uns nie gelehrt, daß des Lebens Poesie in uns liegt? Warum hatte man uns nie gezeigt, wie der *Kurs* es tut:

„Was du siehst, spiegelt dein Denken wider. Und dein Denken spiegelt nur das wider, was du zu sehen wählst."

„Schweigende Unermeßlichkeit endlosen Friedens umgibt dich in sanfter Umarmung, so stark und ruhig, so erfüllt von der Macht ihres Schöpfers, daß keine Gewalt zum heiligen Sohn Gottes, der im Innersten wohnt, vordringen kann."

Um solche Poesie annehmen zu können, mußte ich alle meine Kompromisse loslassen. In ihrer lächelnden Sanftheit und ihrer endlosen Geduld erinnerten mich Doris und nun auch der

Kurs daran, daß ich etwas Größeres verdiente.

Nach langer Zeit kam Doris wieder einmal nach Kalifornien. Wir saßen in der Morgenfrische schweigend auf der Terasse von Michaels und Marshas Haus in den Sierras und hörten zu, wie die Natur zu sich selbst und zu uns sprach. Doris wandte sich mir zu und sagte: „Es wird ein Erdbeben geben.“ Kaum hatte ich mich von der Überraschung erholt, da begann die Terrasse und das ganze Haus zu zittern. Ich hatte früher einmal gelesen, daß viele Tiere Erdbeben im voraus spüren können, aber von Doris wurde ich jetzt buchstäblich zur Erkenntnis wachgerüttelt, daß ein Mensch in ähnlicher Harmonie mit der Natur leben kann.

Etwas später an diesem Tag streiften wir gemeinsam durch den Wald. Ich wollte wie gewöhnlich meinen Gedanken nachhängen, aber Doris zeigte mir eine Vielzahl verschiedener Kräuter und Beeren, pflückte vorsichtig einzelne Blätter, grub Wurzeln aus, an denen sie roch, und beschrieb mir jeweils genau, wofür sie zu gebrauchen waren. Ich fühlte mich überwältigt vom Reichtum ihres Wissens. Ich selbst hatte immer nur unter Zwang gelernt, und noch nie war mir Wissen Freund und Führer gewesen. Doris fühlte sich auf ihren Ausflügen zu Hause, während ich mich darum sorgte, nicht zu müde zu werden und den Heimweg wiederzufinden.

Dann zeigte sie mir bestimmte Steine und Pflanzen und begann, mich über deren innere „Kraft“ zu belehren. Ich mußte einige davon in die Hand nehmen, und sie fragte mich: „Welche davon möchtest du gerne bei dir haben, wenn du in einer gefährlichen Situation wärst?“ Im Anschluß daran erzählte sie mir, wie sie einst mit dem Kraut, daß sie gerade in der Hand hielt, in der Wildnis jemandem das Leben gerettet hatte.

Verschiedentlich schenkte mir Doris Steine oder andere Gegenstände, die sie aus Alaska mitbrachte. Ich machte es mir zur Gewohnheit, diese Gegenstände ständig bei mir zu tragen. Ich experimentierte damit, sie zu verschiedenen Zeiten und in verschiedenen Stimmungen in die Hand zu nehmen, um ihren Einfluß auf mich zu erkunden. Von Zeit zu Zeit führte ich auch bestimmte Rituale aus, die Doris vorschlug, wozu ich meditierend inmitten eines Kreises all dieser Gegenstände saß.

In diesen Ritualen spürte ich, daß Doris' Geschenke mich beschützten und mir halfen, weniger gegen meine Lebensumstände anzukämpfen. Vorher hatte ich mich oft verzweifelt und leer gefühlt, da ich der Frau, die im Traum zu mir gekommen war, noch nicht begegnet war; oder wenn ich nicht ständig etwas erlebte, das mein spirituelles Erwachen bestätigte, fühlte ich mich nackt. Doris' Lektionen und der *Kurs in Wundern* halfen mir, mich zu zentrieren. Für mich wurden sie zu Eltern im spirituellen Sinne. Es war nicht einfach, ein spirituelles Kleinkind zu sein, da ich zugleich noch den Anschein eines üblichen Erwachsenen-Lebens aufrechtzuerhalten suchte. Wenn ich nicht mit meinen neuen Eltern zusammen war, besuchte ich andere spirituelle Kinder, und als Kinder klammerten wir uns aneinander an, um uns gegenseitig darin zu bestärken, daß alles in Ordnung war.

Alberto hatte es mir besonders angetan und wir studierten, träumten und spielten zusammen. Er hatte mit Schamanen in Mexiko und Südamerika gelebt. Einmal erzählte er mir sein Erlebnis in einer Einweihungszeremonie, in der ein Schamane mit einem Messer einen Hautlappen zwischen Albertos Augen wegschnitt. Es wurde ihm gesagt: „Je mehr es blutet, desto mehr sollst du darum beten, sehen zu können." Der Schamane schnitt und schnitt, und Alberto konnte nichts als Blut sehen, das um seine Augen herum gerann. Er begann sich zu fragen: „Sollte ich wohl so tun, als ob ich etwas sähe? Wie tief wird er wohl schneiden? Ich fühle zwar eine intensive Energie zwischen den Augen — an meinem ‚Dritten Auge', aber wie weiß ich, ob ich dem trauen kann?"

Schließlich hörte er auf zu fragen und nahm das Schneiden, das Bluten und die Energie einfach hin. Da war es, als ob die Zeit stillstünde, und Alberto sah ein Licht, das sich näherte und ihn aufhob. Er erkannte, daß es ihn in allen Lebenslagen tragen würde.

Wir diskutierten das Thema Hingabe. Einerseits hielten wir es für nötig, das zu fordern, was wir wirklich wollten; wenn wir nur Hingabe lebten, dann gab es kein Risiko und keine Bestätigung, daß Gott auch durch uns lebte. Andererseits, wenn wir darauf bestanden, das zu erhalten, was wir wollten, und uns nicht hingaben, dann wurde uns womöglich nicht unser höchstes Gut zuteil, sondern nur die Befriedigung der augenblicklichen illusorischen Bedürfnisse.

Alberto und ich hatten uns entschlossen, den Winter in Europa zu verbringen und im Frühling nach Israel weiterzureisen. Im Scherz schlug Alberto vor, uns im Wall Street-Journal als Schamanen anzupreisen, die für eine internationale Gesellschaft arbeiten wollten. Statt dessen meditierten wir dann und baten darum, daß sich das Beste für uns entfalten möge.

Zwei Tage später hörten wir durch ein Fakultätsmitglied an der Universität, daß sich ein deutscher Arzt in der Stadt aufhielt; er suche zwei Therapeuten für die Arbeit mit Drogensüchtigen und Schizophrenen in seiner Klinik in Süddeutschland. Die Übereinstimmung war überwältigend. In dieser Nacht kam Doris im Traum zu mir und riet mir, ohne Abstriche alles zu fordern, was ich wollte. Am nächsten Tag traf ich mich mit dem Arzt, der zugleich Leiter der Klinik war, zu einem Gespräch. Wir tauschten unsere Vorstellungen aus, und er war begeistert über meine Erfahrung in Gefühlsarbeit und über meinen Enthusiasmus. Mich an Doris' Ratschlag erinnernd, forderte ich alles, woran ich nur denken konnte; neben Wohnung, einem Auto, Viertagewoche und einem hohen Gehalt sollten uns auch Michael und Marsha begleiten können. Er akzeptierte alles!

Zwei Wochen, bevor wir nach Deutschland flogen, besuchte ich Michael und Marsha in den Sierras. Ich trat ins Haus — und da stand sie, die Frau mit den dunklen Haaren und den sanften nußbraunen Augen! Ich konnte es kaum glauben, doch sie war es! Sie sah genauso aus wie damals im Park! Alles um mich her verschwand, während ich sie anschaute. Sie war so schön! Ich hatte die Anmut ihrer Gegenwart vergessen, und nun stand sie da, so wirklich, wie ich es mir immer gewünscht hatte.

Ich stand wie gelähmt, wußte nicht, ob ich meinen Poncho ausziehen, sie umarmen oder Guten Tag sagen sollte. Da durchfuhr mich etwas, und mein innerer Aufruhr legte sich. Ich nahm meinen Poncho ab, während sie in der gleichen Zeit ihren Mantel anzog. Wir stellten uns vor, und sie sagte mir, daß sie in San Francisco zu einer Verabredung erwartet würde. „Und morgen", fügte sie hinzu, „werde ich wieder arbeiten müssen." In wenigen Augenblicken hatte unser Zusammensein eine Leichtigkeit bekommen, wir benahmen uns wie gute Freunde, die sich treffen und wieder verabschieden. Plaudernd gingen wir zu ihrem Auto, sie stieg ein und drehte den Zündschlüssel. Der Motor sprang nicht an. Sie versuchte es immer wieder, während wir einander durch die Windschutzscheibe in die Augen sahen. Michael und Marsha standen mit mir um den Wagen herum; wir lachten und scherzten und stießen mit den Füßen nach den Radkappen. Da endlich öffnete sich eine Tür in mir und ich erkannte, daß die äußere Welt uns nicht auseinanderließ, bevor nicht noch etwas anderes geschah. Ihr Wagen war bisher immer angesprungen, und ich hatte das Gefühl, daß alles nach einem genauen Plan ablief, der vor langer Zeit geschrieben worden war. Wir konnten unsere Blicke nicht voneinander abwenden, während ich um den Wagen herumging und sie immer noch die Zündung betätigte. Endlich sprang der Motor an; sie ließ ihn laufen und stieg aus, um uns noch einmal zu umarmen. Als wir uns in den Armen hielten, fühlte ich einen unbeschreiblichen Frieden. Worte waren nicht nötig; sie stieg wieder ein und fuhr weg.

Ich ging in den Wald, und Tränen strömten über meine Wangen. Ich spürte die Last, die ich mir selbst mit meinem Zweifeln und meiner Selbstverurteilung aufgebürdet hatte. Wie oft hatte ich mich selbst in meinem kindlichen Glauben, daß wir uns begegnen würden, verachtet. Und jetzt, zwei Wochen vor meiner Abreise, hatte ich sie gefunden. Ich hatte sie gefunden!

Nein, wir hatten einander gefunden.

Unser Zusammensein hatte nicht länger als zehn Minuten gedauert, aber ich wußte, beide waren wir uns im klaren, daß etwas Wunderbares geschehen war. Ich sank im Wald auf die Knie, und der Schmerz meiner unterdrückten Hoffnungen brach aus mir heraus. Mit jeder Welle von Tränen fühlte ich mich befreiter. Natürlich war sie in meinem Leben! Wie hatte ich nur meinen Herzenstraum zu einer bloßen Phantasie abwerten können? Natürlich war sie hier!

Ich ging zurück. Michael und Marsha, die sich über mein Wegbleiben gewundert hatten, sahen meine innere Bewegtheit in meinen Augen. Und plötzlich erkannten sie die volle Wahrheit: „Es war Genny!" riefen sie. „Sie war die Frau in deinem Traum!" Beide lachten: „Wieso haben wir bloß nicht daran gedacht?" Sie hatten uns nie in Verbindung gebracht, obwohl Genny ihre beste Freundin war. Dann erzählten sie mir, daß Genny in einer festen Beziehung lebte und daß sie seit acht Jahren als Stewardeß für eine Fluggesellschaft arbeitete.

„Es kommt gar nicht darauf an, ob sie einen Freund hat oder wo sie jetzt arbeitet", unterbrach ich da. Ich wußte mit Sicherheit, daß jetzt der richtige Moment für unsere Begegnung gewesen war.

Wir umarmten uns und weinten zusammen. Dabei spürten wir Doris' Gegenwart im Raum. Es war, als ob sie lachte und sagte: „Warum seid ihr drei nur immer so überrascht, wenn sich die Vorsehung für euch erfüllt?"

Genny war gekommen, um sich von ihren guten Freunden zu verabschieden. Ich war gekommen, um unsere gemeinsamen Pläne für unsere Europareise zu besprechen. Wie oft und an wie vielen verschiedenen Orten hatte ich nach ihr Ausschau gehalten, und nun trafen wir uns, als ich es am wenigsten erwartete. Alles war so vollkommen! Ich wanderte im Haus herum und wußte nicht, was ich mit mir anfangen sollte. Auf der einen Seite konnte ich vor lauter Aufregung kaum aufhören zu reden, auf der anderen Seite fühlte ich eine Scheu und einen Frieden in mir, wie ich es nie zuvor gekannt hatte. Wer mochte wissen, wann wir uns wiedersehen würden? Und tief drinnen wußte ich, daß alles gut war, so wie es war.

An diesem Abend las ich im *Kurs in Wundern:*

„Es gibt keine Frage außer dieser einen, die du dir je stellen sollst: Will ich meines Vaters Willen für mich wissen?“

Kapitel 3

Am Tage meines Abflugs nach Deutschland traf ich Genny noch einmal kurz im Flughafen von San Francisco. Es war kurz vor ihrem Arbeitsbeginn, und wir hatten nur diese wenigen Minuten zusammen. Da wußte ich plötzlich, daß ich sie nur dieses eine Mal in ihrer Stewardeß-Uniform sehen würde.

„Auf der Heimfahrt von Michaels und Marshas Haus fühlte ich, wie mir mein bisheriges Legen entglitt", erzählte mir Genny. „Erst als mein Wagen nicht mehr weiterfuhr, bemerkte ich, daß mir das Benzin ausgegangen war. Doch bevor ich ärgerlich werden konnte, tauchten aus dem Nichts zwei junge Männer auf und schoben meinen Wagen bis zur nächsten Tankstelle. Ich nehme dies als ein gutes Zeichen für die nächste Zeit."

Da Genny billig fliegen konnte, schlug ich ihr noch vor, uns einmal zum Schifahren zu besuchen. Ich wußte nicht, wieviel ich ihr von meinem Traum erzählen sollte, spürte dann aber, daß unser Zusammensein im Augenblick das wichtigste war. Mein Traum und unsere Begegnung gaben mir das Vertrauen, daß wir uns zur richtigen Zeit wiedersehen würden. Unsere schweigenden Momente waren die beredtsten. Beim Abschiednehmen langte ich in meine Tasche und fühlte da einen kleinen glatten Stein mit einer Kerbe. Ich hatte keine Ahnung, wie er dahin gekommen war, aber etwas sagte mir, daß es wichtig sei, ihn Genny zu geben. Ich bat sie, ihn aufzubewahren, bis wir uns wiedersähen, und sie sah mich dabei ungläubig an. Dann umarmten wir uns, und ich spürte eine wunderbare Aura von Ruhe um sie.

Auf dem Flug nach New York schrieb ich ihr einen langen Brief. Da ich wußte, daß bald ein Ozean zwischen uns liegen würde, wagte ich es, ihr meinen Traum mitzuteilen. Obwohl wir uns bisher nur zweimal kurz gesehen hatten, war er für mich Wirklichkeit geworden. Einige Wochen später erhielt ich dann Gennys Brief, in welchem sie schrieb: „Als wir uns trafen, war mir nicht bewußt, Dich schon vorher gekannt zu haben, aber ich muß zugeben, daß sich nach unserer Begegnung in mir etwas zu verändern begann. Ich weinte, als mein Wagen stillstand, und ich wußte nicht warum. Und dann, als Du mir diesen Stein gabst! Du wirst es nicht glauben, aber als Kind besaß ich den genau gleichen kleinen Stein mit der gleichen Kerbe! Irgendwie war er mir verlorengegangen. Woher hattest Du ihn? Du hast keine Ahnung, was auf dem Flug in mir alles vorging.

Und dann war noch dieser mich unglaublich beeindruckende Indianer unter meinen Fluggästen, und ich war nahe daran, ihm den Stein zu schenken. Da hörte ich eine innere Stimme: ‚Nein, behalte ihn für dich!‘ Ich trage ihn überall mit mir herum. In den letzten Tagen spüre ich, daß meine Arbeit und meine Beziehungen sich zu verändern beginnen, aber ich weiß noch nicht, wohin das alles führt. Dann muß ich Dir noch gestehen, daß mich die Offenheit Deines Briefes etwas überrascht hat. Aber ich nehme an, daß alles in einen guten Strom einmünden wird, und ich werde Dir wieder schreiben. Im März könnte ich nach Europa fliegen, um mit euch Schi zu laufen. Würde Dir das passen, und Michael und Marsha? Bis dann ...“

Es war bereits Mitte Januar, und ich stürzte mich voller Begeisterung auf meine neue Aufgabe. Von Anfang an spürte ich bei den Suchtpatienten eine Stimmung der Hilflosigkeit. Sie schienen sich selber nicht für würdig zu halten, ein Leben ohne Schmerz zu führen. Der Klinikleiter hatte uns unter anderem auch deshalb angestellt, weil wir kein Deutsch sprachen und so unsere Kontakte zu den Patienten vor allem nonverbal abliefen. Wir waren daher aufgefordert, möglichst ehrlich und direkt zu kommunizieren, um klar verstanden zu werden.

Der Tagesablauf in der Klinik gestaltete sich so, daß die Patienten am Morgen in schallgeschützten Räumen schrien, weinten oder auf irgendeine andere Weise die Leere und den frühen Schmerz zum Ausdruck zu bringen suchten, die unter ihrer Drogensucht lagen. Unsere Aufgabe bestand darin, an den

Nachmittagen Gefühle der Gemeinschaft und der Gruppensolidarität aufzubauen und sie daran zu erinnern, daß es in ihrem Wesen noch mehr als nur Schmerz gab.

Schon nach einigen Tagen entdeckte ich die Falle, in der wir saßen. Der Klinikleiter ließ die Patienten in immer extremere Erinnerungen und Gefühle regredieren, und wir waren nicht dazu da, ihr neues Selbstwertgefühl aufzubauen, sondern sollten sie nur trösten und umsorgen, so daß sie am nächsten Tag noch weiter regredieren konnten.

Unsere Philosophien lagen zu weit auseinander. Die Patienten erschienen mir schutzlos und ohne Halt, wie wenn sie auf einer abwärts führenden Wendeltreppe langsam in ein dunkles Loch hinunterglitten. Lange zuvor hatte ich schon erkannt, daß die Wendeltreppe nach unten nie aufhört. Dunkelheit ist immer da, solange wir nach ihr Ausschau halten. Die Herausforderung, die wir ihnen bringen mußten, bestand vielmehr darin, sich umzudrehen und die Treppe hochzugehen. Nach meiner Ansicht mußten wir alle vielmehr riskieren, aufwärts zu den Engeln zu steigen und diese Engelsseite im anderen zu sehen, als ewig kämpfend im dunklen Loch unserer Urschmerzen zu verharren.

Ein Ausgleich war nötig. In diesen Patienten, die sich, auf Heilung hoffend, immer wieder auf den Weg in die Dunkelheit begaben, erkannte ich mich selber wieder. In unserem Zentrum in Colorado hatten meine Mitarbeiter und ich vor Jahren den gleichen Weg versucht, aber wir hatten erkennen müssen, daß es nicht genügt, nur möglichst viel vom inneren Schmerz aus sich herauszuschreien. Es gibt noch etwas anderes, ein neues Ich, das der aktiven Unterstützung bedarf und aufgebaut werden muß.

Auf dem Weg der Öffnung des Herzens kann man sich nicht nur auf Techniken verlassen. Weinen, Schreien und andere Gefühlsausbrüche allein garantieren noch keinen Fortschritt. Nicht einmal Meditation und ähnliche Disziplinen sind Erfolgsgaranten; Sprache und Bedürfnisse des Herzens sind viel feiner. Wir brauchen so viel Liebe, bis wir wieder frei atmen können. Nur

Liebe kann für unser Selbst und für das des anderen sorgen. Und dann fangen wir an, die Liebe des Universums zu spüren, die durch uns hindurch füreinander sorgt, uns hält und vergibt.

Bevor wir San Francisco verlassen hatten, war es mir durch einen glücklichen „Zufall“ möglich gewesen, eine der ersten Taschenbuchausgaben des *Kurs in Wundern* zu erwerben. Wie ich das nun schon gewohnt war, gab er mir einen genau auf meine Situation zugeschnittenen Ratschlag:

„Wenn ich mir durch mein Vergeben wieder erlaube, die Liebe wahrzunehmen, sehe ich eine Welt von Frieden, Sicherheit und Freude...“

„Du kannst nicht von außen gerettet werden; nichts außerhalb von dir kann dir Frieden geben.“

Je mehr ich mir diese Worte vergegenwärtigte, desto leichter wurde es für mich, dieselbe Wahrheit auch in den Patienten zu sehen.

Wie seltsam oder wie verrückt uns die Wendeltreppen der anderen auch vorkamen, es mußte Brücken geben, die uns verbanden. Wir begannen daher, in den Gruppen nonverbal auszudrücken, was wir füreinander fühlten. Uns zu berühren, uns herumzuschubsen und zu umarmen brachte uns einander näher. Auf ihrem Weg in die Dunkelheit öffneten sich die Patienten immer weiter, und ich erblickte immer mehr Reines und Schönes in ihnen, das mich sehr berührte. In dem Maße, wie ich ihr inneres Wesen wahrnahm, begannen auch sie, ihre Fühler nach mir auszustrecken. Sie luden mich in ihre Zimmer ein und hörten mit großem Interesse zu, wenn ich von meiner eigenen Therapie oder Geschichten von Doris erzählte. In jeder Gruppe gab es wenigstens ein paar, die Englisch sprachen, und diese wurden zu Boten unserer Geheimnisse und verborgenen Gedanken.

Jeden Tag bat ich um Führung, neue Wege zu finden, um die Gruppenmitglieder innerlich erreichen zu können. Manchmal zeichneten wir oder versuchten uns mit Spielen auszudrücken, oder uns gegenseitig vertrauen zu lernen, indem wir einander mit verbundenen Augen im Raum herumführten. Ich geleitete sie auch in meditative Versenkung, und gemeinsam stellten wir uns eine Welt ohne Konflikte vor. Für sie war es nur Vorstellung; für mich aber hieß es, unseren Seelen Raum zu geben, sich auszudrücken und sich zu entfalten. Der *Kurs* sagte:

> *„Lehre nur Liebe, denn das ist, was du bist. Dankbarkeit Gott gegenüber wird zum Weg, wie man sich seiner erinnert; denn da, wo Herz und Geist dankbar sind, da ist die Liebe nicht weit."*

Meine Unkenntnis der deutschen Sprache, die neue Umgebung und die Anforderungen der Klinik zwangen mich, ganz im Augenblick zu leben. Jeden Nachmittag mußte ich zwei, drei Stunden lang Spaß und liebevolle Übungen anbieten, um die Dunkelheit, die die Patienten am Morgen entdeckt und betreten hatten, wieder aufzuhellen. Draußen hatte der Winter ganze Massen von Schnee aufgetürmt, so daß wir nicht einmal einen Spaziergang in der Sonne machen konnten. Jeden Tag dankte ich wiederholt für all' die Ideen, die mir eingegeben wurden, und das schien zu funktionieren, denn dieses Danken hielt mich aufrecht. Es gab Zeiten, da betrat ich den Gruppenraum, ohne zu wissen, was ich den Patienten anbieten sollte. Ich setzte mich und sprach innerlich ein Dankgebet. Da zeigte sich in wenigen Augenblicken, was wir zusammen tun konnten, ohne Kompromisse einzugehen, was entweder ihren Weg in der Therapie betraf oder meinen Glauben an das Höhere Selbst und die Möglichkeit, von Schmerz frei zu werden. Unser Hauptgewicht legten wir aber immer darauf, Vertrauen in uns selbst und zueinander aufzubauen, indem wir unter anderem an den Schwierigkeiten, den eigenen Schmerz zu akzeptieren, und an Konflikten zwischen den Gruppenmitgliedern arbeiteten.

Der Leiter der Klinik war davon überzeugt, an der vordersten Front der Psychotherapie zu stehen. Nicht länger verloren sich Therapeut und Patient in einem endlosen analytischen Dialog; nicht länger wurde der Urschmerz ignoriert oder in Medikamente verpackt; nicht länger hatte die Vergangenheit alle Macht über die Gegenwart. Aber dennoch fühlte ich im Innern, daß etwas falsch daran war. Die Konfrontation und der Zwang, sich in Gefühle von Wut und Schmerz fallen zu lassen, schienen mir, wie bei vielen der anderen neuen Therapien, nur einen Teil der Wahrheit abzudecken. Der Klinikleiter zum Beispiel war davon beeindruckt, daß sich einige der Patienten, die am längsten, nämlich fast zwei Jahre, hier weilten, nun an ihre Geburt zu erinnern vermochten. Einige wenige hatten sogar Erinnerungen an schmerzvolle Ereignisse vor ihrer Geburt in einem vergangenen Leben. Daraufhin wurden dann von der Klinik Nachforschungen angestellt, ob diese Leben tatsächlich stattgefunden hatten. Ich war ziemlich sicher, daß dem so war, aber welchen Nutzen brachte uns diese Information? Wieviel Schmerz mußte man fühlen, bevor man Liebe fühlen konnte? Warum nicht jetzt damit beginnen, all' jenen zu vergeben, auf die wir zornig waren, ob in einem früheren Leben oder in diesem? Ist nicht Vergebung der heilende Schlüssel? Diese Argumente widerstritten sich in mir, und meine Arbeit in der Klinik wurde zu einer Schule für mich, in der ich lernte, mit meinen eigenen Therapie-Erfahrungen und Doris' Lehren klarzukommen.

Je mehr ich mich auf die trügerischen Hoffnungen der Patienten auf Heilung einließ, desto stärker rebellierte eine Stimme in mir dagegen. Sie sagte mir, daß ich mich weigern sollte, weiter so zu arbeiten. Eine andere Stimme in mir hielt mich dazu an, das, was ich hörte und sah, nicht zu beurteilen. Noch eine andere Stimme sprach klar vom Weiterarbeiten und daß ich die Wahrheit, so wie ich sie sah, in jedem Moment leben sollte, unberührt davon, ob ich damit ankam oder nicht. Zuinnerst fühlte ich, daß für diese Menschen die Therapie zu einer neuen Sucht geworden war. Aus den Schmerzen ihrer körperlichen Sucht waren die Patienten in eine persönliche Hölle hinabgestiegen, natürlich in dem Glauben, daß sie ihnen die Genesung bringen werde. Aber während die Therapie nur nach den vergrabenen Ruinen der

Vergangenheit suchte, blieb ein wunderschöner Garten unbemerkt. In jedem Patienten sah ich eine Blume, die blühen und sich nach etwas Neuem ausstrecken wollte, und niemand außer den amerikanischen Therapeuten nahm sie wahr. Niemand außer uns bemühte sich, nicht auf den zarten Keimlingen herumzutrampeln, die zu wachsen begannen. Wie viele Ruinen man auch ausgrub, wieviel Konfrontation und Schmerz man auch durcharbeitete, nichts davon konnte die innere Blume des Herzens zwingen, sich zu öffnen. Nur Liebe, Geduld und Vergebung würden ihr dafür die nötige Sicherheit gewähren. Die Klinik schien die Blütenblätter aufzureißen, um möglichst schnell die Wahrheit zu finden. Wie konnte ich ihnen nur vermitteln, daß ja die Blütenblätter selber, jedes Gefühl, jede Erinnerung Teil der Wahrheit war. Jedes einzelne ist so kostbar und wert, mit Sanftheit und Liebe behandelt zu werden. Ich begann die Verantwortung zu erahnen, die ein Heiler in seiner Arbeit hat.

Bei den Teamsitzungen geriet der Klinikleiter oft außer sich, weil ich ihn so wenig unterstützte. Immer wieder bestand er darauf, daß ich vor meinen eigenen Schmerzen Angst hätte. „Sonst würdest du nicht dauernd die Patienten davon abhalten, tiefer zu gehen und zu fühlen, was es dort zu fühlen gibt", sagte er mir.

Inmitten dieses Donnerwetters versuchte ich ihm zu erklären: „Manchmal ist es ein größeres Risiko, friedvolle Gefühle zuzulassen als zu weinen und wütend zu sein."

„Friedvoll? Mist!" schrie er zurück. „Laß sie sich friedvoll fühlen, wenn sie ihren Schmerz fertig gefühlt haben!"

„Wie willst du wissen, ob sie damit je an ein Ende kommen?" unterbrach ich ihn; „wie willst du wissen, ob sie dort unten Frieden finden, wenn sie gar nie unten ankommen?" Nach Stunden vergeblichen Suchens nach einem gemeinsamen Nenner gab ich zu: „Ich weiß, daß wir oft nicht voll in der Gegenwart leben können, weil Schmerzen aus der Vergangenheit im Wege stehen. Aber verstehst du denn nicht? Warum nicht gleich die Gegenwart fühlen? Laß uns die Schmerzen von heute heute fühlen; aber laß uns heute auch gute Gefühle fühlen und nicht dauernd nach Monstern Ausschau halten! Wenn du immer wieder Monster suchst, wirst du dann nicht auch immer welche finden?"

Natürlich drehte er mein Argument um: „Wenn du dauernd dieses Licht suchst, von dem du sprichst, wirst du dann nicht blind sein für die Erde und die Dunkelheit in dir?"

Wir waren ratlos, und ich suchte Zuflucht im Warten auf Genny und im Lesen des *Kurs:*

> *„Frieden ist eine innere Sache. Er beginnt bei deinen eigenen Gedanken und breitet sich von da nach außen aus. Nur aus deinem inneren Frieden kannst du die Welt als friedvoll wahrnehmen."*

Während ich mich mit diesen unterschiedlichen Weltanschauungen herumschlug, kam Doris immer noch in meine Träume. Einmal träumte ich, daß ich in die Vereinigten Staaten zurückgekehrt wäre, und ich war sehr dankbar, wieder zu Hause zu sein. Meine ganze Familie war um den Tisch versammelt, und wir nahmen unser Abendessen ein. Doris betrat den Raum und setzte sich zu uns an den Tisch, wie wenn sie schon immer mit uns gegessen hätte. Wir aßen und schwatzten, als ich plötzlich ganz unerwartet von meinem Stuhl fiel. Ich wachte auf und fand mich auf dem Fußboden wieder, immer noch mit dem Traum verbunden durch die Frage: „Was ist los, Doris? Warum stößt du mich von meinem Stuhl?"

Auf dem Fußboden eines anderen Hauses in Deutschland aufzuwachen, erschütterte meine Anschauung von der Wirklichkeit. Ich war mir nicht mehr sicher, wo ich mich wirklich befand und welches der Traum war. Wie üblich war es Doris gelungen, meine festgefahrenen Vorstellungen von der Wirklichkeit durcheinanderzubringen. Wollte sie nur sagen, daß ich mich nicht so sehr an das klammern sollte, was ich für real hielt? Oder spielte sie einfach ein kleines Spiel mit mir, um mich daran zu erinnern, daß ich nicht alles so ernst nehmen sollte?

Ein paar Nächte darauf träumte ich, daß ich eine Höhle betrat, in der ein friedvoller, weiser Yogi saß. Er lebte ganz zurückgezogen von der Welt und dennoch so zufrieden mit dem Leben, unabhängig und frei. Ich erwachte aus dem Traum mit dem Gefühl, daß dieser Yogi einen Teil von mir selbst darstellte, und dieses Gefühl begleitete mich den ganzen Tag bei der Arbeit.

An diesem Tag begannen wir mit einer neuen Gruppe. Um den Gruppenmitgliedern zu helfen, von ihrem alten Lebensstil mit Drogen und Alkohol loszukommen und ihnen eine neue Orientierung zu geben, fuhren wir mit Schi und Schlitten auf eine Hütte in den österreichischen Bergen. In der Einsamkeit dort oben gingen mir wieder die Traumbilder mit dem Yogi durch den Sinn. Für uns Therapeuten boten diese Tage eine Gelegenheit, aus der Routine des Klinikalltags auszubrechen; ich war sogar zu beschäftigt, um an Genny zu denken, die in wenigen Tagen ankommen würde.

In der ersten Nacht auf dieser Hütte träumte ich wieder von dem Yogi. Gerade vor dem Aufwachen verwandelte er sich in ein Einhorn, das mich mit seinem Horn bedrohte. Überrascht und erschreckt rüttelte ich mich wach. Später an diesem Morgen hatte ich etwas freie Zeit zu meiner Verfügung und lieh mir ein Paar Schi aus. Ich fühlte mich zu offen, um mit den Patienten zusammen zu sein, und wollte nichts als meine Ruhe haben. Ohne die Bindungen genauer zu kontrollieren, fuhr ich hinunter zum einzigen Sessellift. Es gab keine Piste, nur Tiefschnee, der an der Oberfläche hart gefroren war.

Plötzlich realisierte ich, daß ich nicht mehr bremsen konnte, und im selben Augenblick stieß der eine Schi an etwas Hartes und ich stürzte. Ich fühlte, wie in meinem rechten Knie etwas riß, und als ich dann im Schnee lag, wußte ich, daß etwas Ernsthaftes geschehen war. Ich wußte auch, daß ich auf mich allein angewiesen war, um wieder zur Hütte zurückzugelangen. Ich nahm all meinen Willen zusammen, weigerte mich, mich als hilfsbedürftig zu sehen, und machte mich auf den Rückweg. Wie ich das bewerkstelligte, weiß ich nicht mehr, aber ich schaffte es.

Als ich oben anlangte und Hilfe bekam, da verließen mich meine Kräfte, und man trug mich in mein Zimmer. Ich verkroch mich im Bett wie ein kleines Kind. Ich begann zu weinen, und da geschah etwas Seltsames: Als ich mir erlaubte, meine Tränen fließen zu lassen, verschwand auch der Schmerz. Da wußte ich, daß mein Unfall ein Symbol dafür war, daß die zwei Welten, mit denen ich gekämpft hatte, aufeinandergestoßen waren. Ich begann mich zu fragen: „Wie wirklich ist diese Verletzung? Hat die spirituelle oder die materielle Welt die Oberhand?“ Bevor ich an diesem Morgen die Hütte verlassen hatte, hatte ich im *Kurs* gelesen:

> *„Wunder sind nur die Verwandlung von Verneinungen in Vertrauen.“*

Es war, als ob sich diese Worte ohne mein Zutun in meinem Kopfe ständig wiederholten. Schließlich fiel ich in einen schlafähnlichen Zustand. Ich nahm wahr, wie ich meinen schmerzenden Körper verließ und zur Höhle des Yogi zurückflog. Die Höhle hatte jetzt auch etwas von einer Wolke und von einem Garten. In meinem Bewußtsein war ich mit diesem kleinen Mann in der Höhle, während ich zugleich mit meinem Körper im Bett in der Hütte verbunden war. Der Yogi untersuchte mein Knie, und dann nahm er mich mit in das Innere des Knies, um mir zu zeigen, wo es verletzt war. Ich sah einen verdrehten und zerrissenen Muskel, und unter dem Muskel ein anderes abgeschnittenes Stück. Er begann nun, intensives goldenes Licht ins Knie zu senden, und ich konnte sehen, wie das Muskelgewebe sich zu verändern begann. Dann führte er mich in meinen Bauch und sagte: „Hier liegt der wirkliche Grund deines Unfalls.“ Er hatte nicht eigentlich mit Worten gesprochen, aber ich verstand, was er mir zeigen wollte: „Sorge dich nicht um dein Knie; es wird wieder heil sein, wenn du mit deinen Gefühlen im Reinen bist.“ Dann verließ er mich, und als nächstes nahm ich wahr, daß ich mich in meinem Bett befand und Michael und Marsha mit mir redeten.

Ich öffnete meine Augen, um mich zu orientieren, fiel aber sogleich wieder in einen Traum, in dem ich mich in einem Spitalbett befand. Meine Großmutter, meine Eltern und meine Brüder standen um mich herum. Ich war bewußtlos und ersuchte sie inständig, für mich zu beten. Während ich mit der Bewußtlosigkeit kämpfte, fühlte ich mich hoffnungslos allein, getrennt von allen. Ich wußte, daß ich im Sterben lag, und kämpfte darum aufzuwachen. Etwas zog mich weiter und weiter weg, und gleichzeitig zog ich stärker und stärker in die Gegenrichtung. Ich kämpfte wie ein Wahnsinniger ums Aufwachen, und schließlich hatte ich damit Erfolg. Ich schrie und weinte hysterisch: „Ich will nicht sterben! Ich will nicht sterben!"

Michael war mit mir, er hielt mich im Arm und drängte mich, zurück in den Traum zu gehen. Mein ganzer Körper schüttelte sich. Plötzlich wurde ich einer anderen Gegenwart gewahr; über mir sah ich ein Lichtwesen, umgeben von einer blauen Aura, das mich willkommen hieß. Langsam konnte ich meine Angst loslassen und mich dem blauen Licht hingeben. Ich fühlte mich sicher. Ich wußte. Zum ersten Mal wußte ich, daß der Tod als ein absolutes Ende nicht existiert.

Wieder erwachte ich, aber nun sah die Welt anders aus; sie hielt mich nicht mehr in ihrem schraubstockähnlichen Griff. In meinem Knie spürte ich ein leichtes Pochen.

An diesem Abend las ich im *Kurs:*

> *„Wenn es nichts außer der Wahrheit gibt, dann kann rechtes Sehen nichts als Vollkommenheit sehen."*

Von diesem Augenblick an übte ich mich darin, mein Bein als vollkommen zu sehen. Ich dankte für die Träume und für die Vision — denn ich wußte, daß dies eine Vision gewesen war. Ich fühlte mich beschützt und gesegnet. Zuvor hatte ich mich kaum je an meine Träume erinnern können, und wenn mir eine bewußte Erinnerung geblieben war, hatte sie für mich keinen Sinn ergeben. Jetzt, als ich derart „auseinandergefallen" war, hatte eine Kraft in mir einen Ausgleich geschaffen, indem sie mich in eine andere

Wirklichkeit mitgenommen hatte.

In den nächsten zwei Tagen versuchte ich, während wir uns immer noch in dieser einsamen Hütte aufhielten, diesen Ausgleich aufrechtzuerhalten, wobei mein Bewußtsein zwischen dem schmerzenden Knie und der inneren Welt hin und her schwebte. Die Verletzung blieb — wahrscheinlich um ihre Aufgabe zu erfüllen, mich in meiner spirituellen Identität zu stärken.

Unsere Zeit in den Bergen ging zu Ende. Frischer Schnee war gefallen, und wir hatten große Mühe, ins Tal hinunterzukommen. Uns schien es, als ob wir vom Ende der Welt herkämen. Vor uns lag ein langes freies Wochenende. Italien war nur eine Tagesreise entfernt, und am Abend konnten wir schon in Venedig sein.

Venedig war ein Vergnügen im Winter. Es gab kaum Touristen, und wir hatten die Straßen und Kanäle ganz für uns. Am anderen Morgen saßen wir in einer Cafeteria, schlürften heiße Schokolade und freuten uns sogar am Regen und an den Tauben. Ich spürte, wie mich diese intensiven Tage ermüdet hatten. Daneben fühlte ich jedoch auch, daß ich mich sehr geöffnet hatte, und es war, als ob nichts mehr zwischen mir und dem Universum stünde. Ich zitterte vor Kälte und vor körperlicher Schwäche, doch im Geist erhob ich mich in neue Weiten, aus denen ich auf die Welt und mich selber hinunterblickte und die vollkommene Ordnung in allem erkannte.

Ich ahnte, daß sich in dieser Ordnung auch eine Erklärung für meinen Unfall finden ließe, und ich war fast sicher, daß er mit Gennys bevorstehender Ankunft zu tun hatte. Michael willigte ein, mit mir in der Markus-Kathedrale zu meditieren, um Kontakt zu unserer inneren Führung zu finden.

In der Weite der Kathedrale fühlte ich mich zuerst etwas verloren, doch dann spürte ich ganz stark die Gegenwart Gottes. Ich schlug den *Kurs* auf, um meine morgendliche Lektion noch einmal zu lesen:

„Du kannst nicht verstehen, wie sehr dein Vater dich liebt, denn in deiner weltlichen Erfahrung gibt es keine

Parallele dazu, die dir verstehen hilft. Es gibt nichts Vergleichbares auf Erden, und nichts, was du außer dieser Liebe je gefühlt hast, gleicht ihr im geringsten."

Trotz oder vielleicht sogar wegen meines Unfalls und der Träume und Erkenntnisse, die ihm folgten, fühlte ich mich sehr behütet. Es wurde mir klar, daß der Sinn meiner Verletzung darin bestand, meine äußeren Aktivitäten einzudämmen, um mir die Gelegenheit zu geben, mich wieder mit der Quelle meines Lebens zu verbinden. Und ich erkannte, daß Genny mir nicht von außen Liebe bringen würde und daß es nicht ich war, der ihr Liebe geben würde, sondern daß mich unsere Begegnung der Liebe in mir drin, die schon immer da war, näher bringen würde. Ich öffnete mich ganz dieser inneren Wahrheit und ließ sie mich durchfluten. Da „sah" ich plötzlich Gennys Ankunft und unser Zusammensein. Wir waren beide in Hochzeitskleidern, und ich sah, wie Doris und Greg (ein Freund von mir, der auf den Philippinen heilen gelernt hatte) die Zeremonie vollzogen. Die Hochzeit fand draußen statt, und die Bäume rund um uns leuchteten in den schönsten Herbstfarben. Meine Großmutter und meine ganze Familie waren da, und alles war von Liebe durchdrungen.

Michael traf mich wieder am Eingang der Kathedrale. Bevor ich meinen Mund auftun konnte, sprudelte er heraus: „Du wirst niemals glauben, was ich gesehen habe. Du und Genny, ihr werdet heiraten! Ich sah Doris und Greg die Zeremonie vollziehen. Es fand im Freien statt, und ich glaube, es wird im nächsten Herbst sein!"

Ich lachte, und als wir die Einzelheiten unserer Erfahrung verglichen, zeigte es sich, daß sie fast identisch waren.

Heiraten! Das war mir immer als etwas Formelles und Unwirkliches vorgekommen. Jetzt war es nicht länger unwirklich, jetzt fühlte es sich natürlich an. Die Zeit, die ich tatsächlich mit Genny zusammen gewesen war, konnte ich nach Minuten zählen. Aber dies schmälerte meine Vision nicht im geringsten. Mein Verstand konnte zwar nicht begreifen, wie man aufgrund einer

Vision so überzeugt sein konnte, aber im Herzen war ich mir völlig sicher.

Auf dem langen Rückweg durch die Schweiz nach Deutschland spürte ich Dankbarkeit, mit Michael und Marsha sein zu dürfen. Das Geschenk unserer Freundschaft erlaubte uns, miteinander und füreinander zu beten und zu meditieren. Michael hatte meine Vision gesehen, ja, er hatte sogar bis in die Einzelheiten die gleichen Szenen gesehen. So konnte ich nun ruhig meinen Ängsten ins Auge blicken und meine Zukunft — mit Genny — sich entfalten lassen. Auf dem Rücksitz des Wagens sitzend, fühlte ich, daß eines Tages auch ein Kind mit uns sein würde.

Kapitel 4

Die folgenden Tage bis zu dem Morgen, an dem ich Genny vom Zürcher Flughafen abholte, vergingen wie im Fluge. Meine Lektion im *Kurs* für diesen Tag hieß:

> *Sich vor dem Willen Gottes zu fürchten, gehört zu den seltsamsten Überzeugungen, die der menschliche Verstand je hervorgebracht hat.*

Ich war unruhig und hatte vergessen, wie Genny in Wirklichkeit aussah. Da, endlich, sah ich sie den Zollbereich betreten. Nun war sie plötzlich wieder real, nicht mehr das flüchtige Bild meiner Träume, und ich sah, wie ihre kurzen dunklen Haare wunderschön mit ihrer hellen Haut kontrastierten, sah die nußbrauen Augen wieder. Doch als ich sie dort stehen sah, durchfuhr mich unvermittelt ein irrationales Gefühl, und ich brach beinahe in Tränen aus: Sie war zu groß! Wie, wenn sie nun größer war als ich? In diesem Augenblick begann ich an allem zu zweifeln; es hatte einfach keinen Wert, denn sie würde mich sowieso nicht mögen. Ich bin zu klein. Sie ist zu groß. Meine Ängste schlugen wie eine große Woge über mir zusammen.

Als sie dann nach einer Ewigkeit endlich durch den Zoll gekommen war, sah ich ihre hohen Absätze. Die wenigen Zentimenter hatten mir fast den Verstand geraubt.

Als wir nach Deutschland zurückfuhren, setzte sich Genny so weit wie möglich von mir weg. Später gestand sie mir: „Ich saß da und hielt mich am Türgriff fest, während ich diesen Typen musterte, der mir so freimütige Briefe geschrieben hatte."

Ich bemühte mich sehr, darauf zu vertrauen, daß unsere gemeinsame Zeit ihren eigenen natürlichen Rhythmus finden würde. Dabei halfen mir die Visionen sehr, die ich gehabt hatte, da ich ja wußte, oder zumindest zu wissen glaubte, wie sich unsere Beziehung entwickeln würde.

Am nächsten Tag mußte ich wieder arbeiten; Genny erholte

sich inzwischen vom langen Flug und von den Auswirkungen der Zeitverschiebung. Zu viert, mit Michael und Marsha, fuhren wir dann am folgenden Wochenende nach Heidelberg. Ich fand, daß es für Verliebte keinen besseren Ort auf der ganzen Welt gab. Während ich Genny immer wieder beobachtete und die vielen Facetten ihres Wesens registrierte, spürte ich zu meiner Überraschung, daß ich fast alles an ihr mochte. Im Alltag mit ihr zusammenzusein, ihre Worte, ihre Stimmungen, ihre Art, sich zu kleiden, in mich aufzunehmen, war noch viel schöner als meine Träume und Visionen. Ich empfand ein Gefühl von Leichtigkeit, während wir uns aneinander freuten. Sie ließ mich wissen, daß sie ebenso fühlte, mit einem Unterschied allerdings: Sie konnte nicht verstehen, wie ich gehen konnte, ohne auch nur einen Fuß auf die Erde zu setzen.

Wir verbrachten unsere Tage damit, miteinander zu reden, zu essen und uns in die Augen zu schauen. Alles andere versank um uns her. Eines Morgens machten wir einen Spaziergang rund um das alte Schloß auf dem Hügel oben. Jede Mauer hatte da eine Geschichte zu erzählen. Genny deutete auf eine alte Türe, neben der ein Haufen geschnittenes Gras lag, und sagte: „Ich frage mich, was wohl dahinter ist." „Das wird der Platz sein, wo sie den Rasenmäher aufbewahren", antwortete ich. Sie platzte fast vor Lachen, und ich verstand überhaupt nicht, was sie daran so lustig fand. Als sie sich beruhigt hatte, erklärte sie mir: „Ich war sicher, du würdest mir irgendeine mystische Antwort darauf geben, und ich freue mich zu hören, daß du auch wirklich menschlich bist. Nach all deinen Geschichten über Magie und redende Amseln begann ich schon daran zu zweifeln."

Wir lachten beide und rannten den Hügel hinab, fielen hin, rollten weiter, lachten unablässig und hielten einander in den Armen. Wir waren verliebt.

Unsere Alltagssorgen, meine Schwierigkeiten in der Klinik und die Tatsache, daß Genny bald wieder arbeiten mußte, waren weit weg. Jeden Tag erstiegen wir neue Höhen der Freude und sonnten uns in der Liebe, die uns so reichlich beschien. Es lag ein Zauber über diesen Tagen.

Wir gingen auf die Suche nach Engeln. In kleinen Gäßchen und in Antiquitätengeschäften hielten wir Ausschau nach Engelsbildern, denn sie schienen unsere Gefühle des Erhobenseins am besten widerzuspiegeln. Unser Leben mündete jetzt in den gemeinsamen Traum, sich mit dem Unendlichen zu vereinigen, von der Liebe aufgenommen und für immer in ihren Armen gehalten zu werden. Die Welt war für uns nur noch eine Spielwiese, aus welcher wir in andere Dimensionen aufstiegen. Wir waren lange voneinander getrennt gewesen, und wir wußten, daß wir den Rest unseres Lebens gemeinsam verbringen würden. Als ich dann wieder in der Klinik zu arbeiten begann, ging Genny mit Freunden zum Schilaufen. Jede freie Stunde verbrachten wir mit Spaziergängen und Picknicks in der freien Natur oder verwöhnten uns mit einem Abendessen in irgendeinem kleinen Restaurant. Die Gegend, in der wir lebten, war märchenhaft schön; bald hatten wir viele Orte entdeckt, die uns besonders zusagten, und jeden Tag fanden wir wieder neue. Es war kein Zufall, daß jeden Tag die Sonne schien und der Schnee rasch dahinschmolz.

Die Klinik lag im kleinen Weiler Winterstetten. Eine Viertelstunde davon entfernt hatte ich mit einem anderen amerikanischen Therapeuten in einem Bauernhaus eine Wohnung gemietet. Es gab Dutzende von Kühen, Felder voll Löwenzahn, und Genny begann sich bei mir zu Hause zu fühlen. Wir spazierten, spielten und tollten herum wie Kinder. Wir waren nicht ganz sicher, ob wir in die Liebe oder ineinander verliebt waren. Doch dies spielte keine Rolle; von Anfang an wußten wir, daß es in unserer Beziehung um mehr ging als nur darum, unser Zusammensein zu genießen: Wir waren aus einem bestimmten Grund zusammengebracht worden. Auf einmal erschienen die kleinsten Einzelheiten unseres Lebens in neuer Schönheit. Es war, als ob ein unsichtbares Eines uns an den Händen hielte, um uns in das Geheimnis einzuweihen, daß Leben und Lieben dasselbe sind.

Ich hatte Genny von meiner Lehrzeit bei Doris erzählt. Eines Morgens verkündete sie beim Frühstück: „Heute Nacht sah ich Doris! Ich war schon eingeschlafen, als ich jemanden am Fußende des Bettes spürte. Dann merkte ich, wie jemand meinen Fuß ergriff und leicht schüttelte. Als ich aufschaute, sah ich Doris." Die Beschreibung, die sie mir von dieser Frau gab, traf genau auf meine Lehrerin zu. Ich suchte in meinen Sachen nach einem Bild von Doris; Genny schaute es an und rief: „Das ist sie!" Diese Art von Begrüßung schien mir ganz nach Doris' Art zu sein.

Genny war zwar fasziniert davon, doch war dies für sie keine völlig neue Erfahrung. Über Kaffee und Brötchen öffnete sie für mich an diesem Morgen einen tiefen und bisher sorgsam gehüteten Teil ihrer Vergangenheit. „Als ich klein war", begann sie, „hörte ich Stimmen. Manchmal fragte ich meine Mutter, ob sie diese Stimmen auch hörte. Wenn sie dann jeweils verneinte, fühlte ich mich verängstigt und ganz allein. Aber zu anderen Zeiten spürte ich deutlich, daß Engel zu mir sprachen, und dies gab mir einen inneren Halt.

Meine Mutter erzählt immer davon, wie ich, als ich noch ganz klein war, eines Tages zu ihr sagte: ‚Weißt du, du bist nicht die erste Frau, die ich zur Mutter habe. Ich bin schon oft hier gewesen.' In meiner Stimme schwang offenbar soviel Überzeugung mit, daß meine Mutter antwortete: ‚Das stimmt wahrscheinlich schon.' Sie gab mir so viel, und dank ihrer Unterstützung brauchte ich meine Gefühle nicht zu verleugnen.

In meiner Kindheit gab es noch einen weiteren ganz besonderen Menschen: meine Großmutter. Sie war eine freundliche und liebevolle Seele. Stundenlang redeten wir zusammen, und sie massierte in dieser Zeit meine Arme und meinen Rücken. Sie lebte in einem Raum, den ihr mein Vater über unserer Garage gebaut hatte, und so hatte ich immer einen Ort, wo ich hingehen konnte. Ich liebte sie sehr; sie war immer für mich da, und ihre Liebe ließ mich genau so sein, wie ich war. Ohne über Religion zu predigen, lehrte sie mich den spirituellen Weg, denn ihre Liebe für das Leben durchstrahlte sie so sehr, daß ich davon ganz tief berührt wurde.

Ich wuchs in einer Vorstadt von Los Angeles auf. Meine Mutter machte den Haushalt und half meinem Vater im Geschäft. Mein Bruder Tom besaß viele verschiedene Tiere, unter anderem auch Schlangen, Falken, einen Luchs und einen Wolf.

In vielerlei Hinsicht verlief meine Kindheit ganz normal. Ich ging zur Schule, spielte mit anderen Kindern, und so oft wie nur möglich waren wir am Strand. Wenn ich mich einmal einsam fühlte, ging ich zu den Tieren meines Bruders. Nachdem ich so oft erlebt hatte, daß ich Dinge hören und sehen konnte, die niemand sonst wahrnahm, fühlte ich, daß nur Tiere mich verstehen konnten. Ich begann auch zu ahnen, daß meinem Leben ein gottgegebener Sinn innewohnte. Und die Tatsache, daß ich niemanden hatte, dem ich das sagen konnte, brachte mich näher zu Gott.

Ich liebte meinen Vater sehr, obwohl ich wenig Zeit mit ihm verbringen konnte, denn er war sehr beschäftigt. Die wenigen Augenblicke, die ich mit ihm verbrachte, sind mir sehr teuer. Er war Schweißer, und es war erstaunlich, was er aus Metall alles gestalten konnte; er baute sogar ein eigenes Flugzeug. Am Strand konnte er zwanzig, dreißig Meter auf den Händen ins Meer hinaus gehen, bis seine Füße schließlich in einer großen Welle verschwanden.

Als ich elf war, kam mein Vater eines Tages in mein Zimmer, um sich von mir zu verabschieden, da er wieder einmal mit seinem Flugzeug eine Reise unternahm. Es war sein Geburtstag, und er flog nach Illinois, um seine Mutter zu besuchen. Aus irgendeinem Grund aber war dies für mich keine seiner üblichen Reisen. Ich wollte etwas von ihm, und ich verlangte Taschengeld. Er hatte kein Kleingeld bei sich, aber ich ließ ihn nicht gehen. Ich war rasend vor Wut und weigerte mich, mich von ihm zu verabschieden. Tief innen ahnte ich, daß er nicht zurückkommen würde. Aber wie kann eine Elfjährige das wissen? War es wirklich nur das, daß ich mich unmöglich aufführte? Ich war sehr aufgebracht!

Wir warteten auf ihn, und als seine Rückkehr einen Tag überfällig war, riefen wir seine Mutter an. Sie bestätigte, daß er zurückgeflogen war. Tage und Wochen vergingen, und man fand keine Spur von ihm. Staatliche und private Flugzeuge suchten nach ihm, doch ohne Erfolg. Eines Tages sah dann der Pilot eines Verkehrsflugzeuges in der Mojavewüste die Trümmer eines abgestürzten Flugzeuges. Es war mein Vater.

Noch jahrelang verfolgte mich die Erinnerung an unsere letzte Auseinandersetzung. Ich mußte geahnt haben, daß ich ihn nicht wiedersehen würde. Und heute weiß ich, daß ich nicht bereit war, ihn gehenzulassen. Er war noch zu wichtig für mich, und ich war zu jung, um ohne ihn sein zu können. Ich fühlte mich verlassen; ich brauchte seine Liebe, und er war nicht da. Meine Mutter arbeitete noch mehr, da sie sich nun um alles kümmern mußte. Ich war allein.

Als ich fünfzehn war, traf ich Bill. Ihm öffnete ich mich mehr als irgend jemandem seit meines Vaters Tod. Obwohl ich auch mit anderen ausging, verbrachte ich fast meine ganze freie Zeit mit ihm. Ich machte mein Abitur, und kurze Zeit später verheiratete sich meine Mutter wieder. Wir zogen nach Ohio, und Bill kam mit uns. Obwohl ich nun mit meiner Familie und mit meinem Freund lebte, zog es mich wieder nach Kalifornien. Im darauffolgenden Herbst reiste ich zurück und begann, Psychologie zu studieren. Kurz darauf wurde Bill zur Armee eingezogen und nach Vietnam geschickt. Eines Tages hörte ich, daß er getötet worden war. Der Schmerz über seinen Tod traf mich tief. Ich fragte mich immer wieder: ‚Bedeutet das, daß jeder Mensch, den ich tief liebe, von mir genommen wird? Kann ich es je wieder wagen zu lieben?'

Als ich dann den Schmerz überwunden hatte, war eine innere Stärke in mir gewachsen. Das Leben ging weiter, und ich durfte auf viele Arten Liebe empfangen. Ich war dankbar!

Ich arbeitete für viele Jahre als Stewardeß bei einer Fluggesellschaft. Eines Tages, als der Pilot unseres Fluges meinen Nachnamen hörte, fragte er mich, ob es das Flugzeug meines Vaters gewesen wäre, welches man in der Mojavewüste gefunden hätte. Ich bejahte, und er beschrieb mir viele Einzelheiten, die ich noch nicht kannte. Erstaunt fragte ich ihn, woher er dies alles wisse. ‚Ich war derjenige, der ihn fand', antwortete er.

Kurz darauf starb meine Großmutter. Und alles, was ich als Kind gefühlt hatte, erfuhr eine Bestätigung mit ihrem Tod. Als ich an ihrem Begräbnis ihren leblosen Körper anschaute und weinte, da erschien sie plötzlich vor mir, so wirklich, wie du jetzt vor mir sitzt. Sie schaute mich liebevoll an und sprach: ‚Sei nicht traurig meinetwegen; ich bin da, wo ich sein will; ich bin glücklich.'

Einerseits war ich verblüfft, daß nur ich sie sehen konnte, andererseits fühlte sich das, was sie sagte, seltsam natürlich an, denn es bestätigte mir, was ich schon immer gewußt hatte — daß der Tod nicht existiert. Nun empfand ich auf einmal den Verlust meines Vaters, meines Freundes und meiner Großmutter anders als zuvor: Ich hatte sie nicht wirklich verloren; es ist schwierig zu erklären, aber ich wußte, daß ich nicht alleine war. Die Stimmen, die ich gehört hatte, die Engel, die ich gefühlt hatte, sie waren nicht nur Einbildung gewesen; in dieser Nacht hielten die Engel mich wirklich umfangen.

Die Stärke meines Vaters, Bills Liebe, meine Großmutter — sie sind noch immer mit mir. Die Liebe und die anderen positiven Qualitäten, die sie in mir anregten, sind mein und werden es immer sein. Aber etwas anderes fehlte noch; ich wußte immer, daß es noch mehr für mich gab, etwas Wichtiges, das ich tun sollte."

In den zwei Wochen, die wir zusammen verbracht hatten, begann sich für Genny langsam zu klären, was in ihrem Leben fehlte. Unsere Aufgabe bestand nun darin, unsere Leben so einzurichten, daß wir dies gemeinsam verwirklichen konnten. Genny entschied sich dafür, mit mir in Deutschland zu leben. Sie flog nach Kalifornien zurück, um ihre Beziehung zu ihrem Freund zu einem Abschluß zu bringen; ferner wollte sie einen Urlaub beantragen, ihre Wohnung kündigen sowie ihr Auto und ihre Sachen einstellen. Wir wußten beide, daß es für sie nicht leicht sein würde, diese Sicherheiten aufzugeben. Aber ich sah ein Leuchten in ihr, das uns gewiß die Stärke geben würde, diese Zeit durchzustehen.

Zu Hause angekommen, teilte sie ihrem Freund ihre Entscheidung mit. Für beide war diese Trennung wohl schwierig und schmerzlich, aber in ihrem Herzen wußte sie, daß es so richtig war. Um seinen Versuchen, sie zurückzugewinnen, auszuweichen, entschied sie sich, mit Freunden einige Tage in Mexiko zu verbringen. Dort konnte sie etwas Abstand gewinnen und sich überlegen, wie ihre anderen Angelegenheiten am besten in Ordnung zu bringen waren.

An einem sonnigen Tag gingen alle zusammen an den Strand. Gennys erster Gedanke war, an diesem Tag nicht schwimmen zu gehen, aber sie achtete nicht darauf und stürzte sich in die Wellen. Kurz darauf spürte sie einen starken Sog, der sie vom Land wegtrieb. Verzweifelt schreiend winkte sie ihren Freunden, aber diese begriffen ihre Not nicht und winkten zurück. Sie wehrte sich unaufhörlich, doch die Macht des Ozeans war stärker und sie wurde immer weiter hinausgetragen. Ihre Kräfte erlahmten, und sie wußte, daß sie sich einen Moment lang ausruhen und Atem holen mußte. Sie atmete tief und gab alles auf, auch ihr Leben. Im selben Augenblick kam sie wieder in ruhigeres Gewässer und wurde an Land gespült. In Gennys eigenen Worten: „Ich hatte keine andere Chance, als mich dem Meer hinzugeben. Dies war der letzte Test: War ich gewillt, alles aufzugeben, sogar mein Leben? Ich lag weinend im Sand und wußte nun mehr denn je, daß mein Leben erst begonnen hatte."

Auf ihrer Heimreise besuchte sie ihre Mutter in Dallas, um ihr von ihrer Entscheidung zu erzählen. Wie war es möglich, ihrer Mutter zu vermitteln, daß sie ihre Arbeit, ihre Freunde und ihre Wohnung aufgab, um mit einem Mann zu leben, den sie erst seit zwei Wochen kannte? Genny betete um Stärke und auch darum, die richtigen Worte zu finden. Im Gespräch mit ihrer Mutter hörte sie sich dann selbst Worte von so tiefer Wahrheit sagen, daß sie wußte, daß dies alles von einem höheren Willen gelenkt war und selbst ihrer Mutter die Ängste genommen würden. In der folgenden Nacht hatte ihre Mutter denn auch einen ganz ungewöhnlichen Traum: Sie träumte, daß Gennys Vater zu ihr kam und sprach: „Sorge dich nicht um Genny. Sie tut genau das, was sie tun soll."

Als sie am nächsten Morgen ihren Traum erzählte, spürten alle, die zugegen waren, daß sich da etwas ganz Besonderes ereignete.

Unterdessen saß ich in Deutschland wie auf Nadeln, während ich auf Gennys Rückkehr wartete. Die Zeit war zu kurz, um Briefe zu schreiben, aber irgendwie mußte ich ihr vermitteln, daß alles, was wir gefühlt hatten, die reine Wahrheit war, denn ich fürchtete, daß der Druck ihres alten Lebens sie dazu bringen könnte, unsere Beziehung zurückzustellen. Die Wirklichkeit sah natürlich ganz anders aus als meine Ängste: Obwohl uns ein Ozean voneinander trennte, waren wir innerlich nur Zentimeter voneinander entfernt.

Eines Tages setzte ich mich auf mein Bett und meditierte, bevor ich Genny anrief. Ich wollte sie innerlich in ihrer Wohnung besuchen, um ihr meinen Anruf anzukündigen. Augenblicklich sah ich sie in ihrer Wohnung, wie sie in einem rosa Nachthemd auf dem Bett lag. Ich sagte ihr, daß ich sie nun anrufen würde, was ich einige Minuten später dann auch tat. Als das Telefon einmal geklingelt hatte, nahm sie den Hörer ab und sagte: „Hallo, Bruce!" Wir lachten über unsere innere Verbindung, denn wir hatten den Anruf ja nicht abgesprochen. Ich erzählte ihr vom rosa Nachthemd, und sie bestätigte, meine Worte, daß ich anrufen würde, gehört zu haben.

Dieses Erlebnis gab uns beiden neue Energie. Genny konnte nun ihre Vorhaben zu einem guten Ende führen, und ich konnte wieder darauf vertrauen, daß sich nur das Beste für uns beide entfalten würde.

Unser zweites Zusammentreffen im Zürcher Flughafen zwei

Wochen später unterschied sich sehr vom ersten. In einer stürmischen Begrüßung hob ich sie hoch und wirbelte sie im Kreise herum, und dann entführte ich sie an einen Ort, wo wir unser Zusammensein feiern konnten.

Der Frühling hatte alles verändert, sogar die Stimmung in der Klinik. Genny kam schnell mit vielen Patienten in Kontakt. Einer davon, Andy, der die meiste Zeit mit kleinen grünen Männchen verbrachte, begleitete uns oft auf unseren Spaziergängen zum Fluß. Dort spielten wir immer zusammen ein Spiel, wo jeder von uns seine Verrücktheit in den Fluß warf und ihr zuschaute, wie sie davonschwamm. Nach diesem Ritual fühlten wir uns alle viel besser.

Die Wochenenden kamen nie zu früh; wir machten Ausflüge an die Schweizer Seen, sonnten uns in den schneebedeckten Alpen und schlichen uns in kleine verborgene Kapellchen, einfach nur, um dazusitzen, zu meditieren und den *Kurs* zu genießen.

Michael, Marsha und ich planten, in unseren zweiwöchigen Ferien nach Israel zu fliegen. Einige Wochen zuvor hatten wir das Konzentrationslager Dachau besucht. Angesichts dieser Stätte, wo das menschliche Potential des Bösen triumphiert hatte, spürten wir, daß wirklich Himmel und Hölle auf Erden sind. Wie tief konnte das menschliche Bewußtsein wohl sinken? Wir wußten ja, daß alle Gewalt gegen andere zugleich Gewalt gegen das eigene Selbst ist, aber wir konnten uns nicht vorstellen, wie das Töten, das hier stattgefunden hatte, je gesühnt werden konnte.

Was mich an Dachau und den meisten anderen Lagern schockierte, war die Tatsache, daß sie sich so nahe bei einer Ortschaft befanden. Ich sah Gärten in der unmittelbaren Nähe der Mauern, und dieses Bild verfolgte mich tagelang. Wie konnte man nur ein normales Leben neben dieser Stätte des Grauens leben? Als ich dann eines Abends im Fernsehen die Nachrichtensendung anschaute, wurden gerade Bilder von hungernden Kindern gezeigt, während ich ein gutes Abendessen verzehrte. Wie leicht war es für mich, Ausflüchte zu finden und die

Leiden anderer zu ignorieren! Dachau war nicht sehr verschieden von dem Leben, das wir heute leben. Verschließen wir uns nicht täglich vor unserer Umwelt? Wer hat sich so sehr der Liebe verpflichtet, daß er sicher ist, daß dies nie wieder geschieht?

In diesen Tagen las ich im *Kurs* immer wieder, daß wir Gott nur durch Vergeben kennenlernen können.

In Israel spürten wir erneut, wie nahe Himmel und Hölle beieinander sind. Jede Kindergruppe wurde von bewaffneten Männern beschützt. Ich sah darin ein Symbol: Im Kampf, den die Israelis führen, schien es immer nur um Land und um Rechte zu gehen und so wenig um Gott und um Liebe. Die heiligen Orte, die von allen Parteien beansprucht wurden, fühlten sich leer und unheilig an, eine traurige Ironie. Hier, wo einst große Lehrer Gottes Schönheit und Liebe gepredigt hatten, regierten heute die Armeen und der gegenseitige Haß. Es schien mir, daß die Widersprüche zwischen Weltlichem und Göttlichem hier im Heiligen Land am stärksten zur Geltung kamen. An den Israelis und ihren Feinden sahen wir, wie die Ängste des persönlichen Selbst und die Lehren des Höheren Selbst im Widerspruch stehen. Obwohl Gottes Atem ja in uns allen lebt, fanden wir keinen Juden und keinen Araber, der sein Herz dem Vergeben geöffnet hatte. Aus einem einzigen Samen waren hier große Weltreligionen entstanden; Jahrhunderte später kämpften die Nachfahren immer noch um Teile des Gartens und hatten diesen einen Samen, dem sie alle entstammten, vergessen.

Meine Erwartungen waren zu hoch gewesen. Ich hatte erwartet, an diesen heiligen Stätten Gott auf Schritt und Tritt zu begegnen. Meine Lektion im *Kurs* faßte meine Erfahrungen zusammen:

> *„Wenn du auf deine eigene Stärke vertraust, hast du allen Grund, besorgt, beunruhigt und ängstlich zu sein.“*

Am nächten Tag hieß es:

> *„Du bist nicht wirklich fähig, müde zu sein, aber du bist sehr geschickt darin, dich zu ermüden. Die Belastung,*

dauernd jeden und alles zu verurteilen, ist eigentlich gar nicht auszuhalten.“

Das war die Wahrheit; mein eigenes Verurteilen verwehrte mir den Kontakt mit meinem Höheren Selbst und mit Israel.

Ich war erleichtert, als ich wieder ins Flugzeug steigen konnte. Auf dem Rückweg wich die Traurigkeit von uns, und wir verbrachten unsere letzten Ferientage damit, wieder durch die Gegend zu streifen. Wir waren verliebt, und die ganze Welt schien sich mit uns zu freuen.

So wie ich Genny darin unterstützt hatte, ihre Arbeitsstelle aufzugeben, half sie nun mir, das Offensichtliche zu erkennen — es war Zeit für mich, dasselbe zu tun. Keiner von uns wußte, wie es mit uns weitergehen sollte, und wir warteten auf eine Inspiration. In dieser Zeit legten wir unsere Ersparnisse zusammen und kauften vom Nachbarbauern ein altes Auto. Wir packten alle unsere Habseligkeiten hinein, da wir sicher waren, mindestens zwei Monate unterwegs zu sein. Unser erstes Ziel war der Markusplatz in Venedig, wo mir die Vision unserer Hochzeit geschenkt worden war. Nachher würden wir dann dorthin weiterreisen, wohin uns unsere innere Führung geleiten würde.

Jeden Abend hielten wir bei einem anderen Hotel, und ich beschrieb dem Mann an der Rezeption meinen liebsten Wunsch. Ich sagte zum Beispiel: „Ich hörte von diesem kleinen Gasthof direkt am See, der nicht allzuweit von der Stadt weg liegt, wo man zu einem sehr günstigen Preis übernachten kann. Können sie mir sagen, wo dieser Gasthof genau liegt?“ Wir waren erstaunt, wie schnell unsere Fantasien dann jeweils Wirklichkeit wurden.

Unsere Reise ging so leicht vonstatten, als ob sie liebevoll für uns geplant worden wäre. Wir besuchten Venedig, Florenz und Siena, und die Wirklichkeit übertraf unsere Fantasien immer mehr. Es schien, als ob wir uns auf einer göttlichen Straße in unsere Zukunft bewegten.

Dann aber, eines Nachmittags mitten auf der Autobahn, streikte unser Wagen. Wir warteten darauf, daß uns ein Engel in menschlicher Gestalt weiterhelfen würde, doch erst nach Stunden ermüdenden Wartens nahm uns endlich ein Lastwagen zur nächsten Werkstatt mit. Dort angekommen, gab uns der Mechaniker Bescheid, daß unser Auto nicht mehr zu reparieren war. Das war unglaublich! Alle unsere Ersparnisse einfach weg? Nun, wir mußten den Wagen tatsächlich dort lassen und mit dem Zug nach Deutschland zurückkehren. Wir gaben uns große Mühe, uns selbst einzureden, daß wir uns immer noch auf Gottes Straße befanden, vielleicht nur auf einem kleinen Umweg.

In unserer Wohnung im Bauernhaus wartete Doris auf uns! Wir waren verblüfft, und zugleich schien es die natürlichste Sache der Welt. Sie begrüßte mich, wie wenn wir uns am Tage zuvor das letzte Mal gesehen hätten, um hierauf Genny zu umarmen, wie wenn sie eine alte Freundin wäre. Ohne darauf zu warten, daß ich die beiden einander vorstellte, sagte Doris zu Genny: „Erinnerst du dich an die Nacht, in der ich dich besuchte?“

Den ganzen Abend lang hatten wir viel Spaß zusammen, und ich vergaß völlig, daß unser Wagen, der unsere ganzen Ersparnisse darstellte, weg war.

Am nächsten Tag erzählte uns Doris, was sie damals in San Francisco erlebt hatte, während sie sich von ihrem Kriegsschock erholte. Der ältere Mann, der ihr im Gefangenenlager geholfen hatte, blieb bei ihr und half ihr, ihre Gesundheit wiederzuerlangen. Kurze Zeit später heirateten sie. Keiner von beiden fühlte sich in den Vereinigten Staaten wohl, aber sie wußten nicht, wohin sie sich wenden sollten. Beide spürten, daß sie eine Umgebung brauchten, in der sich ihr inneres Wesen entfalten konnte. Nur an einem solchen Ort konnte Doris ihren Lebenswillen gänzlich wiederfinden.

In ihren Meditationen sah sie immer wieder die Dschungel von Ecuador. Als sie noch tiefer in sich ging, erkannte sie, daß sie dort hinzugehen hatte, um mit den Jivaro-Indianern zu leben. Doris und ihr Mann wußten beide, daß die Jivaros Kopfjäger waren; kürzlich hatte ein Gruppe von Leuten, die von einer

Erdölgesellschaft ausgeschickt worden war, zum Stamm Kontakt aufgenommen, und dann hatte man nie wieder etwas von ihnen gehört. In einer Vision sah Doris' Mann dann aber, wie sie auf den Dschungelpfaden vorwärtsschritten und ihre Köpfe noch auf den Schultern trugen. Beide nahmen dies als ein gutes Zeichen.

Die Reise begann mit einem Flug nach Quito und setzte sich in einer langen Busfahrt fort. Dann fuhren sie in einem Boot tagelang flußaufwärts in immer unberührtere Gegenden, und schließlich mußten sie sogar ein Floß zuhilfenehmen. Auf dem ganzen letzten Teil der Reise fühlten sie sich ständig von vielen Augen beobachtet. Da beschlossen sie, ihre Kleider auszuziehen und ihre ganzen Habseligkeiten über Bord zu werfen, um so die Indianer wissen zu lassen, daß sie ihre Vergangenheit hinter sich ließen. Einige Tage stakten sie ihr Floß immer weiter in den Dschungel, vorsichtig zwar, aber völlig ungeschützt. Eines Tages gelangten sie zu einer Stelle, wo am Ufer mehrere breite Pfade begannen. Sie verließen das Floß und gingen an Land. Wilde Beeren waren im Überfluß vorhanden; sie nahmen davon und schmierten ihre Körper damit ein. Als nächstes brachten sie den Bäumen an dieser Stelle Gaben und Gebete dar; erst dann sammelten sie Wurzeln und Blätter, um zu essen. In der darauffolgenden Nacht gruben sie sich in einer Sandbank des Flußufers ein, während sie fühlten, daß immer noch viele Augen auf ihnen ruhten.

Als sie erwachten, sahen sie, daß kleine Gräben von etwa 15 Zentimeter Tiefe rund um ihre Köpfe gezogen worden waren. In der Nacht hatten sie nicht das geringste davon gehört oder gefühlt. Auf dem Grund dieser Gräben lagen Kräuter und Beeren. War dies eine Warnung? Sie entschieden sich, das Essen als Geschenk anzunehmen.

Sollten sie nun hier warten oder weitergehen? Sie wählten einen der Pfade aus und machten sich auf den langen Marsch in den Dschungel. Von Zeit zu Zeit fanden sie vor ihnen auf dem Wege ein totes Tier. Waren diese Tiere eine Warnung? Als sie genauer hinschauten, sahen sie bei jedem vergiftete Pfeile liegen. Sie entschieden sich dafür, daß die Tiere sicheres Geleit anzeigen sollten, verbeugten sich respektvoll vor ihnen und setzten ihren Weg fort. Schließlich gelangten sie in ein verlassenes Dorf.

Obgleich niemand zu sehen war, fühlten sie wieder, daß sie aus den Büschen heraus beobachtet wurden. Doris und ihr Mann setzten sich, nackt wie sie waren, Rücken an Rücken und stießen gutturale Töne aus, traditionelle Laute der Verehrung, die Doris bei verschiedenen Stämmen im südlichen Pazifik gelernt hatte. Doris ließ hierauf auch tierische Laute ertönen. Dies lockte bald darauf Kinder aus ihren Dschungelverstecken. Still dasitzend, konzentrierte sich Doris nun auf das innere Bild eines Zeltes und stellte sich vor, daß das Zelttuch zur Begrüßung im Winde flatterte. Die Kinder reagierten darauf — sie konnten es sehen! Doris visualisierte verschiedene Tiere, und die Kinder begannen, die Namen der Tiere zu rufen. Dann machte sie die Geräusche eines Alligators, und die Frauen des Dorfes, gefolgt von den Männern, kamen aus dem Dschungel. Doris und ihr Mann saßen weiterhin unbeweglich da.

Doris wurde von den Frauen zur Seite geführt, am ganzen Körper berührt und untersucht; die Männer taten das gleiche mit ihrem Mann. Da erfuhren sie, Doris über Zeichensprache, ihr Mann über seine instinktive Fähigkeit, fremde Sprachen zu verstehen, daß der Medizinmann dieses Dorfes vor kurzem gestorben war, bevor er einen Nachfolger hatte ausbilden können. Das Auftauchen von Doris war eine Antwort auf die Gebete aller Dorfbewohner; ihre Heilfähigkeiten wurden augenblicklich anerkannt, und für die nächsten dreizehn Jahre war Doris die Medizinfrau dieses Dorfes.

In meinem Kopf rasten wilde Gedanken und ich war begierig, noch mehr Einzelheiten zu erfahren. Doris spürte meine Enttäuschung, lächelte und sagte: „Wir akzeptierten ihre Sitten ohne Einschränkung; wenn sie von Zeit zu Zeit ihre Feinde zu einem Eintopf verarbeiteten und aßen, akzeptierten wir auch das.“ Wir lachten alle. Bevor ich noch etwas dazu sagen konnte, fuhr Doris fort: „Ich gebar meine drei Kinder im Dschungel. Noch viele Jahre später hatten sie keine Ahnung, daß sie keine Indianerkinder waren.“ Da konnte ich endlich meinen Drang, dem Gespräch eine eigene Richtung zu geben, aufgeben und Doris ihre Geschichte zu Ende erzählen lassen.

In ihrem letzten Jahr mit den Jivaros träumte Doris immer häufiger, daß sie mit Eingeborenen in kleinen Dörfern im Schnee lebte. Sie hatte Schnee nie gekannt, und so betete sie darum, die Bedeutung dessen, was auf sie zukam, verstehen zu dürfen. Immer mehr Einzelheiten klärten sich, und bald wußte sie mit Sicherheit, daß sie mit ihrer Familie nach Alaska ziehen mußte. Sie verließen den Dschungel, reisten auf dem Seeweg nach Alaska und kamen in demselben Hafen an, den Doris in ihren Visionen gesehen hatte. In ihrer innerlichen Vorbereitung hatte sie den örtlichen Medizinmann, den sie nicht kannte, bereits von ihrem Kommen in Kenntnis gesetzt. So waren Hunderte von Eingeborenen zur Begrüßung erschienen und warteten bereits auf sie, als das Schiff anlegte. Seither ist Alaska ihre Heimat.

Genny und ich waren von diesen neuen Welten, die sich da für uns auftaten, völlig erschlagen. Wir wurden plötzlich dieser Seite von Doris gewahr, die eine indianische Medizinfrau ist, und gleichzeitig spürten wir ein großes Vertrauen zum Leben in uns. Wir wußten nun, daß die Antworten, die wir suchten, tief in uns selber lagen.

Um damit in unserem eigenen Leben zu beginnen, war es nötig, dem Bauern, der uns ein offensichtlich schlechtes Auto verkauft hatte, zu vergeben. Genny betete mit mir, um zur Vergebung zu gelangen. Hierauf gingen wir zu ihm und erzählten ihm den Vorfall mit dem Wagen. Wir waren wie vom Donner gerührt, als er uns unser ganzes Geld zurückgab und einen seiner Söhne nach Italien schickte, um das Auto nach Deutschland abzuschleppen.

Beten, meditieren und der *Kurs* waren ein fester Bestandteil unserer Beziehung geworden. Jeder von uns suchte seinen inneren Frieden täglich auf seine Weise und zu seiner Zeit, aber wir freuten uns daran, unsere Erfahrungen miteinander auszutauschen. Nachdem wir an diesem Tage scheinbar Verlorenes wiedererhalten hatten, spiegelte der *Kurs* unsere Stimmung des Dankens wider:

> *„Du bist ganz und gar unersetzlich im Bewußtsein Gottes. Kein anderer kann deinen Teil ausfüllen, und wenn du deinen Teil leer läßt, wartet dieser Ort, der auf ewig dein ist, auf deine Rückkehr.*
> *Es gibt einen Ort in dir, wo vollkommener Friede ist. Es gibt einen Ort in dir, wo nichts unmöglich ist. Es gibt einen Ort in dir, wo Gottes Stärke wohnt."*

Kapitel 5

Genny und ich fragten uns manchmal, ob wir diese Zeit in Europa, die uns so wunderbar vollkommen erschien, wohl geplant hatten, bevor wir uns dieses Mal inkarnierten. Hier waren wir allen Alltagspflichten enthoben und konnten uns uneingeschränkt unserm Verliebtsein hingeben. Als diese Zeit vorüber war, fühlten wir uns bereit, nach Kalifornien zurückzukehren und ein gemeinsames Leben zu beginnen.

Bevor wir Deutschland verließen, verbrachten wir einen Nachmittag mit Doris an unserem Lieblingsplatz beim Fluß. Sie nahm unsere Hände und segnete uns: „Euer Weg wird nicht immer leicht sein", sprach sie, „aber ihr werdet immer mehr der Gegenwart eines höheren Wesens gewahr werden, das euch auch durch die schwierigsten Zeiten hindurch leiten wird. Ihr solltet weiterhin üben, Geistwesen, die euch besuchen, zu erkennen. Findet heraus, ob ihr beide dieselbe Energie spürt. Ich werde euch in Kalifornien wieder besuchen, und wir werden dies zusammen noch mehr üben."

Dann hielt sie Gennys kleine, sensitive Hände und sprach zu ihr: „Eines Tages wirst du fähig sein, ein Kind im Mutterleib umzudrehen. Deine Hände sind göttliche Juwelen; laß sie immer dein Führer und Lehrer sein."

Lange saßen wir da und hielten uns umarmt, ohne zu sprechen. Eine unbeschreibliche, wortlose Klarheit durchdrang uns, und wir hörten noch lange dem Fluß und den Geräuschen des Waldes zu.

Als wir zu Hause unser gemeinsames Leben begannen, spürten wir Doris' Segnungen und Umarmungen noch immer mit uns. Vorerst lebten wir einige Wochen in Gennys alter Wohnung, bis wir eine neue gefunden hatten. Ich mußte in dieser Zeit meine Abschlußarbeit für die Universität vorlegen. Als Dissertation hatte ich ein Buch geschrieben, an welchem ich auch in Deutschland gearbeitet hatte. Ich gab ihm den Titel „The Magical Child Within You" („Das magische Kind in dir", erscheint 1986 im Ch. Falk-Verlag.)

Genny wurde von der Fluggesellschaft, bei der sie immer noch angestellt war, gedrängt, ihre Arbeit wieder aufzunehmen. Sie fühlte sich hin- und hergerissen. Das einzige, worin wir uns beide sicher waren, war unsere Liebe zueinander, doch die Welle von Optimismus, auf der wir geschwommen waren, war verebbt. Alle unsere Bekannten und Freunde lebten ein normales Leben, arbeiteten und erwarteten von uns dasselbe. Wir hatten uns jedoch verändert, und es erwies sich für uns als schwierig, diese Quelle von Freude, die wir in uns spürten, in Worte zu fassen, mit anderen zu teilen oder in die konkreten Formen einer Tätigkeit umzusetzen.

Der *Kurs* sagte:

„Hüte dich vor der Versuchung, dich ungerecht behandelt zu fühlen."

Das war ein guter Rat, denn wir standen beide großen Herausforderungen gegenüber. Genny erhielt von der Fluggesellschaft weiterhin Briefe, in denen sie ultimativ aufgefordert wurde, wieder zu arbeiten oder zu kündigen. Wir saßen zu Hause, fühlten uns allein und von allen Seiten angegriffen, und wir suchten nach einem Weg, auf eine Weise Geld zu verdienen, die mit unserer inneren Zielrichtung in Einklang stand. Der *Kurs* gab uns bei unserer täglichen Morgenbesinnung immer wieder inneren Halt:

„Deine Heiligkeit kehrt alle Gesetze der Welt um. Sie steht über jeder zeitlichen und räumlichen Beschränkung und über jeder Begrenzung überhaupt."

Wir brauchten diese sanfte Hilfe, um uns gegenseitig zu versichern, daß wir ein Leben ohne Kompromisse gestalten konnten. Wenn wir der Angst nachgaben und uns in Arbeitssituationnen einließen, die nicht stimmten, wie konnten wir dann andere lehren, daß es etwas Besseres gab? Der *Kurs* sagte:

„Jede wahre Freude kommt davon, Gottes Willen zu tun."

Wir machten lange Spaziergänge an der Bucht von Sausalito und über die wunderschönen Hügel in Marin County und baten darum, Gottes Willen für uns kennenlernen zu dürfen.

Nach einigen Wochen begannen uns unsere Freunde zu necken: „Ihr seid wirklich süß, wie ihr euch ständig umarmt und küßt, aber vom Umarmen und Küssen allein kann man nicht leben!"

Als wir diesen Satz am gleichen Tag mit genau den gleichen Worten zum zweiten Mal hörten, da beschlossen wir, etwas zu unternehmen. Wer sagt denn, daß man davon nicht leben kann? Zu dieser Zeit waren Umarmungen und Küsse das, was wir der Welt noch am ehesten geben konnten! Wir setzten uns ein Wochenende hin und schrieben einen Entwurf zu einem Buch, das *Hugs & Kisses (Umarmungen und Küsse)* heißen sollte und die verschiedenen Arten, sich zu umarmen und zu küssen, beschrieb. Genny versuchte sich darin, den Text zu illustrieren, indem sie sich von ihren Händen führen ließ. Ihre Zeichnungen waren perfekt! Wir gaben das Manuskript einigen Freunden zu lesen und hörten dann Kommentare wie „Es ist nett, aber...", „Für so etwas findet ihr nie einen Verleger."

Ein Freund machte uns auf einen Verleger aufmerksam, bei dem wir mal anklopfen sollten. Wir besuchten hierauf verschiedene Buchhandlungen, um uns dessen Verlagsprogramm anzusehen, und stellten dabei fest, daß sich die Publikationen dieses Verlages immer zuvorderst in der Auslage befanden. Das war genau, wo wir uns unser Buch vorstellten! So segneten wir also *Hugs & Kisses* und baten darum, daß es vom Verlag angenommen würde. Wir beteten auch dafür, daß es eine Demonstration des Vertrauens in Gott und eine Einkommensquelle werden würde. Wir wollten anderen helfen, ohne daß unser Lebensunterhalt von ihnen abhing. Wir wollten nicht den gleichen Weg gehen wie einige Therapeuten, die wir kannten, welche des Geldes wegen unbewußt ihre Klienten an sich binden und sie deshalb nicht als ganz und heil sehen können.

Den Tag, an dem wir unser Manuskript einsandten, feierten wir mit einem Picknick auf dem Mount Tamalpais. Wir schauten in die Weite und stellten uns vor, unsere Umarmungen und Küsse eines Tages mit Tausenden zu teilen. Der *Kurs* sagte:

„Es gibt kein Problem in keiner Situation, das Glaube nicht lösen kann. Ist es nicht möglich, daß alle deine Probleme bereits gelöst sind, aber daß du dich selbst von der Lösung entfernt hast?“

Zwei Wochen später riefen wir den Verleger an. Er hatte unser Manuskript kurz angeschaut, dachte aber eher, daß er es nicht haben wollte. Dennoch hatte er es an einen seiner Lektoren weitergeleitet. Wir waren enttäuscht. Doch eine innere Stimme sagte: „Nicht aufgeben. Alles wird gut.“

Wir machten weiterhin lange Spaziergänge und baten darum, daß sich die Türen des Glücks für uns öffnen möchten. Unsere tiefe Beziehung half uns dabei, weiter zu vertrauen und nicht in Angst und Panik zu verfallen. Doch manchmal war es mir unmöglich, die Freiheit meines Geistes und die Lebensnotwendigkeiten zusammenzubringen, und ich drehte jeden Dollar zweimal um.

Wir fanden ein hübsches, leerstehendes Häuschen an der Küste in der Nähe von Bolinas, einige Kilometer von San Francisco entfernt. Unsere Träume schienen wahr zu werden, und wir beteten darum, daß nur das Beste geschehen möge. Als wir uns erkundigten, erhielten wir allerdings den Bescheid, daß es noch nicht sicher sei, ob dieses Häuschen vermietet würde. Wir mußten aber etwas finden, weil unser Mietvertrag auslief. Uns war klar, daß Gott seine größten Werke in der allerletzten Stunde tut; aber dies nur zu denken, war etwas anderes, als es tief innen zu wissen. Wir suchten unsere Zweifel zu überwinden, hielten uns an den Händen und lebten von Augenblick zu Augenblick, bestärkt von unserem besten Freund, dem *Kurs*:

„Der Himmel ist hier. Es gibt nicht anderes. Der Himmel ist jetzt. Es gibt keine andere Zeit.“

Würden wir der Illusion erliegen, nur die äußeren Umstände in unserem Leben wichtig zu nehmen und uns damit der Angst anheimzugeben, oder würden wir erkennen, daß wir innerlich ganz waren und daß sich dies schon bald auch nach außen in unserem Alltag widerspiegeln konnte? Seit Wochen hatte Genny Schmerzen im Unterleib, und wir wußten beide, daß dies ein Ausdruck innerer Vorgänge war. Wir mußten lernen, innerlich loszulassen, um das zu verwirklichen, worüber alle Lehrer und Bücher sprachen — die Kraft unseres Glaubens alle unsere Bedürfnisse erfüllen zu lassen.

Der Universitätsausschuß, der meine Doktorarbeit begutachtete, machte mir mehr und mehr Auflagen für meine Arbeit; die Fluggesellschaft, bei der Genny noch immer angestellt war, hatte keine Sympathie für ihre Beschwerden; unser Kampf gegen die widrigen Umstände schweißte uns immer enger zusammen.

Der *Kurs* sagte:

„... nimm niemanden von der Liebe aus, sonst bewahrst du dir einen dunklen Ort in deinem Inneren, wo der Heilige Geist nicht willkommen ist. Und auf diese Weise wendest du dich selbst von seiner Heilkraft ab, denn wenn du nicht total liebst, kannst du nicht völlig geheilt werden."

Jeden Tag arbeiteten wir in unseren stillen Zeiten daran, all denen Liebe zu senden, bei denen es uns am schwersten fiel.

Wieder riefen wir unseren Verleger an. Auch wenn er unser Büchlein nicht mochte, vielleicht gefiel es seiner Lektorin! Sie sagte uns: „Gebt mir etwas Zeit. Ich denke, daß es schon in Ordnung kommt." Wir sahen Morgenröte am Horizont, doch würde unser Glaube stark genug sein?

Am nächsten Tage erkundigten wir uns nochmals wegen des Hauses in Bolinas und erhielten vom Besitzer den Bescheid, daß er es an Verwandte weitergeben wollte.

Unser Mut sank, denn wir hatten nur noch bis zum kommenden Wochenende Zeit, eine neue Wohnung zu finden. Da rief

Doris an: „Ich habe am Wochenende eine Verabredung in Los Angeles“, sagte sie, „und ich dachte, daß ich etwas früher nach Kalifornien kommen könnte, um euch zu besuchen.“

Wußte sie wohl, daß sie genau zur rechten Zeit kam? Wir brauchten ihre Führung sehr, und allein schon ihre Gegenwart würde uns der Wahrheit wieder näherbringen.

Als Doris bei uns war, spürte ich, wie ich versucht hatte, mein Höheres Selbst dazu zu mißbrauchen, mir die materielle Welt bequemer einzurichten. Ich hatte vergessen, den Göttlichen Geist um seiner selbst willen zu umarmen. Doris forderte uns auf, ihr zu sagen, wo im Raum wir ein anderes Wesen, das uns besuchte, fühlen konnten. Sowohl Genny als auch ich spürten es in einer bestimmten Ecke. Zuerst spürten wir dieses Etwas im Raum, und dann, als wir ein inneres Bild dazu entstehen ließen, konnten wir auch „sehen“, wer bei uns war. Doris leitete uns an: „Erlaubt euch, mehr Einzelheiten zu sehen. Wer ist es, der da steht?“

Genny antwortete: „Ich sehe eine Mutter, eine Tochter und einen alten Mann.“

„Die Tochter steht zwischen der Mutter und dem alten Mann“, fügte ich hinzu. „Und es sieht so aus, als ob sie dich von Alaska her kennen.“

Doris stimmte zu: „Ihr habt gut gearbeitet; die drei sind Klienten von mir.“ Dann fuhr sie fort: „Bestimmte Teile aus all unseren Beziehungen bleiben manchmal bei uns, um noch mehr zu lernen oder einfach, um in unserer Gesellschaft zu sein. Ihre Seelen können frei umherreisen; nicht nur nach ihrem Tod, sondern auch, wenn sie schlafen, ja, sogar wenn sie tagträumen. Diese Familie befand sich in einem intensiven Arbeitsstadium mit mir, und deshalb haben sie sich entschlossen, mich auf meiner Reise zu begleiten. Könnt ihr auch hören, was sie uns sagen?“

Wir versuchten, innerlich darauf zu hören, aber unser Verstand kam uns in den Weg, denn die Situation war zu außergewöhnlich für uns, um uns ganz darauf einlassen zu können.

Doris erklärte: „Sie besuchen uns in einer außerkörperlichen Erfahrung, während sie zu Hause schlafen. Sie wollten euch gerne besuchen, um mit anderen Schülern von mir Kontakt aufzunehmen."

Es war gut, mit Doris zusammenzusein. Wir wußten, daß sie unsere Probleme nicht lösen konnte, aber in ihrer Nähe fühlten wir uns aufgehoben, und es war leichter, unsere Erfahrungen als Teil einer vollkommenen Ordnung zu sehen.

Als wir am nächsten Morgen unser Frühstück vorbereiteten, erschien plötzlich mitten in der Küche, etwa einen Meter über dem Boden, ein kleines schwarzes Kästchen. Es war so wirklich wie alles andere und schwebte einfach da. Wie gelähmt starrten Genny und ich es an. Doris brach den Bann, indem sie lachte und zu uns sagte: „Warum öffnet ihr es nicht?"

In dieser Zeit war das Kästchen noch einige Zentimeter höher geschwebt und verschwand hierauf. „Ihr habt ja um ein Geschenk gebeten, oder etwa nicht?" fragte Doris. Ich wußte, daß das Erscheinen des Kästchens allein schon Geschenk genug war!

Gleich nach dem Frühstück begannen wir wieder mit unserer Wohnungssuche. Wir ahnten, daß dies unser großer Tag werden konnte, nachdem uns zwei so gute Vorzeichen, Doris' Besuch und das Kästchen, geschenkt worden waren. In der Zeitung fanden wir tatsächlich ein Inserat für ein Haus in Sausalito. Den Straßennamen hatten wir noch nie gehört; wir suchten ihn auf einer Karte, und eine Viertelstunde später waren wir dort. Es war das einzige Haus in der ganzen Straße, und kaum waren wir eingetreten, da wußten Genny und ich mit Sicherheit, daß dies unser Haus war.

Doris ging langsam im Wohnzimmer umher, während wir mit der Besitzerin redeten. Sie verteilte an uns und andere Interessenten Papiere und sagte dazu: „Ich habe eine ganze Liste von Interessenten, die dieses Haus mieten wollen, ich lasse sie alle ihre Namen aufschreiben, und dann können sie mich morgen anrufen, um mir zu sagen, ob sie es wirklich wollen."

„Wir brauchen das nicht", sagte ich zu ihr, „wir wissen jetzt schon, daß es genau das Richtige ist."

Ich fing an, ihr ein bißchen von uns zu erzählen, doch sie unterbrach mich: „Ich habe so etwas noch nie getan, ich bin sonst nicht so spontan, aber ihr beiden gefallt mir, ich gebe es euch!"

Wir hatten sogar noch Zeit, mit Doris zu feiern, bevor wir sie zum Flughafen brachten. Sie bemerkte: „Ich sagte euch ja, ich hatte so ein Gefühl, daß dieser Besuch noch lustig werden könnte!"

Als wir einzogen, baten wir unseren Freund Greg, gemeinsam mit uns unser neues Heim zu segnen. Wir trafen uns jede Woche mehrere Male. Greg erzählte uns dann immer Geschichten von seiner Arbeit als Heiler und von seinen Erfahrungen auf den Philippinen, und wir alle teilten einander unsere Träume der letzten Nacht mit.

Greg ist ein sehr großer Mann. Eine seiner Hände ist beinahe so groß wie meine beiden Hände zusammen, und sein Sinn für Humor entspricht seiner Größe. Er sprach mit uns besonders gerne darüber, wie er zum Heiler geworden war, denn er entstammte einem ähnlichen Milieu wie wir. Seit seiner Jugend hatte er an Migräne gelitten und war schließlich soweit gekommen, diesen Schmerz einfach als zu seinem Leben gehörig anzunehmen. Er erzählte uns, daß er früher oft sehr wütend gewesen sei. Als er an der Universität Rugby spielte, schlug er aus Zorn einmal beinahe einen Mitspieler tot. Es war für uns schwierig, uns Greg wütend vorzustellen, denn jetzt schien er so sanft. Später hatte er Kunst studiert, aber nach Abschluß des Studiums wußte er nicht, was er damit anfangen sollte.

In jenem Sommer wollte seine Mutter auf die Philippinen reisen, um dort Heiler aufzusuchen. Greg glaubte nicht an diese primitiven Formen des Heilens, aber er dachte, daß ihn seine Mutter wohl brauchen könnte und daß ihm diese Reise Gelegenheit böte, seiner Fotografie nachzugehen.

Was dort dann geschah, traf ihn völlig unvorbereitet. Die

Heiler arbeiteten zuerst mit seiner Mutter und dann mit ihm. Seine Migränekopfschmerzen verschwanden und kamen nie wieder. Zum ersten Mal in seinem Leben erfuhr er, was es heißt, für mehr als nur ein paar Tage schmerzfrei zu sein.

Greg lernte, daß hartnäckige Leiden, bei denen die westliche Medizin wenig ausrichten kann, oft mit anderen Formen des Heilens erfolgreich behandelt werden können. Der Heiler bat ihn, noch eine Zeitlang im Dorf zu bleiben, um ihn ausbilden zu können. Gemeinsam unternahmen sie dann auch Reisen in entlegene Dörfer des Berggebietes. Schon sehr bald spürte Greg, wenn er bei einer Heilung zugegen war, seltsame Energieströme in sich fließen. Der Heiler lehrte ihn meditieren, und Greg begann sich ungewöhnlich still und sensitiv zu fühlen, wenn er seinen Geist beruhigte und seinen Spirit in sich fühlte. Sein Lehrmeister erklärte ihm, daß sein Kopfweh und sein Ärger nichts als Widerstände waren und daß die Energie, die er spürte, Heilenergie war, die sich ihren Weg durch ihn hindurch suchte. Der Heiler fügte hinzu: „Du mußt lernen, sie anzunehmen."

Wir sprachen darüber, wie chronische Symptome, wie zum Beispiel Kopfschmerzen, tieferliegende psychische und spirituelle Fähigkeiten verdecken können. Wenn die gestaute Energie losgelassen wird und abfließen kann, können sich diese Fähigkeiten entfalten. Jeder von uns kannte Menschen, die auf einem solchen Weg ihre inneren Gaben hatten entwicklen können. Der anhaltende Schmerz ist wie eine Fahne, welche die Aufmerksamkeit auf sich lenken soll. Wenn man dann auf diese Energie hört, kann aus dieser Quelle des Leidens eine Quelle der Inspiration werden.

Greg war vor kurzem hierher nach Marin County im nördlichen Kalifornien zurückgekehrt. Im Untergeschoß seines Hauses richtete er einen Raum zum Heilen ein. Sein zweijähriger Aufenthalt auf den Philippinen hatte ihm genug Selbstvertrauen gegeben, das, was er dort gelernt hatte, mit nach Hause zu bringen und hier anzuwenden.

Während einer seiner morgendlichen Besuche hatte Genny

starke Bauchschmerzen. Greg bat sie, sich hinzulegen, und legte seine Hände auf ihren Bauch. Genny spürte augenblicklich eine große Wärme. Er hieß sie, ihre Augen zu schließen und ihm mitzuteilen, was sie unter seinen Hände „sehe". Sie sagte: „Ich sehe ein scheußliches Monstrum." Greg forderte sie auf, sich diesem Monstrum zu nähern und es zu berühren.

Sie weinte: „Es ist so schrecklich!" Mit der Zeit konnte sie jedoch, unterstützt von Greg, näher hingehen, und sie sagte: „Ich berühre es jetzt, und es wird kleiner."

„Gut!" sprach Greg.

Genny atmete tief auf; die Heilbehandlung war vollendet. Das Monstrum hatte sich in etwas ganz Zartes und Kleines verwandelt, und als sie aufstand, fühlte sie sich viel besser.

Einige Wochen später fragte Greg Genny, ob sie einmal bei seiner Arbeit dabeisein wolle. Genny verstand dies als Erlaubnis, zuschauen zu dürfen, und ging mit. Als sich der Patient auf den Behandlungstisch gelegt hatte, winkte Greg Genny zu sich und fragte sie: „Was geht mit ihm vor? Wo ist er blockiert?"

Genny hatte sich noch nie in einer solchen Lage befunden und konnte nichts darüber sagen, aber er ließ nicht locker; so sprach sie einfach aus, was ihr als erstes in den Sinn kam: „Seine Energie ist in seiner Brust und seinem Bauch blockiert."

„Okay", sagte Greg, „leg ihm die Hände auf." Dann verließ er den Raum.

Genny war in Verlegenheit, wollte dies jedoch nicht zeigen; so legte sie ihre Hände auf seinen Bauch und forderte ihn auf, tief zu atmen. Sie hörte auf, sich gegen diese ungewohnte Situation zu wehren, ging in sich und bat Gott, ihr zu helfen. Da wurden ihre Hände warm, und Genny spürte, wie eine große Hitze durch ihre Hände in den Körper des Patienten floß. Zugleich hatte sie eine Vision eines großen, schlanken Mannes mit dunklem Haar und Bart. Unsicher, ob sie dies aussprechen solle, wartete sie eine Weile, aber das innere Bild blieb unverändert bestehen. Als sie ihm schließlich mitteilte, was sie sah, begann der Klient zu weinen und sagte: „Das ist mein Vater; seit Jahren bin ich vor dem Schmerz davongerannt, ihn verloren zu haben." Immer noch weinend, fuhr er fort: „Ich vermisse ihn sehr; ohne ihn fehlt mir ein Teil meiner selbst."

„Fühle ihn jetzt mit dir." sagte Genny.

Da gurgelte sein Bauch und er begann sich zu entspannen. Alles ging so schnell wie in einem Traum, als Genny diesen Mann innerlich ganz von Licht erfüllt sah.

Als der Klient gegangen war, erzählte Greg Genny, daß er sie seit einiger Zeit beobachtet habe und daß ihm dabei klar geworden war, daß sie nun soweit war, ihre Hände gebrauchen zu können. Auf diese Weise hatte ihre Lehrzeit bei Greg begonnen. Er stellte ihr den Raum zur Verfügung und versorgte sie mit Klienten, es blieb jedoch ihr selbst überlassen, die richtige innere Einstellung und Kraft dafür zu finden.

Genny arbeitete nun mehrere Tage in der Woche in Gregs Praxis. Es gab Tage, da hatten sie sechs oder sieben Klienten, einen nach dem andern. Eines Tages kam eine Frau mit Krebs zur Behandlung, und Greg fragte Genny: „Welche Farben siehst du in ihrer Aura?" Später wollte Genny von ihm wissen, ob er dieselben Farben gesehen hätte, doch Greg antwortete: „Ich sehe nur selten Farben, aber du mußt deine eigene Wahrnehmung als die wichtigste Instanz anerkennen." In der Zusammenarbeit mit Greg konnte Genny ihre inneren Sinne aktivieren; sie sah Bilder, hörte innere Worte, ja roch oder schmeckte sogar, was im Klienten vor sich ging.

Nach einem vollen Arbeitstag kam Genny oft ausgelaugt und ärgerlich nach Hause. Es bedeutete für sie eine große Anspannung, dauernd hellwach und gegenwärtig zu sein und das auszusprechen zu wagen, was sie sah und fühlte. Sie hatte auch keine Ahnung, ob das, was sie tat, wirklich half. Kaum je fand sie Zeit, sich zu entspannen oder mit Greg Gedanken über die gemeinsame Arbeit auszutauschen. Sie fühlte, daß sie Unterstützung brauchte, um sich nicht plötzlich selbst für verrückt zu halten.

Ihre Hände schienen andererseits nur darauf gewartet zu haben, heilend gebraucht zu werden.

Ich sah, wie Genny durch ihre Erfahrungen in dieser neuen Lebensphase weicher und sanfter wurde. Die Engel, die sie als Kind um sich gefühlt hatte, waren wieder zurückgekehrt. Nachts konnte ich oft nicht nahe bei ihr schlafen, da ihr Körper eine große Hitze ausstrahlte. Ich erinnerte mich daran, daß mir mein Freund Alberto einst gesagt hatte, es sei eine Ehre, mit einem Heiler im selben Bett zu schlafen. Ich begann zu spüren, was er damit gemeint hatte. Wir fühlten beide, vor allem nachts, in unserem Schlafzimmer eine Energie, die uns nährte, und wir träumten Unglaubliches.

Ich erlebte mit, wie sich Genny ihren Weg erschwerte, weil sie so streng mit sich war und ihre Arbeit perfekt machen wollte. Immer, wenn sie sich selbst analysierte, um zu verstehen, was sie tat, floß die Heilenergie nicht mehr. Zuhause hatte sie Wutanfälle, schrie und warf Sachen herum. Sie öffnete ich immer mehr, doch keiner wußte ihr zu sagen, wie sie sich mit diesen Heilenergien in Einklang bringen konnte; Greg meinte nur: „Du wirst es selbst erfahren."

Ihr erspartes Geld ging langsam zur Neige. Nach so vielen Jahren, in denen sie sich an ein regelmäßiges Einkommen gewöhnt hatte, fiel es ihr schwer, sich eine Zukunft ohne Sicherheiten vorzustellen. Genny hatte keine Mühe zu glauben, daß Gott für andere sorgt, aber würde das gleiche auch für sie gelten?

In ihrer Arbeit begann Genny mehr und mehr eine göttliche Gegenwart zu spüren. Ich war erstaunt, wie sie sich auf einen schwerkranken Menschen einstellen konnte, ohne sich auf seine Krankheit zu fixieren; sie sah nur jene Seite in ihm, welche lebendig, liebevoll und göttlich war. Wenn sie dann ihre kleinen Hände auf seinen Körper legte, spürte sie, wie Gottes Liebe durch sie zu ihm hinströmte, und auf diese Weise öffnete sie sich ganz natürlich der wahren Liebe.

Unsere Beziehung veränderte sich; wir suchten jetzt mehr

nach unserem eigenen Höheren Selbst als nach dem anderen. Unsere Beziehung wandelte sich zu einer Partnerschaft, und wir verliebten uns mehr und mehr in dieses Unbekannte, das in jedem von uns lebendig wurde.

Dieser Herzenswandel brachte auch Zweifel und Unsicherheit mit sich. Wie das in jeder neuen Beziehung der Fall ist, wußte Genny anfänglich nicht, wie sehr sie dem Wandel vertrauen durfte. Manchmal fühlte sie sich in völligem Frieden, um dann im nächsten Augenblick wegen der kleinsten Kleinigkeit außer sich zu geraten. Oft sah sie Engel, die sich, wenn sie an ihren Fähigkeiten zu zweifeln begann, in Dämonen verwandelten. Sie sah Monster, die sie rundherum einschlossen, und in solchen Momenten war sie überzeugt, daß sie durchdrehen würde. Wir hielten einander fest umarmt, bis sie erkannte, daß die Monster nur ihre eigenen Ängste verkörperten. Allerdings verloren sie dadurch nichts von ihrer Bedrohlichkeit.

Indem sich Genny immer mehr ihrer Gabe öffnete, Menschen mit allen Arten von Problemen lieben zu können, wurde sie auch ihrer eigenen inneren Barrieren gewahr. Sie erkannte, daß man nur dann jemandem beistehen kann, seinem Krebsgeschwür zu vergeben und es zu lieben, wenn man gelernt hat, die eigene „Krebsseite", die außer Kontrolle geraten ist, zu lieben. Um jemandem zu helfen, seine Bürde loszulassen und wieder leichter atmen zu können, mußte sie ihre eigene Bürde loslassen lernen. Mit dieser Einstellung wurde jeder Patient zu einem Lehrer, denn sie erkannte, daß sie den anderen nur in dem Maß als heil und gesund sehen konnte, in dem sie Heilung bei sich selbst anzunehmen bereit war.

Unser Bild von einem Heiler schien so falsch. Es war geprägt von den charismatischen Evangelisten im Fernsehen, bei deren Auftritt Gelähmte ihre Krücken wegwarfen und in den Gängen zu tanzen begannen.

Ein anderes Extrem stellte dieser neue Trend dar, Heilen auf eine Visualisierungstechnik zu reduzieren, bei der man sich innerlich vorstellt, daß man das Problem zum Verschwinden bringt. Kaum je war dabei von einer höheren Kraft oder Gegenwart die Rede. Niemand schien, wie Genny es jetzt drängte, den Weg zu gehen, seine Krankheit zu lieben. Für sie diente jede Krankheit einem höheren Zweck, und auf diesem Wege konnte jeder herausfinden, warum er sich gegen seine gottgegebene Ganzheit entschieden hatte.

Einmal nahmen wir an einem spirituellen Abendseminar teil. Der Leiter erklärte, daß jedermann ein Heiler sei; dann wurden wir in Paare aufgeteilt und sollten Handauflegen üben. Keiner schien die Energien wirklich zu spüren, und für mich war es, als ob zwanzig Anfänger zugleich Klavier spielten. Auch später erlebten wir immer wieder ähnliches; man erlernte oberflächlich irgendeine Heiltechnik und pries sich vom nächsten Tage als Heiler an.

Genny wollte ihre Arbeit auf eine tragfähige Grundlage stellen und suchte nach Möglichkeiten, mehr zu lernen. Es war unser beider Wunsch, zu reisen und in Kulturen zu leben, in denen andere Bewußtseinszustände als natürlich angesehen werden. Wir sehnten uns danach, mit Lehrern zu arbeiten und zu lernen, die nicht nur Techniken vermittelten, sondern durch ihre eigene Hölle gegangen waren und den Himmel darin gefunden hatten. Wir träumten von Lehrern, die das lebten, was sie lehrten.

Genny öffnete sich solch gewaltigen Energien, daß sie das Gefühl hatte zu bersten. Sie wußte, daß die Dämonen, die ihr begegneten, ihren eigenen Zweifeln und Vorurteilen entstammten. Es gab keinen anderen Weg, als sich mit ihnen zu befreunden; immer und immer wieder mußte sie sich dabei ihrer eigenen Vollkommenheit erinnern. Der *Kurs* sagte:

> *„Wenn du in deinem Inneren nur Licht hast, dann siehst du überall nur Licht. Dein eigenes Strahlen scheint auf alles und breitet sich bis in die Dunkelheit anderer Wesen aus und verwandelt sie zu ihrer wahren Größe."*

Es war nicht immer einfach, dies zu verstehen und zu leben.

Eines Tages fand ich Genny beim Nachhausekommen auf dem Badezimmerboden sitzend vor, während sie schrie: „Geht raus! Geht raus! Laßt mich in Frieden! Verschwindet! Verschwindet!" Sie deutete in eine Ecke des Raumes, wo sie die Dämonen in der Luft schweben sah. „Verschwindet!" sagte sie wieder, „geht an einen Ort, wo man euch brauchen kann! Geht weg! Geht in die Wolken! Laßt es regnen! Kommt nur in einer Form, in der ich von euch lernen kann oder geht!"

Ihr Ausbruch erinnerte mich an Primärszenen, wie ich sie aus meiner Erfahrung als Therapeut kannte. Aber die Gefühle stammten aus dem Jetzt, nicht aus der Vergangenheit; es gab hier und jetzt Dämonen in unserem Badezimmer! Gennys Extreme machten mir keine Angst; ich setzte mich zu ihr auf den Boden und fragte mich im stillen, wohin uns dieser Weg wohl noch führen würde.

Als Genny ihre Dämonen endgültig weggeschickt hatte, wollten wir etwas frische Luft atmen und gingen vor's Haus. Es war Herbst; seit langem hatte es nicht mehr geregnet, und der Himmel war wie jeden Tag strahlend blau. Aber genau über unserem Haus befand sich eine einzelne dunkle Wolke, und während wir sie beobachteten, begann es aus ihr zu regnen. Mein Verstand versuchte verzweifelt, mich zu überzeugen, daß dies nur ein seltsamer Zufall sein mußte, doch eine andere Seite in mir wußte es besser. Diese Erfahrung lehrte uns noch größeren Respekt vor den Kräften und Energien, mit denen wir umgingen.

Genny ging durch Himmel und Hölle und niemand konnte ihr dabei helfen. Ihre alten Freunde sahen sie als ehemalige Stewardeß; ihre neuen Freunde standen ihrem Weg als Heilerin skeptisch gegenüber. Sie fühlte sich sehr allein und konnte nicht verstehen, warum Gott manchmal scheinbar so nahe und im nächsten Moment so weit weg sein konnte.

Ich sah, wie sich ihre Energien zwischen Himmel und Erde auszubalancieren versuchten, und ich sah auch, daß sie langsam ihr Gleichgewicht fand. Zur selben Zeit hatte ich mit meinen eigenen dunklen Seiten zu tun. Viele Jahre lang hatte ich Zeit und Geld in Therapien investiert, und ich war eifersüchtig, daß Genny es ohne einen einzigen Tag Therapie in ihrem Leben wagte, sich ihren Monstern zu stellen. Ich erkannte, daß meine Monster noch immer in mir warteten, und ich hatte Angst vor ihnen.

Ich sah, daß ich mich zurückhielt. Obwohl ich von Doris so vieles gelernt hatte, konnte ich meine Hände noch nicht zum Heilen gebrauchen. Physische Krankheit erschreckte mich noch immer. Ich versuchte, mir im Verstand klarzulegen, wie Heilen funktioniert. Ich wußte, daß Streß der Grund für die meisten Krankheiten war, aber dann entdeckte ich eine viel umfassendere Wahrheit über mich selbst: Ich war nicht bereit, jemanden, der krank und außer Kontrolle schien, zu lieben. Ich konnte noch nicht in der gleichen umfassenden Weise auf andere eingehen wie Genny. Meine Psychologieausbildung und meine persönliche Therapie hatten mir nicht diese innere Kraft geschenkt, wie sie aus Gennys Ehrlichkeit und Reinheit zu den Menschen strömte.

Ich fühlte mich gefangen zwischen meiner früheren Identität als Psychologe und meiner neuen Wahrnehmung unseres wahren Selbst. Als Therapeut war ich dazu ausgebildet, Menschen darin beizustehen, die Quelle ihres Leidens zu identifizieren und anzuerkennen. In meinem neu erwachenden spirituellen Bewußtsein sah ich, wie beschränkt diese Wahrnehmung des Leidens ist. Krankheit ist ein Test, der uns gegeben wird, damit wir erkennen, was in uns in falschen Bahnen läuft, während Heilung dazu dient, unser inneres Wesen, das immer gesund ist, zu bejahen. Vielen mag diese Unterscheidung unwichtig erscheinen, aber für mich stand meine ganze Lebensanschauung auf dem Spiel. In meiner psychologischen Arbeit war ich dahin gelangt, meine Klienten zu unterstützen, die Gefühle hinter ihrem Verhalten zu erkennen. Die Gefühle waren das Wichtige. Heute aber wußte ich, daß Gefühle nicht die Endstation sind, sondern daß sie einen Weg zum inneren Wesen darstellen. Wütend zu werden oder zu weinen ist nicht die Lösung, aber manchmal der notwendige Weg, um Vergebung und inneren Frieden finden zu können. Mir wurde immer klarer, warum wir in Beziehungen, aber auch mit unserer eigenen Persönlichkeit in Konflikt stehen: Wir suchen die Antwort immer außen, statt uns der reinen und unbegrenzten Kraft in uns selbst zuzuwenden. Nach vielen Jahren Schule, Training und Therapie begann ich zu verstehen, daß Gott zu kennen die wahre Quelle des Glücklichseins ist, und diese Erkenntnis erschreckte mich zutiefst!

Gott ist ein Außenseiter in unserer Gesellschaft. Meine Erziehung und die Kultur, in der ich lebte, sagten mir, daß ich ein Narr war, mich von etwas Größerem als mir selbst abhängig zu machen. Mich auf diese höchst subtile und allwissende Kraft auszurichten, hieß, beinahe Unmögliches von mir zu verlangen. Und das war genau, was Genny und ich taten. Wie war es sonst möglich, diese innewohnende Kraft, die unser Leben so klar leitete, zu erklären? Woher kamen all die Zufälle, die Träume, die Visionen? Worin läge sonst der Sinn unserer Begegnung und unserer sich vertiefenden Beziehung? Wer außer Gott konnte diese Einheit arrangieren?

Ich kannte die Antwort und ich haßte es, sie zu kennen. Ich fühlte mich von ihr, die ich als wahr annehmen mußte, gezwungen, eine neue Welt zu betreten. Genny wiederum haßte das Getue, das um meine alte Identität gemacht wurde. Sie war besonders verärgert, wenn Bekannte von uns sich vor allem mir zuwandten, weil ich ein Mann war und einen Doktortitel besaß. Wir fühlten beide, daß wir in neue Identitäten hineinwuchsen, in denen wir vorerst viel verletzlicher waren. Niemand bemerkte diesen inneren Sturm, der unser neues Sein formte. Wir hatten Angst, darin zu ertrinken, wußten aber, daß wir dennoch tiefer in die weibliche und intuitive Seite in uns gehen mußten. Nur auf diese Weise konnten wir uns verwirklichen.

Wir begannen zu verstehen, warum Doris sich so sehr dagegen wehrte, auf ein Podest gestellt zu werden, denn es betont die Verschiedenheit. Wir konnten auch verstehen, warum sie sich darüber ärgerte, von den Behörden nicht als Heilerin anerkannt zu werden. Doris war eine Meisterin des Mysteriums des Lebens. Sie hatte sich gänzlich der unbekannten Tiefe geöffnet und lehrte aus dem Bewußtsein ihrer eigenen Sterblichkeit und aus ihrer großen Liebe. Diese stand in krassem Gegensatz zur anerkannten Medizin, welche mehr auf neue Technologien als auf Glauben und Vertrauen setzt.

Unser kleines Häuschen war der ideale Ort, um in Abgeschlossenheit an uns selbst zu arbeiten und unsere Beziehung zu klären. Dann rief uns eine neue Aufgabe; wir wurden freie Mitarbeiter an einem Zentrum, im dem Kinder behandelt wurden, die an Krebs litten. Wir erkannten nun auch, warum die göttliche Führung uns unser Traumhaus in Bolinas verwehrt hatte: Auf der anderen Seite der Hügelkette hätten niemals so viele Menschen, die Hilfe suchten, den Weg zu uns finden können.

Als es Winter wurde, rief ich wieder einmal die Lektorin des Verlages in New York an, die an unserem Büchlein Interesse bekundet hatte. Sie sagte mir: „Oh, ich hatte vor, Sie anzurufen. Wir werden das Buch machen, und wenn alles gut läuft, wird es im nächsten Sommer erscheinen.“ Ich war überwältigt. *Hugs & Kisses* würde ein Buch werden! Ich erzählte es Genny, und wir tanzten im Haus herum. Wir sahen dies als Beweis an, auf dem rechten Weg zu sein. Es war nun klar, daß man wirklich von Umarmungen und Küssen leben konnte und daß Liebe in dieser Welt wirklich einen Platz hat. Wir feierten dieses Ereignis mit einem Dankesritual und einem Picknick auf dem Mount Tamalpais.

Kurze Zeit später besuchte uns Doris wieder. In der ersten Nacht, in der sie bei uns weilte, träumte ich, daß Genny mit einem anderen Mann ausging; in derselben Nacht träumte Genny, daß ich mit einer anderen Frau ging. Es war „nur“ ein Traum, aber wir waren beide noch immer wütend, als wir am nächsten Morgen mit Doris darüber sprachen. Sie lachte und sagte: „Ich war es, die eure Träume auf diese Weise programmierte, aber nun liegt es an euch, mit eurer Eifersucht zu Rande zu kommen, die unter der Oberfläche schwelt."

Doris war nach Kalifornien gekommen, um mit Genny und mir zusammen ein Seminar über Heilen zu geben. Es fand auf derselben Ranch statt, wo ich ihr vor einigen Jahren zum ersten Mal begegnet war. Auf der Hinfahrt dachte ich darüber nach, wie sich mein Leben durch Doris verändert hatte. Ich hätte mir damals kaum vorstellen können, eines Tages mit ihr zusammenzuarbeiten.

Zu Beginn des Seminars erläuterten wir den Teilnehmern gemeinsam unsere Arbeit. In der Pause zog sich Doris zurück, um sich mit ihren inneren Führern zu beraten. Nach der Pause, als das Seminar wieder begann, verkündete sie: „Wenn jemand in der nächsten Zeit spürt, daß er ein neues Verhalten ausprobieren möchte, dann soll er es unbedingt tun!"

Zum Abendessen gab es ein kaltes Buffet, und ich merkte plötzlich, daß ich mir selbst zwei Stücke Huhn auf den Teller gelegt hatte. Das erschien mir seltsam, denn ich war seit Jahren Vegetarier. Als wir uns setzten, lächelte Doris mir zu: „Versuch's!"

Doris ißt alles. Ich versuchte das Huhn, und es schmeckte mir. Ich erkannte, daß die Regeln, die der Verstand für den Körper aufstellt, veränderbar sein sollen, um veränderten Lebensumständen Rechnung zu tragen. Ich kannte viele Gründe, kein Fleisch zu essen, aber ich hatte dabei immer vermieden, auf meinen Körper zu hören. Eine bestimmte Disziplin, der wir uns unterziehen, kann unproduktiv sein, wenn dadurch in uns fortwährend Konflikte entstehen. Früher oder später müssen wir doch unsere Wünsche mit unseren Idealen versöhnen.

In dieser Nacht erschien Doris in den Träumen von zwölf Personen unserer Gruppe. Am nächsten Morgen deutete sie auf jene zwei, bei denen es nicht geklappt hatte. Zum einen sagte sie: „Du lagst die halbe Nacht wach, und ich wurde es müde, auf dein Einschlafen zu warten." Zum zweiten sagte sie: „Als ich deine inneren Führer um Erlaubnis bat, eintreten zu dürfen, sagtest du einfach ‚nein'."

Doris erklärte uns, daß wir alle innere Führer haben. Die Stufe, die wir auf unserem Entwicklungsweg erreicht haben, bestimmt, wer sie sind, von verstorbenen Freunden oder Verwandten bis zu großen spirituellen Lehrern und Meistern. Ihre Anzahl kann von einem bis zu zwanzig oder dreißig reichen.

Doris erzählte uns, daß sie einst einen Wissenschaftler besucht hatte, der allein in seinem Labor arbeitete; sie fühlte jedoch, daß der Raum voll von Helfern war, Geister von der anderen Seite, die ihn bei seiner Arbeit unterstützten. Es spielte keine Rolle, daß er selbst nicht bewußt daran glaubte.

Bevor Doris nach Alaska zurückkehrte, hatte Genny einen Traum über sie: Doris lag in einem Krankenhausbett im Sterben, und Genny brachte ihr Blumen. Sie umarmten und verabschiedeten sich. Genny erzählte uns den Traum am nächsten Morgen, und Doris nickte dazu: „Die Zeit ist nahe", sagte sie, „unsere Beziehung verändert sich in der Tat, und ich werde nicht länger eure Lehrerin sein. Ihr seid bereit, weiterzugehen."

Wir verstanden zwar, was geschah, aber wir wollten nicht wahrhaben, daß es so schnell ging und so endgültig war, doch für lange Zeit hatten wir keinen Kontakt mehr zu Doris.

Kapitel 6

Ich suchte mir ein chinesisches Restaurant aus, um Genny meinen Heiratsantrag zu machen. Ich hatte schon den ganzen Tag darüber nachgedacht. Zu Beginn des Essens fragte ich sie: „Würdest du — willst du mich heiraten?"

Sie dachte darüber nach, während sie ihre Frühlingsrolle verzehrte. Jeder Bissen schien mir eine Ewigkeit zu dauern. Dann legte sie ihre Gabel weg, wischte sich den ab, schaute tief in die Teetasse und antwortete: „Ja... ja."

Ein verblüffter Kellner mußte zusehen, wie wir aufsprangen, uns umarmten und küßten und rund um den Tisch herum tanzten, doch als ich ihm die gute Nachricht eröffnete, ließ er sich von unserer Fröhlichkeit anstecken.

Es war nun über ein Jahr her, seit wir uns das erste Mal begegnet waren. In meiner Vision hatte ich unsere Hochzeit im Herbst gesehen. Ein Herbst war vorbeigegangen; es wurde gerade wieder Frühling, und wir würden etwa ein halbes Jahr benötigen, alles zu arrangieren. Unsere Ideen über das Hochzeitsfest wie auch über vieles andere in unserem Leben waren sehr ähnlich.

Wenn wir uns an unsere erste Zeit erinnerten, pflegten wir uns zu necken: Ich sagte Genny, daß sie es war, die mich verführt hatte, aber natürlich bestand sie darauf, meine Version mit den umgekehrten Vorzeichen zu versehen.

Seit der Zeit, in der wir gemeinsam Deutschland und die Schweiz erkundet hatten, war viel mit uns geschehen. Nun standen wir mitten in unserem neuen Leben. Genny pflegte zu bemerken, daß sie nicht sicher war, ob unsere vielen Gemeinsamkeiten davon herrührten, daß wir einander so ähnlich waren oder davon, daß wir soviel Zeit miteinander verbracht hatten. Seit wir uns in Europa getroffen hatten, waren wir nämlich nie länger als ein paar Stunden voneinander getrennt gewesen. Ich war darüber erstaunt, denn wir hatten uns als sehr unabhängige Menschen kennengelernt. Am meisten unterschieden wir uns darin, wie wir unsere Freizeit verbrachten: Genny ging mit Vorliebe in Boutiquen einkaufen, was mich zu Tode langweilte; ich hingegen hielt mich am liebsten in Buchhandlungen auf, bis sie zurückkam.

Unsere Beziehung unterschied sich vollkommen von Erfahrungen, die wir mit anderen Menschen gemacht hatten. Fast vom ersten Tag an gab es bei uns keine der üblichen Dramen und keine Angst vor Zurückweisung. Wir waren nicht nur ineinander, sondern mindestens ebenso in Gott verliebt. Unsere Persönlichkeiten standen also nicht im Vordergrund, und wir brauchten uns unserer Liebe nicht dadurch zu versichern, daß wir die gleichen Vorlieben pflegten. Wir fanden diese Bestätigung in unserer tiefen Verpflichtung, das Rätsel des eigenen Lebens zu lösen und einander darin beizustehen.

Der *Kurs* sagte:

> *„In Wirklichkeit bleibst du unberührt von Äußerungen, denen es an Liebe mangelt. Diese können von dir oder von anderen sein, von dir anderen gegenüber oder von anderen dir gegenüber. Friede ist eine innere Eigenschaft von dir. Du kannst ihn nicht außerhalb finden."*

Es war uns klar, daß wir, wenn wir aufeinander wütend waren, nur mit unserem persönlichen Selbst kämpften. Weil wir dies so sicher wußten und weil wir andererseits einen beständigen Strom kleiner Zeichen oder Wunder, wie wir sie nannten, erlebten, konnten wir einander in jeder Lage zutiefst vertrauen. Unsere gelegentlichen Streitigkeiten und Kämpfe fochten wir also eigentlich nur darum aus, um den anderen zu überzeugen, daß unsere Ängste Wirklichkeit waren. Manchmal waren wir damit sogar erfolgreich. Aber sobald sich einer von uns an den allen Wesen innewohnenden Heiligen Geist erinnerte, konnte der andere seinen Ärger und seine Feindschaft als Widerstand erkennen, seine Angst loslassen und zum Vertrauen zurückfinden.

Die häufigste Falle, in die wir uns gegenseitig lockten, hieß:

„Kannst du denn nicht sehen, wie schlecht es mir geht? Bin ich dir denn egal? Siehst du denn nicht, daß wir nicht zueinander passen?“ Oder in anderen Worten: „Mach mit in meiner Angst vor der Hingabe und dem Vertrauen! Spring mit mir in diesen bodenlosen Abgrund!“

Wenn einer von uns es in einem solchen Moment schaffte, nicht mit hineinzuspringen, dann wurde Genny oder mir bewußt, daß wir alle immer freiwillig hineinspringen und daß keiner dazu gezwungen wird.

Uns eröffnete sich in unserer Beziehung eine ganz neue Welt. Wir hatten immer gedacht, daß Meinungsverschiedenheiten zwischen uns besprochen und ausgehandelt werden sollten. Doch nun lernten wir, daß Meinungsverschiedenheiten nicht in erster Linie zwischen uns, sondern zwischen inneren verschiedenen Seiten von uns selbst entstanden. Manchmal erklärten wir unseren Freunden im Scherz, daß wir eigentlich einen „Haushalt zu dritt“ führten: Bruce, Genny und unser nie endendes Abenteuer mit dem Heiligen Geist.

Unser Lebensstil entwickelte sich mit beängstigender Geschwindigkeit in Richtung Gesundheit. Genny rauchte schon lange nicht mehr, und seit einiger Zeit spürte sie, wie Kaffee und Wein sie aufputschten und ihr Übelkeit verursachten; nun verzichtete sie auch darauf. Ich stellte fest, daß ich kein Bedürfnis nach Alkohol oder Marihuana mehr verspürte. Die Extreme in unserem Leben waren verschwunden, und wir konnten unsere Tage und unsere Meditationen voller genießen. Wir mußten uns nicht verbieten, ganze Nächte durchzufeiern; im Vergleich zu dem, woran wir uns jetzt erfreuten, befriedigte es uns einfach nicht mehr.

Wenn wir uns körperlich liebten, sahen wir oft Engel. Die innere Kraft, die uns in jedem Lebensbereich durchfuhr und verband, überraschte uns immer wieder, auch wenn dabei Teile unserer Persönlichkeit gegen unseren kleinen Willen auf der Strecke blieben. Zum Glück konnten wir immer wieder dieses

Größere in unserem Leben spüren, sonst wären unsere Ängste und unsere Wutausbrüche längst darin erfolgreich gewesen, uns zu trennen. Zwischen Gennys stürmischen Ausbrüchen sah ich diese andere Seite von ihr, die sich mehr und mehr hinschenkte. Genny sagte, daß zwischen meinen Anfällen des Verzweifelns und der Hoffnungslosigkeit ein Licht und eine friedvolle Sanftheit aus mir hervorschien und sich weiter ausbreitete. Immer wieder zu vergeben, hatte uns beiden neue und tiefere Dimensionen unseres Seins erschlossen, und wir wurden uns langsam einer umfassenden gemeinsamen Grundlage bewußt, auf der wir unsere Ehe aufbauen konnten.

Der *Kurs* sagte:

„Die Gnade Gottes ruht sanft auf vergebenden Augen, und alles, was sie schauen, spricht nur von Ihm zum Betrachter. Er kann nichts Böses sehen, nichts in der Welt, das Ihn ängstigte, und niemanden, der von Ihm selbst verschieden wäre."

Wenn einer von uns sich von Angst lähmen ließ, brauchte der andere sich davon nicht beeindrucken zu lassen und sie so noch wirklicher machen. Wir versuchten, aufeinander zu warten, und lernten dabei, einander vorbehaltlos zu unterstützen; auf diese Weise konnten wir immer mehr im Jetzt miteinander leben.

Der *Kurs* sagte:

„Alles Vollkommene ruht tief in dir selbst, bereit, durch dich hindurch in die Welt hinauszustrahlen."

Es schien uns richtig, zu heiraten, denn wir waren auf dem gleichen inneren Weg. Wir öffneten unser Herz anderen Paaren, die noch nicht sahen, wie dies der *Kurs* formuliert:

„Friede in Gott ist mein einziges Ziel; es ist die Weise, auf die mein ganzes Sein gestimmt ist, das Ende, das ich suche, meine Bestimmung, meine Aufgabe, mein Leben."

Wenn keiner der beiden Partner bewußt inneren Frieden suchte, konnte eine Beziehung intakt bleiben. Wenn sich aber einer in Gott verliebte und der andere nicht mitging, gab es wenig Hoffnung, daß sie sich wiederfinden konnten.

Wir kannten eine attraktive Frau, die seit einiger Zeit Visionen hatte, in denen ein spiritueller Meister zu ihr kam und sie umarmte. Ihr Mann konnte die Wirkung dieser plötzlichen neuen Liebe nicht verstehen und glaubte, daß sie einen heimlichen Liebhaber hätte. Sie mußte lernen, sich mehr und mehr auf ihr Höheres Selbst zu verlassen, um darin die Stärke zu finden, ihrem Partner zu vergeben und ihn zu lieben, auch dann, wenn er ihren inneren Weg ins Lächerliche zog. Wir bewunderten ihren Durchhaltewillen, mit dessen Hilfe sie ihre Ehe langsam verwandelte. Oft hielt sie es nicht mehr aus und wollte davonlaufen; manchmal tat sie es auch, aber jedesmal kehrte sie mit gestärktem Glauben zu ihrer Familie zurück.

Die Arbeit mit Paaren befriedigte uns sehr. Wir sahen in ihnen jene Seiten von uns selbst, die skeptisch waren und Angst hatten, mehr zu wagen und weniger Kompromisse zu schließen. Wir begegneten jener Seite von uns, die sich der Liebe verschloß. Und wir sahen die Seiten von uns, die sich, nach allen Richtungen kämpfend, an das klammerten, was sie zu besitzen glaubten. Wenn zwei Menschen ihre Ansprüche und Wünsche an den Partner loslassen konnten, um sie dann in ihrem eigenen Inneren erfüllt zu finden, strahlte ihre innere Wandlung sichtbar nach außen. Wir erkannten auch, daß Vertrauen Beziehungen heilen kann.

Es war nun schon bald ein Jahr her, seit wir aus Europa zurückgekehrt waren. Keiner von uns hatte in dieser Zeit eine Stelle angetreten. Genny hatte noch etwas Geld bei der Fluggesellschaft gutgehabt und dies unterdessen aufgebraucht. In der Zeit, in der sie mit Greg arbeitete, sammelte sie zwar viele Erfahrungen, verdiente aber nichts. Nur wenige Klienten waren zu mir in Therapie gekommen. So warteten wir jeden Tag auf unseren Vorschuß von 2500 Dollar für *Hugs & Kisses*. Manchmal fragten wir uns, wie wir eigentlich diese Monate überlebt hatten. Oft war im unerwartetsten Moment von irgendwoher etwas Geld gekommen, doch während der ganzen Zeit hing *Hugs & Kisses* wie ein Lockmittel vor unserer Nase und ermunterte uns, in der von uns gewählten Richtung weiterzugehen.

Früher hätten wir uns in der gleichen Lage erst einmal eine Stelle gesucht, um zu Geld zu kommen, und dann in unserer freien Zeit unsere eigene Richtung eingeschlagen. Wir wären dabei unbefriedigt und womöglich nicht einmal ohne Geldsorgen gewesen. In diesem einen Jahr hatten wir jedoch entdeckt, daß die Liebe größere Sicherheiten bieten konnte, als wir uns das je vorgestellt hatten. Aber wieweit konnten wir der Liebe vertrauen? Bezeichnenderweise kam der erste Scheck für *Hugs & Kisses* am gleichen Tag an, an dem wir uns diese Frage am eindringlichsten stellten.

Kurz zuvor hatte Genny den Höhepunkt ihrer Krise erreicht. Zweifel und Vertrauen kämpften in ihr, während sie innerlich vor einer Wand stand, die sie einzureißen oder zu übersteigen versuchte, um auf die andere Seite zu gelangen. Sie hatte genug davon, von der Hand in den Mund zu leben und sich ihr Vertrauen täglich neu erarbeiten zu müssen. Greg riet ihr, sich Zeit für sich selbst zu nehmen und zu meditieren, um sich innerlich klarzuwerden, was es für sie bedeutete, eine Heilerin zu sein. Daraufhin unternahm sie stundenlange Spaziergänge am Meer und prüfte ihr Gewissen: „Will ich wirklich ein Leben ganz im göttlichen Geist leben, was mir ein unglaubliches Wagnis erscheint und mir das Gefühl gibt, nicht von dieser Welt zu sein? Wie weit will ich mich verpflichten? Wie stark ist jene andere Stimme in mir, die mich drängt, umzukehren und wieder eine normale Person zu werden?“ Sie bat um Hilfe.

Jedesmal, wenn Genny von ihren Ausflügen heimkehrte, sah sie entspannter aus. Einmal erzählte sie mir mit leuchtendem Gesicht, daß sie Christus gesehen hätte. Er hatte sie in einen Strom von Liebe, Frieden und Stärke eingehüllt, während er neben ihr am Strand saß. Alles, was er wollte, war, ihr ihre

Probleme abzunehmen und ihr Liebe zu geben. Er fragte sie: „Bist du gewillt, für mich deine Probleme aufzugeben?"

Sie hatte noch andere Visionen und öffnete sich immer mehr ihrer inneren Tiefe und Heiterkeit.

Gennys Verwandlung weckte auch mein Herz auf. Meine jüdische Erziehung und ganz besonders die darin eingebettete Feindschaft gegenüber Jesus konnten Gennys unmittelbarer reiner Freude nicht standhalten. Ich fand keinen Anhaltspunkt, um ihre Erlebnisse zu verurteilen. Alles, was ich tun konnte, war, mich selbst zu fragen: „Warum habe ich mich bis jetzt der Hingabe verschlossen? Wie habe ich mich daran gehindert, mein Herz zu öffnen und diese Liebe zu fühlen, die sie jetzt fühlt? Was hat meinen Geist dazu gebracht, den religiösen Fanatismus meiner Vorväter fortzuführen?"

Auch ich bat um Hilfe. Ich wußte, daß meine Ängste der langen Tradition von Ungerechtigkeiten gegen das jüdische Volk entstammten. Doch wie lange wollen wir noch damit fortfahren, uns selbst als abgetrennt zu sehen? Wie lange werden wir uns noch weigern zu erkennen, daß jeder ein Hindu und ein Moslem, ein Christ und ein Jude ist? Waren die Erfahrungen auf unserem gemeinsamen Weg nicht eine Bestätigung dafür, daß wir als Christin und Jude deshalb zusammengeführt worden waren, damit wir andere daran erinnern konnten, daß es nur *einen* Gott gibt, in wie vielen verschiedenen religiösen Formen man Ihn auch verehrt? Ebenso wußte ich, daß meine intellektuelle Debatte nur an der Oberfläche stattfand und tiefere Fragen verdeckte. War ich gewillt, mich so hinzugeben, wie Genny es getan hatte? War ich wirklich dazu bereit, meinen Wunsch, alles zu kontrollieren, aufzugeben? Auch jene Seite in mir, die man gelehrt hatte, daß ein Mann aggressiv zu sein und für eine Familie zu sorgen hat, suchte Hilfe.

In dieser Woche träumte Genny, daß sie sich von Greg verabschiedete, wie sie dies zuvor von Doris geträumt hatte. Seit einiger Zeit hatte sie immer deutlicher erkannt, daß ihr wahrer

Lehrer in ihrem Inneren zu finden war. Als sie mir den Traum erzählte, wußten wir beide sofort, was er bedeutete; wiederum fiel es uns jedoch schwer, die Wahrheit voll anzunehmen. Genny sprach mit Greg darüber und beide kamen überein, daß sie nun tatsächlich für sich allein arbeiten sollte. Ihr nächstes Problem bestand darin, daß kaum jemand wußte, daß sie eine Heilerin war. Sie fühlte sich in ihrer Ausrichtung, einen Weg des Dienens zu beschreiten, sicher, wußte aber nicht, wie und wo sie ihren Dienst beginnen sollte.

Am Abend des Tages, an dem sie ihre Entscheidung getroffen hatte, war Genny schlechter Laune. Sie bemitleidete sich selbst und glaubte nicht mehr an ein Gelingen ihres Vorhabens. Das Telefon klingelte, und ich nahm den Anruf entgegen; am anderen Ende meldete sich eine Frau, die Genny sprechen wollte. Ich gab Genny den Hörer und konnte, weil ich so nahe stand, die Stimme der Frau noch gut verstehen: „Ich habe gehört, daß Sie Heilerin sind. Ich habe Krebs. Können Sie mir helfen?“

Gennys Gesicht in diesem Augenblick war unbezahlbar. Als sie sich von ihrer Überraschung erholt hatte, konnte sie ihre Aufregung kaum bezähmen: die erste Klientin! Die ganze Geschichte endete mit einer Spur von Ironie, da diese Frau aus Terminschwierigkeiten tatsächlich nie zur Sitzung erschien, aber ihr Anruf war genau das gewesen, was Genny gebraucht hatte. Innerhalb von wenigen Tagen riefen dann noch andere an und kamen auch.

In den nächsten Monaten arbeiteten wir immer mehr und immer näher zusammen. Meine Beraterfähigkeiten und Gennys liebevolle Hände, die sie zum Körper des Klienten sprechen ließ, ergänzten sich gut. Immer wieder erzählten ihr Klienten, daß sie genau an jener Stelle, wo sie es brauchten, berührt worden waren. Genny und ich meditierten vor jeder Sitzung und baten, Gott in der Heilung sehen zu dürfen. Oft hatte ich Visionen oder hörte innerlich bestimmte Worte, die ich dann den Klienten weitergab. Das war die Gelegenheit für mich, darum zu bitten, auch meine

Hände als Instrumente des Heilens gebrauchen zu dürfen. Manchmal spürte ich in ihnen Energie in Form von Wärme, und ich getraute mich, sie einem Klienten aufzulegen, doch meist fühlte ich mich dazu nicht bereit.

Unsere Beziehung zu einem Klienten begann in dem Moment, in dem er uns anrief. Nachdem wir seinen Namen aufgeschrieben und einen Termin festgesetzt hatten, meditierten wir gemeinsam. Wir baten darum, erkennen zu dürfen, wie wir diesem Menschen dienen konnten. Nachher verglichen wir unsere Notizen, um herauszufinden, ob wir dieselben Informationen erhalten hatten und wo in ihm ein Bedürfnis nach Heilung bestand. Auf diese Weise schulten wir uns gegenseitig in unserer Vorbereitungszeit.

Unsere Klienten suchten uns aus vielen verschiedenen Gründen auf. Einige kamen aus eigenem Antrieb, andere wurden von ihrem Partner oder Freund dazu überredet, „es einmal zu versuchen". Wir lernten, bei allen zuerst ihre innere Führung um Erlaubnis zu bitten, bevor wir uns den Heilenergien zur Verfügung stellten. Uns beiden war klar, daß während des Heilens nicht unsere persönliche Energie floß. Wir waren ganz einfach da, um diesen Menschen zu helfen, hinter dem vordergründigen Konflikt oder der ausgebrochenen Krankheit jenen Teil von sich zu erfahren, der viel größer ist.

So gestaltete sich jede Sitzung anders: Manche Klienten spürten während der Behandlung die Gegenwart von verstorbenen Freunden oder Verwandten, andere sahen Engel, spürten Ruhe und Frieden, worin sie sich völlig aufgehoben wußten! Jeder hatte eine Gotteserfahrung — eine Vision oder ein Gefühl —, die sich in einer Weise manifestierte, in der er sie annehmen konnte. Es war wunderschön zu sehen, wie Gott jeden uneingeschränkt liebt, ohne auf Vorurteile oder Hindernisse zu achten, die wir seiner Liebe entgegenstellen. Wie auch immer sich die Krankheit oder die Unvollkommenheit eines Klienten zeigte, wir wußten, daß irgendwo in seinem Wesen die Ganzheit schlummerte, und es war unser Ziel, den Weg dahin freizulegen.

Manchmal waren wir allerdings schockiert von dem Elend, durch das einige Klienten gingen. Wir lernten mit der Zeit, daß jeder, der ein Trauma oder eine Krise durchlebt, damit auf irgendeine Weise auch umgehen kann. Oft konnten wir uns nicht vorstellen, in der Haut von denen zu stecken, die bei uns Hilfe suchten, aber gerade diese Menschen sagten uns dann, daß sie sich ihrerseits niemals vorstellen könnten, ein Leben wie das unsrige — ohne die üblichen Sicherheiten — zu führen. Wir mußten unsere Vorurteile überwinden. Je mehr ein Mensch es wagte, sich mit seiner Dunkelheit einzulassen, desto mehr war er herausgefordert, sein eigenes inneres Licht zu suchen. Viele unserer Klienten hatten ungeheuer tragische Erfahrungen durchlebt, und wir hätten nie geglaubt, daß ein Mensch so viel Leid ertragen und überwinden konnte. Ein gewaltiger Glaube mußte in ihnen am Werke sein, um allein nur jeden Tag durchzustehen.

Einige waren unsicher, ob man einen spirituellen Heiler mehr als ein einziges Mal aufsuchen sollte. Manchmal ergab sich die Antwort von selbst. Wenn dies nicht der Fall war, sagten wir ihnen, daß sie in den nächsten drei Tagen auf ihre Gefühlslage achten sollten; nahmen sie in dieser Zeit eine dramatische Veränderung zum Guten oder Schlechten wahr, sahen wir die Heilungsarbeit als erfolgreich an. Brach zum Beispiel viel Schmerz auf, hieß das meistens, daß bisher blockierte Gefühlsbereiche aufgeweicht wurden und Gefühle wieder freier fließen konnten.

Die Frage des Geldes schien sich nie ganz lösen zu lassen. Es gab Zeiten, wo wir fühlten, daß wir für unsere Arbeit kein Geld verlangen sollten; da uns unsere Gaben umsonst gegeben worden waren, sollten wir sie auch umsonst weitergeben. Es gab auch Leute, die derart hohe altruistische Maßstäbe an Heiler anlegten, daß es ihnen gar nicht in den Sinn kam, für eine Sitzung auch nur einen Pfennig zu bezahlen; auf der anderen Seite überlegten sie es sich nicht zweimal, für Therapiestunden und Arztkonsultationen hohe Beträge zu zahlen. Doch immer wieder standen wir vor dem

Problem: „Wovon sollen wir morgen leben?"

Eine Zeitlang überließen wir dann die Höhe der Spende unseren Klienten. Nach jeder Heilung waren wir dermaßen erfüllt, daß es uns nicht darauf ankam, wieviel Geld wir einnahmen. Aber wenn wir dann am Ende des Tages in unsere kleine Spendenschachtel schauten, begannen wir zu zweifeln und fragten uns, wic wir damit wohl überleben konnten. Dies brachte uns dann dazu, für jeden Klienten auf einer abgestuften Skala einen bestimmten Betrag festzulegen, so daß jeder soviel zahlen konnte, wie er vermochte. Wir wollten niemanden abweisen, weil er sich unsere Sitzungen nicht leisten konnte, lernten aber auch, daß manche unsere Arbeit mehr zu schätzen schienen, wenn sie dafür bezahlen mußten. Welches System wir auch benutzten, Gott gab uns immer soviel Geld, wie wir brauchten — vielleicht nicht so viel, wie wir uns wünschten, doch wir hatten immer genug zum Leben.

Am Ende jeder Sitzung wurde uns auf intuitivem Wege eine kleine Meditation für den Klienten geschenkt, damit er sie zweimal täglich machte. Meist bestand sie darin, sich das höchste Bild von Licht oder Liebe, das er sich denken konnte, vorzustellen. Hierauf sollte er dieses Bild gefühlsmäßig in sich und um sich herum erfahren und zugleich alle Ängste und Zweifel in seinem Leben diesem Gefühl übergeben. Es war nicht wichtig, wie das Bild aussah; nur die Erfahrung zählte. Diese kleinen Meditationen schienen die Heilerfahrungen, die in der Sitzung begonnen hatten, in den Alltag hineinzutragen.

Viele Menschen schienen Meditation als Zwang zu empfinden, als eine Routine, bei der einige dann einschliefen; als Disziplin, voll von Schwierigkeiten und Hindernissen. Viele, die wir trafen, hatten sich mehr ihrem Mantra oder dem Bild ihres Lehrers oder Yoga-Übungen verschrieben, als einfach einige Zeit am Tag damit zu verbringen, zu empfangen. Es fiel uns schwer, darin einen Sinn zu sehen, aber wir mußten uns darin üben, die Wege anderer nicht zu verurteilen, auch wenn sie uns voller unnötiger

Rituale und Selbstprüfungen erschienen.

Der *Kurs* sagte:

„Zeige niemandem, daß er so ist, wie du nicht sein willst. Dein Bruder ist der Spiegel, in dem du das Bild deiner selbst siehst."

Die schwierigen Pfade, die wir Menschen gehen sahen, schienen uns gleichsam mit einer Lupe unsere eigenen Schwierigkeiten zu zeigen. Zusammen mit den Klienten sollten wir also Gott in unserer Mitte erkennen.

Der *Kurs* sagte:

„Es gibt keinen Schleier, den Gottes Liebe, die in uns beiden lebt, nicht lüften kann. Der Weg zur Wahrheit ist offen."

Unsere Arbeit führte uns zur Erkenntnis, daß es nicht darauf ankommt, ob das Problem ein gefühlsmäßiges oder ein körperliches zu sein scheint; beides ist nur ein Schleier. Unser erstes Ziel bestand darin, den Frieden im anderen zu erspüren. Das Problem selbst kam, zumindest für uns und oft auch für den Klienten, erst an zweiter Stelle. In unseren Sitzungen übten wir uns darin zu erkennen, wie der *Kurs* sagt:

„Das Jetzt ist die größte Annäherung an die Ewigkeit, die diese Welt zu bieten hat. In der Wirklichkeit des Jetzt, ohne Vergangenheit und Zukunft, kann die Wertschätzung der Ewigkeit beginnen."

In diesen kurzen Augenblicken, die wir mit jedem Klienten und mit Gott verbrachten, gab es eigentlich keine Zeit. Nichts zählte, außer sich im einen Moment als leere Schale und im nächsten als gefüllt zu erleben, dies miteinander zu teilen und es angenommen zu wissen.

Abends saßen wir oft in unserem Wohnzimmer, das die Sonne in alle Farben tauchte und lasen im *Kurs*, bevor wir zu Bett gingen:

„Indem ihr die Liebe des Heiligen Geistes sich über eure Beziehung hinaus auf andere ausbreiten laßt und

sie alle sanft miteinbezieht, wird sie sich auf jeden Bereich eures Lebens ausbreiten und euch beide mit leuchtenden Strahlen des Glücks und dem ruhigen Gewahrsein völligen Beschütztseins umgeben. Und ihr werdet Seine Botschaft von Liebe und Sicherheit und Freiheit jedem weitergeben, der sich eurem Tempel nähert, wo Heilung auf ihn wartet."

Unsere Arbeit in der nächsten Zeit würde darin bestehen, unserer Beziehung mehr und mehr Sinn zu verleihen. Zu heiraten beinhaltete mehr als eine Zeremonie, die uns beide zusammenführte; wir verpflichteten uns damit, andere in die Liebe, die wir entdeckt hatten, miteinzuschließen.

Nach vielen Monaten hörten wir zum ersten Mal wieder etwas von Doris; sie flog von Alaska nach Las Vegas, um dort an einem Kongreß teilzunehmen. Wir hatten ihr geschrieben und sie gefragt, ob sie gemeinsam mit Greg unsere Hochzeitszeremonie durchführen würde, und wir wollten einiges mit ihr besprechen. Ihre inneren Führer hatten ihr gesagt, daß wir sie nach Nevada begleiten sollten. Eigentlich wollten wir nicht soviel Zeit mit ihr verbringen, wagten es aber nicht, uns gegen ihre innere Führung zu stellen, und gingen mit. Die Konferenzen, an denen Doris teilnahm, interessierten uns nicht; wir spazierten in der Sonne und versuchten uns an den Geldspielautomaten. Ich mußte daran denken, daß Gott uns vielleicht deshalb nach Las Vegas gebracht hatte, damit wir mit einem Dollar Einsatz ein Vermögen gewinnen konnten und uns nie mehr um Geld zu sorgen brauchten. Obwohl Doris und Genny ja beide außerordentliche psychische Fähigkeiten besaßen, gewannen wir nichts; der Heilige Geist arbeitete, jedenfalls mit uns, nicht auf diese Weise. Wir wußten, daß wir zuerst lernen mußten, uns um unsere Existenz keine Sorgen zu machen; daraufhin würde uns dann sicherlich genug Geld zuteil werden.

Als wir uns auf dem Weg zum Flughafen befanden, um nach San Francisco zurückzufliegen, hieß mich Doris unseren Flug umbuchen: wir würden stattdessen nach Sacramento fliegen. Als wir gelandet waren, verließ sie uns, um jemanden anzurufen, während ich einen Wagen mietete. Als wir eben unser Gepäck darin verstauten, kam sie zurück und erklärte uns, daß ihre inneren Führer ihr gesagt hätten, sie solle uns mit einem Ehepaar bekanntmachen, welches nördlich von Sacramento lebte. Sie konnte uns nicht sagen weshalb, aber sie wußte, daß alles nur zu unserem Besten war. Eben hatte sie die beiden angerufen, und sie freuten sich über unser Kommen. Als Genny und ich noch erfuhren, daß die Ortschaft, zu der wir nun fuhren, „Paradies" hieß, erwachte unser Interesse.

Doris hatte Jennie vor Jahren kurz in einem Seminar gesehen, war ihr aber seither nie mehr begegnet. Jennie und Cal waren ein fröhliches älteres Ehepaar, und wir fühlten uns vom ersten Augenblick an als Familie.

Wir wurden sogleich enge Freunde und adoptierten Jennie und Cal als unsere kalifornischen Eltern. Sie hatten selbst nie Kinder gehabt und freuten sich über unsere Adoption. Dank Doris waren wir von diesem Zeitpunkt an für viele Jahre enge Freunde und eine Familie, während Doris' Besuch bei ihnen der erste und einzige blieb.

Wir reisten nun alle paar Monate nach Paradise. Jennie beschäftigte sich seit über dreißig Jahren mit Metaphysik. Zu diesem Zweck traf sie sich einmal in der Woche mit ihren „Mädchen" (von denen die meisten über sechzig Jahre alt waren). Sie meditierten zusammen, lasen heilige Texte, welche über viele Generationen übermittelt worden waren, und übten Fernheilung aus. Wir fühlten uns nach diesen Besuchen bei Jennie und ihren „Mädchen" jedesmal geläutert und für unsere eigene Arbeit gestärkt. Ihre Zusammenkünfte gestalteten sie so, daß sie zuerst bei gedämpftem Licht meditierten; dabei empfand ich, daß sich der ganze Raum mit einer wunderbaren sanften und dennoch sehr kraftvollen Energie füllte. Wenn ich dann im Kreise umherschaute, schien mir, daß sich die Frauen in Mönche verwandelt hatten und in dunklen Kutten dasaßen. Oft erschien der Geist eines Löwen im Zentrum des Kreises. Eine Weile später, wenn mehrere der Anwesenden bestätigt hatten, daß sie ihn sehen konnten, löste sich der Löwe in eine Lichtsäule auf. Hierauf machten sich die Frauen daran, nach einer Liste, die sie sich zusammengestellt hatten, vielen Menschen Heilung zu senden. Am Schluß schwatzten und plauderten alle miteinander, aßen Kuchen und tranken Kaffee, wie wenn sie gerade eine Kartenpartie beendet hätten. Sie liebten uns sehr und wir fühlten uns bei ihnen wohl; Paradiese war genau die zweite Heimat, die wir brauchten.

Die Anzahl unserer Klienten schwankte beständig. Es kamen zwar mehr und mehr Menschen zu uns, weil sie von unserer Heilungsarbeit gehört hatten, aber wir sahen die meisten von ihnen nur ein oder wenige Male. Wir waren immer überzeugt gewesen, daß Heilung schnell eintreten sollte. Da es aber andererseits nicht unser Ziel war, das Symptom zum Verschwinden zu bringen, sondern die Menschen zum Bewußtsein ihrer eigenen Spiritualität zu führen, schien es uns bei einigen angemessen, daß sie länger blieben und mit uns lernten. Solange wir viel zu tun hatten, fühlten wir uns großartig! Wir erlebten uns auf einem guten und sinnerfüllten Weg. Doch in Zeiten, in denen uns sehr wenig Klienten aufsuchten, überkam uns ein Panikgefühl. Erst nachdem wir diese Wellenbewegung in unserer Arbeit viele Male mitgemacht hatten, konnten wir dem Wellental angstfreier entgegensehen und es als spirituelle Ferien betrachten.

Wir waren gerade mitten in einer solchen „Trockenzeit“, als uns ein kleines Häuschen gleich nebenan zur Miete angeboten wurde. Es schien uns als Praxis ideal zu sein, aber konnten wir es uns leisten? Luden wir uns damit nicht zuviel auf? Zu diesem Zeitpunkt hatten wir schon zwei Wochen lang kaum einen Klienten gesehen und es schien töricht, ein zusätzliches Gebäude zu mieten. Wir beschlossen, was wir in derartigen Entscheidungssituationen oft taten, Jennie zu besuchen. Ihre Unterstützung und die Distanz zu unserem Alltagsleben erlaubte uns meist, eine klare Lösung zu finden.

Dieses Mal konnten wir den Konflikt in uns jedoch nicht lösen. Unsere innere Stimme sagte: „Greift zu! Mietet das Häuschen! Hierfür wird es euch angeboten.“ Doch wir dachten: „Wir haben ja unser Haus, und das Zentrum für Kinder, die Krebs haben, läßt uns seine Räume benützen; ferner hat uns ein anderer Freund einen Raum angeboten.“ Doch die Stimme blieb dabei: „Nehmt es!“ Wie konnten wir? Wir hatten die letzte Miete für unser Haus noch nicht bezahlt, und es war kein Geld für die neue Miete da. Wir baten um ein klareres Zeichen und fuhren, immer noch unentschlossen, nach Hause.

Als ich zu Hause die Post durchging, fand ich einen Brief unserer Bank. Ich traute meinen Augen kaum: Eine Einzahlung war auf unser Konto getätigt worden, ein Betrag, der genau der Höhe der Miete dieses Häuschens entsprach. Die Übereinstimmung war unfaßbar. Ich erkundigte mich sofort bei der Bank, um zu erfahren, ob irgendwo ein Fehler unterlaufen war. Man forschte nach und erklärte mir: „Nein, wir versichern Ihnen, daß diese Einzahlung rechtmäßig erfolgt ist.“ Augenblicklich brachte ich das Geld dorthin, wo Gott es haben wollte, und mietete das Häuschen.

Sechs Wochen später wurden wir von der Bank informiert, daß ihnen doch ein Fehler unterlaufen war! In unseren Gebeten dankten wir dennoch für diese Zwangsanleihe. Wir baten auch um Vergebung, so viele Zeichen und immer wieder Beweise zu brauchen, um an unser Geführtsein zu glauben. Weshalb konnten wir Gottes Liebe nicht einfach um ihrer selbst willen annehmen? In unserer Paarbeziehung forderten wir vom anderen nur selten, seine Liebe zu beweisen, doch immerfort schienen wir Gott auf die Probe zu stellen, wie zwei Kinder, die immer wieder zu Ihm zurückrennen, um zu sehen, ob Er noch da ist.

Wir mußten zugeben, daß Er jedesmal wirklich da war und mit offenen Armen auf uns wartete. Vielleicht erschwerten wir uns unseren Weg, indem wir Seine Antwort nur auf eine bestimmte Weise erwarteten. Dabei fielen wir manchmal zwar lange durch die Luft, bevor wir im Netz landeten, aber unser Vertrauen wurde nie enttäuscht. Wir lernten eine universelle Ordnung von überwältigendem Ausmaß erkennen. Wir begannen, im Unbekannten, in der vierten Dimension, zu leben und darauf zu vertrauen, daß dort die Quelle von allem, einschließlich unseres Lebensunterhaltes liegt. Diese Kraft führte uns jetzt immer deutlicher; die vierte Dimension steuerte den Sinn zum Chaos der ersten drei Dimensionen bei.

Unsere Hochzeit stand nun bevor. Drei Tage lang wollten wir die Wirklichkeit der vierten Dimension, die unser Leben so kraftvoll leitete, feiern. Alle unsere engsten Freunde waren da. Natürlich fand unsere Feier auf der Ranch statt, wo ich Doris kennengelernt hatte, die mich auf meinen eigenen Weg geführt hatte. Auf diesem Weg war ich Michael und Marsha begegnet, die mich Genny vorgestellt hatten. Nur wenige der Hochzeitsgäste, die von überall her kamen, hatten je einer Zeremonie, die von einer Schamanin und einem Heiler geleitet wurde, beigewohnt. Doch alle waren voll Liebe, und auch meine Großmutter fand sich ein, wie ich es in meiner ersten Vision sehen durfte. Obwohl die lange Trockenzeit den Boden ausgedörrt hatte, freuten wir uns an den wenigen blühenden Blumen, der Sonne und den beiden Schwimmbecken.

Für die Zeremonie fanden wir eine Verbindung von traditionellen Elementen und schamanistischen Ritualen. Unser Hochzeitsgelübde war von der Schönheit des Hochzeitsmarsches, den ein Musiker auf der Flöte spielte, und den Segnungen unserer spirituellen Lehrer, Doris und Greg, umrahmt. Wir spürten, daß hier mehr als die Verbindung zweier Menschen gefeiert wurde; die Kräfte des Himmels und der Erde fanden zusammen, und es war für uns eine Ehre, diesem Ereignis beiwohnen zu dürfen.

Genny hatte für mich ein Hochzeitshemd gemacht. Auf der Suche nach ihrem eigenen Hochzeitskleid traf sie in einem Laden in der Innenstadt einen Unbekannten — einen Engel —, der sie, als er hörte, was sie suchte, im Handumdrehen zu einer Näherin brachte. Gemeinsam entwarfen sie ein vollkommenes Engelskleid mit fließenden Ärmeln, die beinahe bis zum Boden reichten. Auf dem Rücken ordneten mindestens hundert Knöpfe die vielen Meter weiße Seide in eine fließendes Muster, so daß Genny über dem Erdboden zu schweben schien.

Alles fügte sich in die göttliche Ordnung ein. Am Anfang, in Europa, hatten wir gefühlt, daß die Welt uns zujubelte und daß wir der Welt zujubelten. Heute feierten wir den nächsten Schritt und spürten erneut die göttliche Harmonie um uns.

Ein Freund hatte uns in Tahoe seine Berghütte zur Verfügung gestellt, damit wir uns nach diesem Wochenende etwas zurückziehen konnten. Wir fuhren in meinem kleinen Fiat dorthin und hielten unterwegs an einem Schnellimbiß, um Bier und Pommes-Frites zu kaufen. Als wir beim Haus ankamen, konnten wir sehen, daß es seit Monaten unbewohnt war; die Räume waren voll Staub und die Luft roch abgestanden. Wir waren jedoch beide zu müde, um noch mit Putzen anzufangen, und gingen zu Bett.

Minuten später wälzte sich Genny unruhig im Schlaf; zur selben Zeit träumte ich, daß Doris an der Haustüre erschien und uns riet, vorsichtig zu sein, da das Haus besessen sei. Gemeinsam versuchten wir, die niederen Geister auszutreiben, doch es gelang uns nicht. Im selben Augenblick weckte mich Genny; sie hatte eben geträumt, daß etwas sie zu Boden drückte und daß sie ihre Hände nicht mehr bewegen konnte. Wir erschauerten und fürchteten uns beide.

Im Haus war es seltsam still. Was sollten wir tun? Wir konnten hier nicht schlafen, aber es war zu spät, irgendwo anders hinzugehen. Genny nahm ihr Hochzeitsbukett und etwas Salz in die Hand. Ich suchte in unserem Gepäck, bis ich unsere Bibel fand. Nur halb angezogen, schritten wir von Raum zu Raum, riefen die Liebe an, die wir an unserer Hochzeit gespürt hatten, und baten sie, jetzt mit uns zu sein und das Haus zu erhellen. Da fühlten wir die Freudentränen, die Umarmungen und die vielen kleinen sanften Berührungen wieder mit uns. Wir spürten auch, daß die unerwünschte Energie, die verlorenen Geister, die sich im Hause eingenistet hatten, jeden Raum, den wir betraten, verließen. Wir zündeten eine Kerze an und gingen wieder zu Bett. Dieses Mal nun deckten Wärme und Liebe, die goldenen Momente der letzten Tage, uns zu.

Kapitel 7

Doris gesellte sich für einige Tage zu uns, während wir noch in Tahoe in den Flitterwochen weilten. Da sie von den Gesundheitsbehörden in Alaska noch immer unter Druck gesetzt wurde, weil sie ohne Lizenz medizinisch tätig war, hatte sie wieder zu studieren begonnen. So hatte sie sich zum Beispiel in der Krebsforschung mit noch wenig bekannten Behandlungsformen beschäftigt, bei denen man Laetril oder Vitamin B 12 verabreichte. Ferner hatte sie mit Chiropraktikern gearbeitet, um deren neueste Techniken zu lernen. Nach unserer Hochzeit hatte sie einen Wissenschaftler besucht, der in der Krebsforschung tätig war. Mit den Eingeborenen in Alaska erweiterte sie ihr Wissen über Kräuter. Sie flog nach England und erwarb sich ein Diplom an einem der fortschrittlichsten Akupunktur-Institute. Von einer Universität in den Vereinigten Staaten erhielt sie ihren Doktortitel in Religion. Am Tag, an dem sie in Tahoe eintraf, erzählte sie uns die Geschichte, wie sie damals an der Universität von Mexico in Medizin ihren Abschluß machte. „Bevor ich Ecuador für immer verließ, reiste ich öfter nach Mexico City. Ich hatte dort die Gelegenheit, studieren und mir eine Lizenz erwerben zu können. Die Schlußexamen wurden allerdings in Deutsch abgehalten, und ich sprach überhaupt kein Deutsch. Aber meine inneren Führer versicherten mir, daß sie mir helfen würden, und ich selbst wußte, daß ich dieses Zertifikat eines Tages noch gut würde brauchen können. Jedenfalls schlug ich mich dank meiner innern Führung im Examen erstaunlich gut."

Mir selbst wurde nie ganz klar, warum Doris trotz ihrer mexikanischen Lizenz dauernd Schwierigkeiten mit den Behörden hatte. Mindestens zweimal hatte es die lokale Ärztevereinigung fertiggebracht, sie anzuklagen und ins Gefängnis zu bringen. Doris stand ununterbrochen im Kampffeld zwischen der Tradition der Eingeborenen und dem Einfluß der neuen Zeit in

Alaska. Bevor die moderne Medizin in Alaska Einzug hielt, hatten die Eingeborenen dort gedankliche Geburtenkontrolle praktiziert. Es war äußerst wichtig, daß eine Frau zu einer bestimmten Jahreszeit nicht schwanger wurde, damit ihr Kind nicht im Winter zur Welt kam, weil das in der extremen Kälte für das Neugeborene meistens den Tod bedeutete. Doch seitdem sich die Eingeborenen der modernen Medizin geöffnet hatten und die Ärzte in ihnen erfolgreich Zweifel über gedankliche Geburtenkontrolle wecken konnten, war dieses sichere und tatsächlich hundertprozentige System ausgefallen. Die Eingeborenen hatten ihren festen Glauben, ihre Körper selbst kontrollieren zu können, aufgegeben und begannen, die Pille und andere Verhütungsmittel zu verwenden, was nun zur Folge hatte, daß auch mitten im Winter Kinder geboren wurden.

Während ich noch mehr solchen Geschichten aus Doris' Leben zuhörte, wurde mir plötzlich klar, wie sie das Symbol einer aussterbenden Lebensweise war. Ich sah, wie sie kämpfte, um zu beweisen, daß sie ebensoviel wußte und konnte wie ein moderner Universitäts-Mediziner, aber ich fühlte eine tiefe Traurigkeit in ihr. Ich spürte, daß sie in ihrem Kampf um Anerkennung eine kostbare Seite von sich selbst verlor.

Wir redeten viel miteinander und machten lange Spaziergänge durch die Wälder und um den See. Genny und ich konnten fühlen, wie einsam Doris war. Jener Mann, welcher ihr wieder zu Lebensmut verholfen hatte und sie sicher durch die Regenwälder und Dschungel von Ecuador geleitet hatte, war eines Tages, kurz nach ihrem Umzug nach Alaska, in einen schweren Wintersturm hinausgegangen und nie mehr zurückgekehrt. Später fand man seinen erfrorenen Körper an einen Baumstamm gelehnt, wo er sich ausgeruht hatte. Als die Lehrerin mehrere hundert Kilometer davon entfernt ins Klassenzimmer trat, um Doris' ältestem Sohn die Nachricht zu überbringen, stand dieser, bevor sie noch ein Wort sagen konnte, auf und sprach: „Ich weiß; mein Vater ist tot."

Uns wurde klar, daß all die Ausbildungen, die Doris seither gemacht hatte, die Lücke dieses Verlustes nie hatten füllen können. Sie war eine sehr stolze Frau, aber unter ihrem Stolz fühlten wir eine so liebenswerte Unschuld. Es betrübte uns, wenn wir daran dachten, daß vielleicht die viele Liebe an unserer Hochzeit ihre Gefühle noch verschärft hatte. Offenbar konnten nicht einmal die Geistwesen, die ihr zur Seite standen, ihre menschlichen Liebesprobleme heilen.

Wir sprachen über Männer und ihr Überlegenheitsbedürfnis. Ich fragte mich, welcher Mann Doris wohl ein gleichwertiger Partner sein könnte und sich nicht von ihr bedroht fühlen würde. Die verschiedenen Rollen, die Männern und Frauen in unserer Kultur zugeschrieben wurden, schienen ihr absurd und machten sie wütend. Mit ihrer ganzen Lebenserfahrung war Doris für vieles überqualifiziert, vor allem für Liebesgeschichten. Sie hatte sich zwar überlegt, nach Kalifornien zu ziehen, hielt jedoch die Abgestumpftheit unserer Kultur nicht aus; sie brauchte die Wildnis und die weiten Räume Alaskas.

Als wir uns am Flughafen von Reno verabschiedeten, war dies, soweit ich mich erinnern kann, der einzige traurige Abschied von Doris. Wir ahnten nicht, daß dies für sehr lange, wenn nicht für immer unser letztes Zusammensein gewesen war. Ich hatte Doris nie gesagt, wieviel sie mir gegeben hatte; ich werde ihr immer zutiefst dankbar sein für ihre sanfte Ausstrahlung, ihre endlose Geduld und ihre Liebe. Doris errettete mich vor mir selbst zu einer Zeit in meinem Leben, als ich es am dringendsten brauchte. Ich glaube, sie weiß das.

Wir kehrten nach Hause zurück und waren sehr froh über das kleine Häuschen, welches wir dazugemietet hatten, denn plötzlich riefen uns viele Leute an. Unsere Praxis war ein Sammelpunkt für Menschen mit allen Arten von Nöten geworden. In vielen Sitzungen kam jedoch das gleiche Thema zur Sprache: sich nicht wert fühlen, geliebt zu werden. Viele unserer Klienten hatten ihr Leben lang immer nur gegeben; sie hatten dabei aber nicht gelernt, daß wahres Geben nur von Herzen kommen kann. Und im Herzen sind Geben und Empfangen dasselbe. Die meisten von ihnen empfanden, daß ihnen nie etwas ohne Bedingungen gegeben worden war; immer hatten sie etwas tun müssen, um Liebe zu bekommen. Wie weit würde in ihren Krankheiten der Körper in seinem Schrei nach Liebe gehen?

In unserer Arbeit, die wir eher nonverbal als intellektuell-verbal gestalteten, halfen wir diesen Menschen, sich so anzunehmen, wie sie waren. Unser Ziel schälte sich immer eindeutiger heraus: anderen zu helfen, ihr innerstes Wesen zu fühlen, welches immer vollkommen und ganz ist.

Eine Klientin, die oft zu uns kam, zeigte die Symptome der Multiplen Sklerose. Wir sagen ausdrücklich „Symptome", denn sobald eine Krankheit einen Namen bekommt, beginnen die meisten Menschen — als ob sie dazu verurteilt seien —, die Krankheit so auszuleben, wie sie der Vorhersage gemäß abläuft. Ein solches Krankheits-Etikett kann zu einem Gefängnis werden. Diese Frau lebte in einem solchen Gefängnis. Ihre Ängste, daß alles noch viel schlimmer werden würde, verstärkten die Gefühllosigkeit ihrer Glieder noch mehr. Sie war dabei, ihr Hochschulstudium zu beenden; es war ihr wichtig — zu wichtig. Obwohl wir sie nach Kräften unterstützten, gab es Zeiten, zu denen sich ihre Hände weigerten, weiterzumachen. Sie verfluchte sie und versuchte erst jetzt mit unserer Hilfe, sie zu lieben. Wir sahen ihre Hände als kleine lichte Elfen und jeder Finger war der Finger eines Engels. Ihre Hände wollten nichts ausführen, das nicht im Einklang mit ihrer Feinfühligkeit stand; sie wollten lieber eine zarte Miniatur zeichnen als eine Dissertation abtippen. Ihr Konflikt war sehr vielschichtig; doch einfach ausgedrückt, stand der Engel in ihr im Konflikt mit ihren Zweifeln und ihrem Bedürfnis nach Anerkennung. In unseren Sitzungen spürten wir diese Seite in ihr, die wirklich ein Engel war, und wir weinten zusammen, aber ihre Alltagswelt kannte diesen Engel nicht.

Eine andere Frau hatte neben mehreren anderen körperlichen Schwierigkeiten ernste Probleme mit den Nieren. Sie mußte sich mehrmals in der Woche an eine Dialysiermaschine anschließen lassen. Ständig sorgte sie sich um ihre Kinder, welche dagegen rebellierten, daß sie ihre lebensbedrohliche Situation verleugnete. Ihre Gedanken kreisten auch um ihren Mann, der nicht mehr wußte, wie er ihr weiterhelfen konnte. Ferner beschäftigte sie sich mit ihrem Burder, welcher wie sie schwerkrank war. Obwohl sie in jeder Heilungssitzung sehr viel Liebe empfing, konnten wir ihre Haltung, sich selbst aufzuopfern und sich schuldig zu fühlen, sowie ihre Tendenz, ihre eigenen Bedürfnisse zu umgehen, nicht beeinflussen. Wir mußten zusehen, wie sie immer wieder in die Klauen einer derartigen Dunkelheit zurücksank, wie wir sie noch nie auch nur annähernd erlebt hatten, und wie sie wieder daraus auftauchte, und unsere Hochachtung für ihre innere Stärke wuchs immer mehr.

An manchen Tagen nahmen wir die inneren Kämpfe unserer Klienten mit nach Hause. Manchmal stritten wir uns sogar über die ungelöste Situation eines Klienten. Als wir dann zu erkennen begannen, was mit uns vorging, faßten wir den Entschluß, uns vor und nach jeder Sitzung zum Gebet hinzusetzen. In diesen stillen Zeiten versuchten wir, uns der Gegenwart Gottes in jedem Menschen gewahr zu werden. Wir wollten in unseren Klienten nicht mehr in erster Linie ihre Probleme sehen, sondern uns an jene Seite von ihnen erinnern, die immer viel größer ist.

Der *Kurs* sagte, daß Krankheit eine Abwehr gegen die Wahrheit sei. Einige religiöse Gruppen, zu denen wir Kontakt hatten, schienen die Ansicht zu vertreten, daß Krankheit überhaupt nicht existiere, und viele der New Thought-Gruppen schienen sich nach ähnlichen Philosophien auszurichten. Wir jedoch waren der Ansicht, daß die eigentliche Herausforderung darin bestand, hinter der Abwehr der Krankheit die Wahrheit der inneren Schönheit und Vollkommenheit zu sehen. Auf diese Weise können wir damit eine persönliche Erfahrung machen, statt, wie viele dies versuchen, uns eine intellektuelle Haltung aufzuzwingen. Während auf der einen Seite die moderne Medizin die emotionalen und spirituellen Faktoren einer Krankheit vernachlässigte, hielten auf der anderen Seite Menschen, die sich mit alternativem Heilen beschäftigten, oft an einem engen gedanklichen Konzept fest, während ihre Körper um Hilfe und Anerkennung schrien. Heilung wurde immer mehr zu einem individuellen Weg, auf dem es keine allgemeingültigen Methoden gab.

Hin und wieder kam jemand zu uns und sagte: „Ich bin krank, aber ich weigere mich, zu einem Arzt zu gehen. Werdet ihr mir helfen?“

Wir halfen ihm gerne, meist aber erst, nachdem wir ihn zu einem Arzt geschickt hatten, wodurch ihm dann einige seiner Ängste, welche seinen physischen Körper betrafen, klargeworden waren. Viele Menschen, die uns aufsuchten, mußten erst ihren Haß über frühere unangenehme Erfahrungen mit Ärzten überwinden lernen. Manchmal war das Thema unserer Arbeit ihr Verhältnis zur Medizin. Einige Menschen mußten einsehen lernen, daß Gott sowohl durch Ärzte als auch durch spirituelle Heiler arbeitet.

Andere kamen zu uns und erklärten: „Seit Monaten visualisiere ich, wie meine Krebszellen getötet werden, aber sie vermehren sich immer noch! Was mache ich falsch?“

Uns scheint, daß traditionelle Behandlungen und Visualisierungen oft deshalb erfolglos sind, weil sie beide in erster Linie die Ursache der Krankheit verleugnen. Zu visualisieren, wie Krebszellen einander umbringen, kann einfach eine Verlagerung des körperlichen Konfliktes auf eine andere Ebene sein. Und oft wendet man schematisierte Behandlungen und Techniken an, statt mutig ein unbekanntes Gebiet zu betreten und zu sehen, was für Bilder und Ängste *jetzt* hochsteigen, um dann mit ihnen zu arbeiten.

Manchmal kamen Menschen zu uns, die monatelang einen anderen Therapeuten aufgesucht hatten. Sie ertranken beinahe in ihren Tränen und ihrem Schmerz, und ein Ende war nicht abzusehen. Ihr Therapeut hatte sie immer weiter in ihren Schmerz gedrängt, und wiederum sahen wir dieses Verneinen, diesmal nicht des Schmerzes, sondern der Existenz der Liebe und von Gott in diesem Menschen.

Ob die Menschen nun an einer Krankheit oder an desolaten Beziehungen litten oder in einer finanziellen Krise steckten, ein gut Teil der blockierten Energie war von den positiven Aspekten unseres Menschseins abgezogen. Der *Kurs* sagte:

> *„Gesundheit entsteht, wenn alle Versuche, den Körper lieblos zu behandeln, aufgegeben werden." „Es ist nicht an dir, deinen Bruder zu verändern, sondern du sollst ihn annehmen, wie er ist. Jeder Versuch, den du unternimmst, einen Bruder zu korrigieren, zeigt, daß du glaubst, daß eine Korrektur durch dich möglich ist, und das ist die reine Arroganz des Ego." „Denke für einen Augenblick nur daran, die Heiligkeit zu schauen, die Gott seinem Sohn gab, und du brauchst nie mehr zu denken, daß es für dich noch etwas anderes zu sehen gibt." „Der Geist ist in einem Zustand ewiger Gnade. In Wirklichkeit bist du nur Geist. Daher bist du in einem Zustand ewiger Gnade."*

Jede Sitzung, jeder Klient, der es wagte, eine größere Wahrheit zu finden, erschloß uns tiefer die Bedeutung des *Kurs*. Wir begannen zu verstehen, daß Heilen weit mehr umfaßte, als wir aufgrund der psychologischen Theorien, die wir kannten, und der spirituellen Wahrheiten, denen wir uns bisher öffnen konnten, angenommen hatten. Wir sehnten uns danach, mit den Psychischen Heilern auf den Philippinen zusammenzusein. Von Greg und anderen hatten wir gehört, daß sie sich darin übten, Gott in jedem Aspekt ihres Lebens zu sehen.

Seit jenem Abend vor langer Zeit, als ich den Film über die psychischen Operationen gesehen hatte und von jenem Geschäftsmann die Geschichte seiner Heilung erfahren durfte, hatte nichts anderes meine Psyche derart erschüttert. Ich wollte wissen, wie es möglich war, Materie so geschickt zu manipulieren. Ich wollte mehr über dieses Bewußtsein wissen, welches sich über die menschliche Versuchung nach Sicherheit und Komfort hinaus erhob, um sich ganz einem spirituellen Leben zu verpflichten.

Im Abstand von wenigen Tagen träumten Genny und ich, daß wir in einem fremden Land durch Dörfer schritten, wo Menschen um Heilungen Schlange standen. In diesen Träumen sahen wir uns in primitiven Kirchen, und jeder von uns fühlte, wie die Energie der Heiler in uns durch die Wirbelsäule hinabstieg und in den Fingern prickelte. Auf der physischen Ebene allerdings hatten wir keine Ahnung, wie eine solche Reise zustandekommen sollte.

Unser Einkommen deckte jeden Monat genau unsere Ausgaben. *Hugs & Kisses* war nun erschienen und verkaufte sich gut; am Valentinstag war es die Nummer 8 auf der Bestseller-Liste. Aber wir lernten bald, daß unser Büchlein viele Male verkauft werden mußte, bevor wir überhaupt etwas Geld bekamen. Unsere Tantiemen wurden uns nur zweimal pro Jahr ausbezahlt, und der nächste Scheck war erst im April fällig.

Der *Kurs* sagte:

> *„...nichts ist schwierig, das* aus ganzem Wesen *angestrebt wird.“ „Du hast schon viele Antworten erhalten, aber du hast sie noch nicht gehört.“*

Wenn wir nach den Philippinen reisen sollten, war dazu mehr als unsere Sehnsucht nötig; wir mußten etwas unternehmen. Wir begaben uns also an den Ort, wo alles angefangen hatte: auf die Ranch. Dort erhielten wir von jenem Mann, der sich der psychischen Operation unterzogen hatte, die Namen mehrerer Heiler. Er erklärte uns auch, wie wir mit ihnen Kontakt aufnehmen konnten, und empfahl uns, uns an eine englischsprechende junge Frau namens Jessie Sophy zu wenden, die uns weiterhelfen konnte. Wir verbrachten einen ganzen Abend auf der Ranch, hörten uns Geschichten an und zeichneten Karten, welche uns über Brücken und staubige Landstraßen zu abgelegenen Hütten führen sollten, wo wir vielleicht Heiler treffen konnten. Das philippinische Tiefland, wo die meisten Heiler leben, schien nach diesen Schilderungen sehr ländlich und unentwickelt zu sein.

Es gab viel zu tun und viel Unbekanntes zu klären: Wie konnten wir uns für eine Reise vorbereiten, die wir uns zum jetzigen Zeitpunkt gar nicht leisten konnten? Wie sollten wir uns verhalten, damit das Schicksal unsere Träume und unsere Wünsche in physische Form übersetzen konnte? Es war jetzt Anfang März, und wir wollten bis Ende Mai mit allem fertig sein. So schrieben wir erst einmal eine Liste von allem, was zu tun war, von Paßverlängerungen angefangen bis zu den Leuten, die unser Haus und unsere Praxisräume für diese Zeit mieten würden.

Der *Kurs* sagte:

„Niemand ist zufällig da, wo er ist, denn der Zufall spielt keine Rolle in Gottes Plan." „Achte nur auf Gott und Sein Königreich." „‚Außer daß ihr werdet wie die kleinen Kinder' heißt, daß ihr die wirkliche Macht des Sohnes in seiner wahren Beziehung zum Vater nicht kennen könnt, bis ihr nicht euer völliges Abhängigsein von Gott anerkennt."

Auf den Verkauf von *Hugs & Kisses* angewiesen zu sein, erinnerte uns daran, daß unsere Zukunft von der Liebe abhing und in größeren als unseren Händen lag. Immer wieder standen wir vor der heiklen Aufgabe, zu entscheiden, ob wir handeln oder Geduld üben sollten. Die einzige praktikable Regel, die wir fanden, war, nicht aus einem inneren Druck heraus zu handeln, um etwas geschehen zu machen. Es war ein rechtes Stück innerer Arbeit, zu lernen, wann und wieviel wir tun, organisieren und planen sollten und wo wir abzuwarten hatten.

Der *Kurs* sprach weiterhin zu unserem Ego:

„Dir muß ein hervorstechendes Merkmal eines jeden Resultats aufgefallen sein, welches das Ego seiner eigenen Arbeit zuschreibt:

Wenn du es erreicht hast, hat es dich nicht befriedigt. Daher muß das Ego unablässig neue Ziele finden, um dich immer wieder hoffen zu lassen, daß es dir doch noch etwas bieten könne.“

Wir kannten diese Seite in uns, die zu jedem Tag ja sagte, in der Hoffnung, daß der morgige anders wäre. War dies nun der verführerische Tanz des Egos, welcher der Wirklichkeit auswich?

Wir mußten uns beide mehr Zeit fürs Meditieren nehmen, um unser Vertrauen in das Unsichtbare zu stärken. Wenn wir uns nach innen wandten, erkannten wir, daß die Gegenwart, die uns umgab, so faßbar und wirklich war wie die Stühle, auf denen wir saßen. Doch wir mußten uns Mühe geben, in diesem Bewußtsein zu bleiben. Oft vergaßen wir es, und kurze Zeit später waren wir wieder am plappern.

In diesem Frühling führten wir das folgende Ritual in unser Leben ein: Immer wieder baten wir bewußt Gott, mit uns zu leben. Wir stellten uns vor, daß Er mit uns zu Tische saß und aß. Des Nachts boten wir Ihm unser Bett an. Wir luden Ihn zu Picknicks ein und freuten uns, mit Ihm gemeinsam von den Hügeln aus das Meer zu betrachten. Wenn wir glücklich waren, war Er überglücklich. Wenn wir uns abhetzten, stand Er einfach da, wie um zu sagen: „Wohin geht Ihr?“ Wenn wir übermäßig redeten, statt uns über die Schönheit des Ortes, an dem wir uns aufhielten, zu freuen, schien Er uns einfach nicht zu bemerken. Unberührt sah Er auch zu, wenn wir herumschrien. Er stand neben uns, wenn wir einen Sonnenuntergang oder einen Garten voll blühender Blumen betrachteten. Er war so gegenwärtig und so wirklich, daß Er die Momente, in denen wir unwirklich waren, einfach nicht mitmachte. Wenn wir uns aus unserem friedvollen Zentrum herausbewegten, war Er weniger offenbar. Wir merkten allmählich, daß es nicht so sehr darum ging, daß Er immer mit uns war, sondern vielmehr, ob wir etwa nicht mit Ihm waren. Alles, was wir zu tun hatten, war, uns an und mit Ihm zu freuen. Nahmen wir uns diese Zeit? Ja, und leider so oft: nein.

Wenn wir doch in einer Kultur leben könnten, wo man Ihn jeden Tag bewußt sucht und wo man sich mehr als nach allem anderen nach Ihm sehnt! Wir träumten davon und stellten es uns vor. Sicherlich gehörte dies zu dem Geheimnis eines Heilers, daß er in solch einer innigen Beziehung zu Gott lebte. Wir warteten also darauf, daß unsere Lebensumstände uns diese Reise ermöglichen würden. Unterdessen füllte Er unsere Wartezeit mit Sinn, wie wenn Geduld für ein solches Vorhaben ebenfalls vonnöten wäre und als wichtiger Punkt auf unserer Liste hätte stehen sollen.

Wir nahmen Ihn zu Verabredungen und zu den Sitzungen mit unseren Klienten mit. In den stillen Momenten, den Momenten zwischen den Momenten, gab Er uns am meisten. Ich erinnere mich an eine Frau über Sechzig, die dauernd Stimmen hörte. Sie brauchte Krücken, weil die Stimmen sie sogar körperlich angriffen und in ihre Beine und ihren Rücken eindrangen. Ärzte, die sie aufgesucht hatte, entfremdeten sie mit psychiatrischen Bezeichnungen einem normalen Leben nur noch mehr. Sie kam zu uns, weil sie wußte, daß wir sie nicht als verrückt abstempeln, sondern ihre paranormalen Fähigkeiten anerkennen würden. Wie hätten Genny und ich sie verrückt nennen können, da wir ja selbst imaginäre Spielkameraden hatten! Im Unterschied zu ihr brachten uns unsere Besucher jedoch meistens Freude und wir hatten die Zeitdauer ihrer Besuche in der Hand. Die große Herausforderung in der Arbeit mit dieser Frau bestand nicht darin, sie zu überzeugen, daß ihre unsichtbaren Besucher nicht wirklich existierten, sondern das Gefühl in ihr zu bestärken, diese Besucher kontrollieren zu können. Wir verglichen ihre Sensitivität mit einer Radioantenne, welche zu tiefe Frequenzen, die ihr nicht dienten, auffing. Sie war, wie viele andere Menschen, welche paranormale Dinge hören oder sehen, sehr gottgläubig. Wir entschieden uns daher, daran zu arbeiten, die Frequenz ihres inneren Radios so weit zu erhöhen, daß sie nur noch friedliche Botschaften empfangen würde. Sie war einverstanden. Wir meditierten oft mit ihr zusammen, vor allem zu den Zeiten, zu denen sie sich psychisch angegriffen fühlte. Dabei wiederholten wir gemeinsam immer wieder: „Nur Gottes Friede ist wirklich; nur Gottes vollkommene Liebe ist wahr.“ Wir wollten nicht mit den Stimmen kämpfen und ihnen auf diese Weise unnötige Aufmerksamkeit schenken, denn das hätte sie nur noch wirklicher gemacht. Wir wollten dieser Frau beistehen, ihre innere Frequenz zu erhöhen, bis sie selbst erkannte, was ihr schon die Ärzte gesagt hatten, daß diese Stimmen nicht existierten. Auf diese Weise konnte sie dem alten Kreislauf, daß mit ihr etwas nicht in Ordnung war, entkommen; sie konnte ihre Aufmerksamkeit auf etwas Positiveres lenken als auf die destruktiven Energien, von denen sie sich angegriffen fühlte.

Ein Mann, der einen Klumpen in der Brust hatte, suchte uns auf; die Ärzte glaubten, es sei Krebs. Er wollte ihn ganzheitlich behandelt wissen, statt ihn mit Bestrahlungen und Chemotherapie „aus sich herausschießen zu lassen.“ Die meisten ganzheitlich arbeitenden Ärzte und Heiler, die er aufgesucht hatte, hatten ihm aufgezählt, was er alles ändern sollte, um wieder gesund zu werden: seine Ernährung, seine Gefühle, seine Arbeit, seine Beziehungen — scheinbar sein ganzes Leben. Wir sahen, daß ihn nicht nur seine Krankheit erschöpfte und belastete, er geriet in Panik, wenn er daran dachte, wieviel Anstrengung es ihn kosten würde, sein ganzes Leben aufzuräumen. Wir baten ihn, sich das höchste Bild von Liebe vorzustellen. Gemeinsam gaben wir uns der heilenden Gegenwart hin, die wir seit einiger Zeit immer mehr fühlen konnten. Er sah ein wunderschönes sanftblaues Licht; er spürte, wie dieses friedvolle Licht ihn umfing, und zum ersten Mal seit sehr langer Zeit entspannte er sich und fühlte sich geliebt. Da wußte er, daß alles gut werden würde. Diese innere Gewißheit kam so sanft und so demütig, daß jeder von uns die wahre Quelle der Heilung erkennen konnte. Genny und ich wußten nun, daß es in unserer Arbeit darum ging, mehr und mehr dieser Kraft vertrauen zu lernen.

In der folgenden Woche rief uns jemand an und bat uns, einen Bekannten von ihm aufzusuchen; dieser knapp dreißigjährige Mann lag seit über fünf Monaten im Koma. Kurz vor seiner Heirat war er in einen schweren Unfall verwickelt worden. Als wir das Krankenhauszimmer betraten, fanden wir einen Menschen, der an eine Reihe ehrfurchtgebietender Maschinen angeschlossen war, welche ihm Nahrung zuführten, ihn beatmeten und die meisten üblichen Körperfunktionen für ihn ausführten. Er selbst schien kaum anwesend zu sein. Die Mutter seiner Verlobten war da und erzählte uns, daß sie ihn seit dem Unfall jeden Tag besucht hätte; sie hatte ihn sich so sehr als Schwiegersohn ersehnt. Ihre Tochter hatte die Möglichkeit seines baldigen Todes akzeptiert und war zu einem normalen Leben zurückgekehrt. Alle seine Verwandten waren schon tot. Aber diese Frau sagte uns eindringlich, daß er unbedingt am Leben bleiben müsse. Jeden Tag kam sie, um mit ihm zu sprechen, und fast immer brachte sie frische Blumen mit. Es war offensichtlich, daß sie sein Anker auf Erden war; es gab niemand anderen. Doch war sie gewillt, ihn gehen zu lassen, falls er sich dafür entscheiden würde? Wir sprachen mit ihr über das Annehmen eines höheren Willens. Sie weinte; niemand hatte ihre Rolle je in Frage gestellt. Da sie ihm soviel gab, war sie in den Augen anderer eine Heldin, uns jedoch erschien ihr Geben mit Bedingungen so beladen zu sein, daß wir uns aufgefordert fühlten, unseren Eindruck mit ihr zu besprechen. Als wir dies taten, brach sie zusammen und gab zu, daß sie ihn brauchte. Jeden Tag besuchte sie ihn in der Hoffnung, daß er weiterleben würde, denn sie wollte sich nicht mit den Gefühlen konfrontieren, die sein Tod bei ihr auslösen könnten.

Ich betrachtete seinen Körper, der von den Maschinen funktionsfähig erhalten wurde; ich sah, wie der Beatmungsapparat für ihn ein- und ausatmete, seine Brust aufblähte und wieder zusammenfallen ließ. Sein Gesicht war weiß und ausdruckslos. Ich selbst wurde immer bleicher und nahe daran, in Ohnmacht zu fallen, als Genny dies bemerkte und mich schnell in den Gang hinausführte, wo ich etwas frische Luft atmen konnte. „Erinnere dich“, sagte sie, „er ist nicht sein Körper.“

Sie hatte recht; ich hatte mich zu sehr an die äußere Hülle, die im Bett lag, geklammert und dabei die spirituelle Ebene vergessen. Ich wandte meine Aufmerksamkeit seinem inneren Wesen zu, und da sah ich ihn: Er war gefangen zwischen den zwei Welten, hatte Angst zurückzukommen, und war noch nicht ganz bereit, loszulassen und weiterzugehen. Gemeinsam beteten Genny und ich dafür, daß seine Seele ihm die Entscheidung erleichterte. Da fühlten wir Engel, die zu ihm kamen und ihn sanft umfingen. Wir waren uns beide klar, daß wir ihn so lieben mußten, wie er war, ohne ihn zu beeinflussen. Er sollte frei entscheiden können, ob er weitergehen, zurückkommen oder zwischen den Welten in einer eigenen Welt bleiben wollte.

Wir gingen nach Hause. Am selben Abend kam ein Anruf; wenige Stunden nach unserem Weggehen hatte er seine Entscheidung gefällt: er war gegangen. Wir fühlten zutiefst, daß dies so richtig war, und sein Tod schien uns allen ein Sieg.

Ein anderer Mann suchte uns auf, dessen bald folgender Tod ebenfalls mehr Sieg als Niederlage bedeutete. Sein Arzt hatte ihn zu uns geschickt; er war noch nicht sehr alt, aber sehr krank. Er konnte einen großen Teil seines Oberkörpers nicht mehr spüren; er empfand da nur totes Gewicht. Wenn er über seine Krankheit sprach, stellte er sie als einen Teil seiner Vergangenheit dar, der ihn nun einholte und niederdrückte. Während wir ihm unsere Hände auflegten, gingen wir mit ihm in die Mitte dieser großen Last, wobei wir ihn baten, uns seine inneren Bilder mitzuteilen. Direkt unter der Oberfläche seiner Schwere fühlten wir viel Licht und Sanftheit. Er sagte uns, daß er inmitten der Dunkelheit ein Licht sähe, welches sanft wie eine Kerze brenne.

Einige Tage später erhielten wir die Nachricht, daß er ins Krankenhaus eingeliefert worden war. Genny und ich besuchten ihn und brachten ihm eine Kerze mit. Wir konnten sehen, daß seine Krankheit weit fortgeschritten war, und hielten es für wichtig, ihn daran zu erinnern, was er bei unserer Behandlung gesehen hatte. Drei Tage nach unserem Besuch erwachte Genny mitten in der Nacht; sie hatte geträumt, daß dieser Mann ihr die Kerze zurückgegeben und dazu gesagt hatte: „Ich brauche sie jetzt nicht." Wir stimmten uns beide innerlich auf ihn ein und fühlten eine deutliche Veränderung seines Zustandes: Er schien uns leichter und lichtvoller zu sein. Wir wußten aber nicht, ob es ihm nun plötzlich besser ging oder ob er gestorben war und sich mit seinem eigenen inneren Licht verbunden hatte.

Am nächsten Morgen erfuhren wir, daß er in der Nacht gestorben war. Für uns ist der Ausgang einer Krankheit, sei dies nun Weiterleben oder Sterben, nicht das Entscheidende. Es ist die Art und Weise, *wie* wir leben und sterben, die entweder erfolgreich ist oder einen vorübergehenden Verlust unseres Höheren Wesens bedeutet.

Die Wege zahlreicher Klienten mit den verschiedensten Problemen kreuzten den unseren und trennten sich wieder. Von den meisten hörten wir nie, was aus ihnen geworden war. Einige fühlten sich sofort sehr viel besser; andere spürten, daß sich der Druck ihrer Probleme verringert hatte, aber noch da war. Obwohl wir mit vielen verschiedenen Menschen arbeiteten, hatten wir dennoch den Eindruck, daß es bei allen immer um dasselbe ging. Manchmal waren wir aber auch etwas besorgt, weil wir dachten, daß wir nur deshalb den gleichen Hammer für alle Probleme gebrauchten, weil dieser eine Hammer eben unser einziges Werkzeug war. Doch immer wieder erkannten wir, daß der Sinn unserer Arbeit darin bestand, einen goldenen Faden durch diese materielle Welt zu weben, die wir mit allen teilen. Woran unsere Klienten auch litten, je reiner unsere Motivation, um so enger fühlten wir uns Höherem verbunden. In diesen Augenblicken, in denen jene zarte und behutsame Stimmung aufkam, fühlten sich auch Genny und ich einander viel näher und unsere Beziehung blühte auf.

Der *Kurs* sagte:

„Nichts, was du unternimmst mit klarem Ziel und festem Entschluß und frohem Vertrauen, deines Bruders Hand haltend und Schritt haltend mit dem himmlischen Lied, ist schwierig zu tun."
„Zu guter Letzt muß jeder sich an den Willen Gottes erinnern, denn letztendlich muß jeder sich selbst erkennen. Dieses Erkennen ist das Erkennen, daß sein Wille und Gottes Wille eins sind."

Zweiter Teil

Die Reise

Kapitel 8

Nach einem zwanzigstündigen Flug landeten wir in Hong-Kong, wo wir übernachteten. Am nächsten Abend flogen wir nach Bali weiter. In den letzten Wochen und Tagen hatten sich die Hindernisse, die unserer Reise im Wege standen, immer mehr verflüchtigt; die Tantiemen für *Hugs & Kisses* hatten uns gerade genug Geld für den Flug und für den Lebensunterhalt im kommenden Sommer eingebracht. Bei unserer Rückkehr im Herbst mußten wir dann wieder ganz von vorne anfangen. Doch wir wollten ja lernen, mehr in der Gegenwart zu leben, statt uns dauernd um unsere Zukunft zu sorgen, und alles hatte sich jetzt wie von selbst ergeben.

Zwei Tage vor unserer Abreise suchte uns unsere letzte Klientin auf. Auf dem Weg zur Tür fragte sie: „Was braucht ihr denn noch für eure Reise?"

Genny und ich schauten einander an. „Wir suchen immer noch eine gute Kamera", sagten wir schließlich.

„Gut", sagte sie, „ich habe eine nagelneue Kamera, die auf einer Reise wie der euren eingeweiht werden sollte."

Am Abreisetag hieß unsere Lektion:

> *„Als ich sagte, ‚Ich werde alle Tage bei dir sein', meinte ich dies wörtlich. Ich bin in jeder Situation immer bei jedem. Weil ich immer bei dir bin, bist* du *der Weg, die Wahrheit und das Leben."*

Bali erschien uns wie ein himmlischer Traum. Unsere kleine Hütte war von einem Meer wilder Blumen umgeben, und frühmorgens lud uns die Brandung des nahen Ozeans zum Aufstehen ein. Als wir die Türe öffneten, bemerkten wir auf der Schwelle ein kleines Schälchen, gefüllt mit Reis und Blumen. Als wir uns erkundigten, was dies bedeutete, erklärte man uns, daß wir diese Gabe jeden Morgen vorfinden würden, um unser Erwachen zu segnen. Später sahen wir diese kleinen Opfergaben überall — in

Fenstern, neben Bäumen, an Windschutzscheiben, auf Treppenstufen und auch mitten in Feldern. Die Balinesen suchen immer wieder Frieden zu schließen, sei es mit den Naturgeistern, untereinander, mit den Geistern von Verstorbenen, mit dem Gott der Liebe oder mit den Kräften der Versuchung und des Bösen. Diese Friedensgaben werden dem innewohnenden Geist eines jeden Dinges oder jeder Person dargebracht und sind vom einfachen Wunsch begleitet, daß der Gebende mit diesem Wesen in Frieden leben möge.

Wir hatten uns für diese Unterbrechung in Bali entschieden, weil Genny schon einmal hier gewesen war und mir seinen Zauber sowie die Einfachheit und Herzlichkeit seiner Menschen zeigen wollte. Seit ihrem letzten Besuch war der Einfluß des Westens spürbar gewachsen; dennoch konnte nicht einmal der Lärm der Motorräder und der Autos das subtile Gefühl von Anmut verdrängen, das der Seele dieser Insel innewohnt.

Angesichts der tropischen grünen Felder, der langsamen Gangart der Menschen, die ihre Waren trugen, und der Tempel jeder Größe und an jedem möglichen Ort spürten wir, daß Bali einen Weg gefunden hatte, dem Einfluß der letzten Jahrhunderte zu entgehen. Diese Menschen hatten wenige der Sorgen, die unsere westlichen Gemüter meistens beschäftigen; sie schienen scheu und zurückhaltend.

Man riet uns, ein Motorrad zu mieten, um die entferntere Seite der Insel auszukundschaften, die, wie man uns versicherte, noch ganz unberührt war. Das einzige Problem bestand darin, daß ich noch nie selbst ein Motorrad gefahren hatte. Nach einer einzigen Fahrstunde konnte ich beim Regierungsgebäude die Fahrprüfung absolvieren. Ich mußte dabei in einen Gang zwischen zwei Reihen von Autoreifen hineinfahren, wenden und wieder zurückfahren. Zwei Versuche wurden mir zugestanden; beide mißlangen. Der Knabe, der mir das Motorrad vermietet hatte, sprach hierauf mit dem Aufsichtsbeamten, und ich erhielt den Führerschein trotzdem. Für dieses freundliche Entgegenkommen erhöhte sich die Gebühr allerdings um einen kleinen Betrag.

Dieser Führerschein kostete uns jedoch beinahe auch unser Leben. Auf der Straße mußte ich immer wieder Hühnern, Hunden und Kühen, die sich nicht im geringsten um mich kümmerten, ausweichen. Auch die balinesischen Lastwagenfahrer, die mir auf kleinen, einspurigen Brücken entgegenfuhren, scherten sich wenig um mich, und ich landete mehrere Male in einem Bach.

Die wunderbare Landschaft verführte uns dazu, immer mehr auf Seitensträßchen und kleine Wege auszuweichen. Überall sahen wir Reisfelder, Menschen in zeremoniellen Kleidern und Prozessionen, die sich durch die Dörfer bewegten. In jeder größeren Ortschaft war mindestens eine Hochzeitszeremonie in Gang. Uns schien, daß die Balinesen jede Gelegenheit in ihrem Leben zu einer Zeremonie oder einem Ritual benützten. Einmal sahen wir eine Gruppe von Menschen, die lachend und schreiend durch die Straßen lief, wobei sie einen Sarg mit sich trugen. Sie schüttelten ihn, brachten ihn in Gebäude und trugen ihn wieder hinaus und durch viele Straßen und Gassen. Eine tanzende und musizierende Menge folgte ihnen dabei.

„Was tun sie da?“ fragten wir ein junges Mädchen.

„Sie geben sich alle Mühe, die Seele zu verwirren“, sagte sie. „Wenn jemand stirbt, wollen wir seiner Seele helfen weiterzugehen; deshalb rennen wir mit dem Körper durch die Straßen und hoffen, daß dies die Seele so verwirrt, daß sie ihrem früheren Körper nicht mehr folgt. Nachher gibt es ein großes Fest, weil wir wissen, daß sie nun zu ihren Vorfahren zurückgekehrt ist.“

Wir schlossen uns der Menge an und erfuhren dabei, daß am selben Abend im nächsten Ort eine Feuerzeremonie stattfinden würde. Wir hatten bereits davon gehört, daß Menschen in Trance über glühende Kohlen oder Glasscherben gingen, doch wir hätten nie zu träumen gewagt, selbst an einer solchen Veranstaltung teilnehmen zu dürfen. Als wir den angegebenen Ort erreicht hatten, fanden wir dort eine große Schilfhütte vor, in welcher mehrere Männer Kokosnußschalen zu einem Haufen von etwa einem Meter Höhe aufschichteten und sie dann in Brand setzten. Plötzlich erschien ein alter Mann in einem weißen Gewand, ging zu dem nun schon hoch auflodernden Feuer und besprengte es mit heiligem Wasser. Später erschien ein junger Mann in kurzen Hosen, welcher ebenfalls mit heiligem Wasser gesegnet wurde. Dieser junge Mann setzte sich nun auf ein Pferd aus Stroh und begann, damit auf und ab zu springen. Etwas später wurde das Feuer auseinandergerissen, und die vielen glühenden Schalen wurden auf dem Boden ausgebreitet. Die ganze Zuschauermenge wich vor der Hitze zurück. Der alte Mann im weißen Kleid und der junge Mann auf dem Strohpferd standen noch einige Augenblicke nahe beieinander; dann warf sich der Jüngere plötzlich herum und begann, im Feuer zu tanzen. Trommeln begleiteten seinen Tanz, während er auf seinem Strohpferd mitten in der Glut auf und ab sprang. Durch sein Tanzen breitete sich der glühende Haufen immer weiter aus, und wir mußten vor der Hitze und dem Rauch noch weiter zurückweichen. Der Mann tanzte lächelnd auf der Glut herum, ohne daß sie auch nur einen Halm seines Strohpferdes versengte. Wie war es möglich, daß er diese Hitze und die Flammen ertragen konnte? Schließlich lösten sich drei Männer aus der Menge und kreisten ihn ein. Sie packten ihn und rangen mit ihm, bis sie ihn schließlich außerhalb der Flammen zu Boden drücken konnten. Es schien, daß er von sich aus seinen Tanz nicht beendet hätte. Dann tauchte der Mann im weißen Kleid wieder auf und segnete den Tänzer, der aus einer tiefen Trance — aus einer anderen Welt — zu erwachen schien. Man lud uns ein, näherzutreten und seine Fußsohlen anzuschauen. Es war keine einzige Brandblase und keine Spur von Verbrennung zu sehen. Aus Erfahrung wußte ich, daß der Geist Schmerz blockieren kann, aber wie war es möglich, daß der Körper keine einzige Brandwunde aufwies, obwohl das Feuer bisweilen fast einen Meter hoch aufgelodert war?

Der weißgekleidete Mann war der Schamane des Dorfes. In

jedem Dorf wurden speziell ausgesuchte Menschen vom Schamanen darin ausgebildet, Trance-Fähigkeiten zu entwickeln. Wir sahen zu, wie er zwei junge Mädchen in Trance versetzte; hierauf führten sie einen Tanz vor, womit sie den erfolgreichen Gang auf dem Feuer feierten. Ich sah sie als Schmetterlinge und nicht mehr als Menschen. Beide bewegten sich in vollkommener Harmonie, und ihre Körper wogten hin und her, als ob sie leichter als Luft wären. Während ich ihnen zuschaute, konnte ich beinahe hören, wie sie zu Gott sprachen. Die Bewegungen ihres Körpers schienen fortwährend zu sagen: „Ich bin eins mit Dir."

Man erklärte uns, daß es im Dorf mehrere Leute gab, die mit der Gabe der Mediumschaft gesegnet waren; jeder von ihnen brachte Gott auf seine eigene Weise zum Ausdruck. Der Sinn des Feuertanzes und der anderen Künste schien darin zu bestehen, die Existenz des Übernatürlichen zu feiern. In den Zeremonien, denen wir beiwohnen durften, sahen wir die Teilnehmer weit über ihr natürliches Potential hinauswachsen. In einem dieser Tänze führte einer der Teilnehmer ein besonderes Ritual durch, um sein Herz von Schuld oder Versuchung zu reinigen. Nach Vollendung des Reinigungsrituals versuchte dann ein anderer Tänzer, ihn mit einem langen silbernen Schwert zu erstechen. Wenn sein Herz rein genug war, bog sich das Schwert. Ganz Bali schien sich in dauernder Bewegung zu befinden; Tänze und Zeremonien bekräftigten den lebendigen Glauben dieser Menschen, daß eine einzigartige Verbindung zwischen ihnen, ihren Vorfahren und Gott bestand. Ich glaube, daß der Feuertanz in Bali, wie auch ähnliche Tänze in anderen Ländern, ein Weg ist, Gott als lebendige, allmächtige Kraft zu offenbaren.

Nach etwas mehr als einer Woche waren wir durch unsere ungewöhnlichen Erlebnisse auf dieser kleinen Insel etwas aus der Fassung gebracht; wir ruhten uns an den stillen Stränden auf der entfernteren Seite der Insel aus, weit weg von größeren Ortschaften. Nackte Kinder spielten überall, und wir schenkten ihnen Luftballons, die wir mitgebracht hatten. Wir wohnten ohne Komfort in einem kleinen strohgedeckten Hüttchen. In einem Restaurant essen zu gehen, war eine außergewöhnliche Erfahrung; man wartete uns auf, als ob wir königliche Gäste wären. Der Kellner blieb neben dem Tisch stehen, um uns aufmerksam beim Essen zu beobachten und unseren nächsten Wunsch augenblicklich zu erfüllen. Die Überreste wurden den überall herumstreunenden Hunden vorgeworfen. In Bali gibt es das Sprichwort, daß ein Dieb in seinem nächsten Leben als Hund zurückkehrt. So leben sie denn als Ausgestoßene, immer hungrig und auf der Suche nach Essen. Sogar ein Paradies hat seine eigenen Gesetze.

Bevor wir zu unserem Ausflug mit dem Motorrad aufgebrochen waren, hatten wir für die vor uns liegenden Tage einige Seiten aus dem *Kurs* herausgerissen, denn wir wollten die schweren Bücher nicht überallhin mitschleppen. Wenn wir unsere tägliche Lektion beendet hatten, gaben wir sie an Menschen, die wir trafen, weiter.

Jeden Abend genossen wir den Sonnenuntergang. Noch nie hatten wir Himmel und Erde so eng verbunden erlebt. Die Worte des *Kurs* fügten sich wie immer auf vollkommene Weise darein:

> *„Jeden Tag, jede Stunde, jeden Augenblick wähle ich aus, was ich anschauen will, welche Klänge ich hören will, wer bezeugen soll, was für mich die Wahrheit zu sein hat.“*

Wir gaben diese Lektion dem freundlichen Besitzer des kleinen Restaurants weiter, der uns nicht genug verwöhnen konnte, und wir dankten ihm damit für seine Gastfreundschaft. Er nahm die Lektion als Geschenk und als besonderes Gebet entgegen.

Bis zu unserem Weiterflug blieben uns nur noch wenige Tage. Der Rückweg zur Hauptstadt, wo wir unsere Rundreise begonnen hatten, gestaltete sich recht schwierig, da der Regen unterdessen große Teile der Straße weggeschwemmt hatte. Hinter jeder Straßenbiegung schien zudem einer der von mir so gefürchteten Lastwagen zu lauern. An einer Stelle blieb dann wirklich kein Raum mehr für mich übrig und ich mußte scharf abbiegen, um schnell von der Straße herunterzukommen. Die Reifen fanden jedoch auf dem schlammigen Untergrund keinen Halt; wir rutschten aus und landeten im Straßengraben. Hierauf fuhren wir noch langsamer und schätzten uns glücklich, das Motorrad zurückgeben und wieder auf unseren eigenen Füßen stehen zu können.

In den folgenden zwei Tagen taten wir nichts anderes als schlafen und spazierengehen. Eines Morgens kam unser Hausmädchen, welches Komang hieß, mit einem stark geschwollenen Gesicht zu uns. Als wir uns erkundigten, was passiert sei, erwiderte sie: „Niedere Geister". Wir boten ihr unsere Hilfe an und erklärten ihr, daß wir natürliches Heilen praktizierten. Komangs Interesse war rasch geweckt, als wir ihr beschrieben, auf welche Weise wir Menschen behandelten. Genny bat sie, sich auf das Bett zu setzen. Dann legte sie ihre Hände sanft auf das Gesicht des Mädchens und schien mit der Energie zu verschmelzen. Zum Schluß ließ Genny sie sich hinlegen, und sie beruhigte und entspannte sich.

Am Abend desselben Tages suchte sie uns wieder auf. Die Schwellung war völlig verschwunden. Nun wollte sie natürlich wissen, was Genny mit ihr gemacht hatte.

Wir erklärten ihr, daß „niedere Geister", welche die Krankheiten verursachen, mit „höheren Geistern" oder Liebe geheilt werden können. Komang verstand intuitiv, was wir meinten. Sie erzählte uns, daß die balinesischen Medizinmänner und -frauen Kräuter und Rituale verwenden, um jemanden vom bösen Zauber der Eifersucht und der Wut, sowie von der Dunkelheit von Rachegeistern zu befreien. Als wir mit ihr noch weiter über ihre Heilung sprachen, wurde sie ganz interessiert, und mit einer gewissen scheuen Nachdrücklichkeit lud sie uns in ihre Familie ein.

Das kleine Haus, in dem diese Familie lebte, lag in einem Dorf unweit der Hauptstadt. Als wir eintraten, wurden wir von der ganzen Familie sehr freundlich willkommengeheißen. Schon nach kurzer Zeit fragte dann Komang Genny, ob wir sie in das Dorf, wo ihr Bruder lebte, begleiten würden, um ihm zu helfen.

Sogleich brachen wir auf und wurden in einem halbstündigen Fußmarsch zum Haus ihres Bruders geführt. In einem kleinen Raum fanden wir einen jungen Mann, der auf einem Bett aus Stroh lag. Er schien Fieber zu haben. Genny arbeitete etwa zehn Minuten mit ihm. Als sie fertig war, hatten sich etwa ein halbes Dutzend Menschen an der Türe eingefunden, um zuzuschauen und darauf zu warten, daß auch ihnen eine Heilbehandlung zuteil wurde. Natürliches Heilen war ihnen vertraut, nur die Form des Handlauflegens kannten sie noch nicht. Nie zuvor waren mir Menschen begegnet, die so empfänglich waren und vertrauensvoll an Heilung glaubten. Uns schien, daß sie die Heilenergien schon spürten und in sich aufsogen, bevor Genny sie berührte. Einer nach dem anderen trat ein und legte sich auf das Bett, um von Genny behandelt zu werden. Sie waren so offen für die subtilen Energien, daß Genny nur wenige Minuten mit jedem arbeitete. Ihre Gesichter sagten alles; wir verneigten uns voreinander in einer Geste gegenseitigen Dankens und kehrten heim.

Unseren letzten Abend in Bali verbrachten wir am Strand, schauten gemeinsam auf diese Zeit zurück und meditierten. Eine Familie, jeder einzelne zeremoniell gekleidet, schritt an uns vorbei. Sie spielten auf Trommeln und Hörnern. Ein Mitglied der Gruppe, welches eine große Schale mit Asche trug, ging langsam einige Schritte ins Meer hinaus und leerte die Asche aus. Ein kleines Mädchen, das sich zu uns gesellt hatte, erklärte uns, daß hier die Asche eines geliebten Menschen der Unendlichkeit zurückgegeben wurde. Die ganze Familie sang Lieder für die Vorfahren, Lieder des Friedens und des Dankes, daß sie die Seele gut aufnahmen. Nie zuvor hatten wir ein so bewegendes Abschiednehmen miterlebt. Wir konnten sehen und fühlen, daß sie der Seele, die jetzt in ihre wahre Freiheit ging, nur Freude mitgaben.

Am folgenden Morgen setzten wir unsere Reise fort. Wir planten, zuerst nach Singapore, dann nach Bangkok und schließlich auf die Philippinen zu fliegen.

Singapore erwies sich als moderne Großstadt, umgeben von einer Welt, in der immer noch Ochsen und Grashütten dominierten. Nach der stillen Atmosphäre der Opfergaben in Bali, welche die Einheit mit der Natur widerspiegelten, befanden wir uns nun wieder in einer sauberen, wohlorganisierten und lärmigen Stadt. Einen Tag später, als wir in einem Café saßen, bekam ich plötzlich Kopfweh und fühlte mich fiebrig. Ich vermutete sogleich, daß mein Körper sich an das neue Klima und die neuen Lebensumstände anzupassen versuchte. Wir entschieden uns, einen wunderschönen Park aufzusuchen, welcher „Chinesische Gärten" hieß, und ich hoffte, dort einen Ort zu finden, wo ich ausruhen und mich erholen konnte, um nicht wirklich krank zu werden.

Im Park angekommen, überfiel mich eine Schwäche, und ich mußte mich sofort hinlegen. Ich befand mich neben einem großen alten Baum, dessen Äste zum Himmel reichten, sich aber auch zur Erde beugten. Daneben gab es einen Wasserfall und einen kleinen Teich. Ich bat den Ort um Erlaubnis, mich hinsetzen zu dürfen, um genährt zu werden; ich wurde willkommen geheißen. Genny sprach mit dem Baum und erhielt die Anweisung, einen gewissen Teil seiner Wurzeln, die aus dem Boden hervorragten, abzubrechen und auf mich zu legen. Sie tat es und holte hernach noch etwas Schlamm vom Grund des Teiches, um ihn auf meiner Stirne zu verreiben. Dann segnete sie mich mit Wasser. Ich fühlte mich besser. Es wurde spät, und wir hatten noch eine lange Busfahrt vor uns, um ins Zentrum der Stadt und in unser Hotel zurückzugelangen. Wir hielten nach einem Wagen Ausschau, der uns mitnehmen konnte, doch nur wenige fuhren vorbei. Als wir schon nicht mehr an eine rechtzeitige Rückkehr glaubten, tauchte aus dem Nichts ein kleiner weißer Wagen auf, dessen Fahrer von sich aus anhielt und uns fragte, ob wir gerne mitkommen wollten. Da er Englisch sprach, fanden wir schnell Kontakt, und er ließ es sich nicht nehmen, uns bis zu unserem Hotel zu fahren, obwohl dies für ihn einen großen Umweg bedeutete.

In dieser Nacht kam das Fieber wieder. Achtundvierzig Stunden lang lag ich mit Schüttelfrost im Bett und meine Temperatur stieg auf neununddreißig Grad. Schließlich konnte ich mich dazu durchringen, einen Arzt aufzusuchen. Wir hatten alles versucht, was wir konnten, doch jetzt bekam ich es langsam mit der Angst zu tun. Ich war krank in einem fremden Land, und wir kannten niemanden, da wir leider auch vergessen hatten, den Namen des Mannes zu erfragen, der uns im Auto mitgenommen hatte. Im Hotel verwies man uns an eine moderne Klinik, die sich an der gleichen Straße befand. Nach einer kurzen Untersuchung verschrieb mir der diensthabende Arzt Antibiotika; zudem erklärte er mir, daß ich, falls sie nicht wirkten, in den nächsten Tagen einen Bluttest machen lassen sollte, denn meine Symptome wiesen auf Malaria hin.

Mein Zustand blieb bis zum nächsten Abend unverändert. Ich begann im hohen Fieber zu halluzinieren. Da änderten wir unsere Reisepläne und flogen am folgenden Tag direkt nach Manila. Wir hatten die Adresse eines Hotels erhalten, in welchem eine Gruppe psychischer Chirurgen arbeitete.

Es zeigte sich, daß das Hotel in unmittelbarer Nähe der Amerikanischen Botschaft und des Hilton lag. Wir versuchten uns vorzustellen, daß psychische Heiler in einem modernen Luxushotel inmitten des Geschäftsviertels einer amerikanischen Großstadt arbeiteten. Wir erfuhren dann, daß ganze Gruppen ausländischer Touristen nach Manila flogen, in diesem Hotel übernachteten und sich von den Heilern behandeln ließen. Obwohl wir nicht zu einer organisierten Gruppe gehörten und daher nicht angemeldet waren, willigte der Manager ein, daß ich mich am darauffolgenden Morgen von einem Heiler behandeln lassen konnte.

In dieser Nacht schlief ich sehr unruhig; ich wachte immer wieder auf, fühlte mich sehr schwach, und mein ganzer Körper tat mir weh. Im Traum sah ich ein weißes Tuch neben meinem Kopf. Ich versuchte, ein göttliches Bild oder einen Engel darin zu sehen

— irgend etwas! Doch es gelang mir nicht. Dann wurde mein Körper neu eingekleidet und für eine Operation vorbereitet. Ich wachte auf und wußte im selben Augenblick, daß ich an diesem Tag endlich wieder gesund werden durfte.

Wir mußten einige Minuten warten und wurden dann in einen kleinen, fast leeren Raum geführt. Einzig ein Tisch stand darin. Der Chirurg und seine Assistenten hießen uns willkommen. Ich erklärte, daß ich mich sehr krank fühlte und unter andauerndem hohen Fieber litt. Ohne Umschweife forderte er mich auf, mich auf dem Tisch auf den Bauch zu legen. Genny durfte dabeibleiben und sogar fotografieren. Er begann an meinem Nacken zu arbeiten. Wie konnte er nur wissen, daß ich genau an dieser Stelle seit unserem Motorrad-Abenteuer in Bali immer wieder starke Spannungen verspürte? Erst nachdem er auch noch die Gegend um meine Schultern herum durchgeknetet hatte, konnte ich eine Verbindung von den Verspannungen zu meiner Angst auf Bali herstellen, bei einem Unfall schwer verletzt zu werden. Ich konnte mich in der Massage tief entspannen.

Plötzlich spürte ich eine starke Energie, die wie ein Licht-Regen über mich kam. Der Chirurg wies mich an, meinen Kopf zu drehen, damit ich den Fleischklumpen sehen konnte, den er aus der Schultergegend entfernt hatte. Während ich noch verblüfft dalag, wusch er sich bereits seine Hände. Die ganze Behandlung hatte nicht länger als zwei Minuten gedauert; ich erhob mich, noch etwas wackelig auf meinen Füßen, und spürte, daß mein Fieber vollständig verschwunden war.

Dann legte sich Genny auf den Tisch. Sie zeigte auf die Stelle ihres Bauches, an welcher sie seit einigen Monaten immer wieder Schmerzen verspürte. Der Heiler legte seine Hände darauf. Als seine Finger ihre Haut berührten, öffnete sie sich und Blut floß heraus. Er ließ seine Finger tiefer in ihren Bauch eindringen und hob dann ein Gewebestück heraus. Genny erschien trotz ihrer offenen Wunde sehr ruhig. Als der Chirurg seine Finger wieder herauszog, schloß sich ihre Haut von selbst, und weder eine

Narbe noch sonst ein Hinweis blieb zurück, daß hier wenige Augenblicke zuvor eine offene Wunde geklafft hatte. Ein Assistent wischte das restliche Blut von Gennys sanfter, weißer Haut weg. Während der ganzen Behandlung hatte ich aus weniger als einem Meter Entfernung alles fotografiert. Obwohl ich meine Beobachtungen mit meinem Verstand nicht erklären konnte, fühlte sich die ganze Szene sehr natürlich an. Man schien einfach etwas Unreines aus Gennys Bauch entfernt zu haben! Sie stand auf und fühlte sich sehr friedvoll und glücklich.

Am nächsten Tag besuchten wir einen anderen Heiler namens Alex. Ich hatte Schwierigkeiten, mich an die tropische feuchte Hitze zu gewöhnen, und er behandelte mich mit Handauflegen. Gennys Bauch schmerzte immer noch, und er schlug ihr eine weitere psychische Operation vor. Er war ganz normal angezogen und sprach mit uns darüber, wie andere Menschen miteinander über das Wetter sprechen. Er legte seine Finger auf Gennys Bauch und ohne irgendein scharfes Instrument oder Narkose zu verwenden, steckte auch er seine Hand durch die Haut hindurch zu den Organen in ihrem Bauchraum. Als seine Finger schon fast in Gennys Körper verschwunden waren, bemerkte er: „Meine Hände sind Instrumente für Geist-Ärzte."

Ich stand da und schaute zu, wie die Hälfte seiner Hand in Gennys Bauch verschwand. Endlich zog er sie wieder heraus und hielt ein Stück Fettgewebe darin. Dann wischte er ihr das Blut vom Bauch weg, welcher etwas rötlicher, aber sonst normal erschien.

Drei Tage lang lag Genny im Bett; sie fühlte sich wie nach einer schweren Operation. Danach suchten wir Alex noch einmal auf, um uns von ihm alles erklären zu lassen. Er begann: „Psychisches Operieren ist ein altes Ritual, das erst in den letzten vierzig Jahren hier unten bekannt wurde. Vorher kannten nur die Medizinmänner in den Bergen dieses Geheimnis, und sie gaben es nur an ihre Lehrlinge weiter, Generation um Generation. Lange Zeit konnte nur ein einziger Mann diese Öffnungen ausführen. Im

Zweiten Weltkrieg, als es für die Bevölkerung nur wenig Medikamente und keine Ärzte gab, bildete ein Heiler namens Papa Terte mehrere dafür begabte Menschen zu Heilern aus. Seither ist die Anzahl der Espiritistas, wie man uns nennt, immer weiter gewachsen. Wir sind auf den ganzen Philippinen zu finden, doch die meisten von uns leben auf der Hauptinsel Luzon."

Ich mußte aber noch mehr über die Öffnungen wissen und fragte ihn: „Wie geht denn das mit diesen Öffnungen und diesem Operieren genau vor sich?"

Eine Minute lang saß er ganz still da und schaute uns nur an. Als er dann zu uns sprach, kam seine Stimme wie aus weiter Ferne, und seine Aufmerksamkeit schien geteilt. Er sagte: „Eines Tages werdet Ihr dies alles umfassender verstehen; für heute laßt es mich Euch so erklären: In unserer dreidimensionalen Welt ist dieser Tisch etwas Festes, und ich kann meine Hand nicht durch ihn hindurchstoßen. Aber es gibt eine andere Ebene des Bewußtseins, eine vierte Dimension, wo dieser Tisch gleichsam zu einer Flüssigkeit wird. Dann kann ich natürlich meine Hand in ihn hineinstecken und sie wieder herausziehen, und der Tisch kehrt hierauf wieder in seinen natürlichen Zustand zurück. Bei diesen Operationen sieht der Heiler den Körper des Patienten wie eine Schüssel voll Wasser. So kann er nun mit seiner Hand hineinlangen und alles Unreine, das die Krankheit verursacht hat, herausnehmen. Wenn sich seine Hand wieder außerhalb des Körpers befindet, heilt die Öffnung augenblicklich zu, geradeso wie Wasser wieder in seine natürliche Lage zurückkehrt. Aber Ihr müßt Euch immer daran erinnern, daß es nicht der Heiler ist, welcher die Heilung bewirkt; seine Hände sind immer nur Instrumente einer höheren Energie."

Seine Geschichte beeindruckte uns sehr, doch ebensosehr staunten wir über seine vollkommene Kenntnis der englischen Sprache. Er erzählte uns, daß seine Eltern sehr arm gewesen waren und daß er nie eine Schule besuchen konnte. Im Alter von vierzehn Jahren hatte er eine Zeitlang jede Nacht sehr intensiv geträumt. Kurze Zeit darauf begann er spontan Englisch zu sprechen. Seine Geschichte war, wie vieles andere, das wir in den letzten Tagen gehört und gesehen hatten, schwer zu glauben. Wir entschieden jedoch, daß es für uns keinen Grund gab, daran zu zweifeln oder Vorurteile zu pflegen.

Am Sonntag fuhren wir mit Alex auf's Land hinaus. Mehrere Stunden lang waren wir unterwegs, zuletzt auf staubigen Landsträßchen. Schließlich hielten wir bei einem kleinen Beton-Gebäude neben einem Reisfeld. Dies war die armselige Kirche des Dorfes, in welchem Alex aufgewachsen war.

Wir traten ein; der Gottesdienst hatte schon begonnen und würde noch viele Stunden dauern. Da wir die Sprache nicht verstanden, saßen Genny und ich einfach da und schauten uns um. Diese Espiritista-Kirche unterschied sich sehr von den katholischen Kirchen, die wir auf den Philippinen und in anderen Dritte-Welt-Ländern gesehen hatten. Es gab keine Kreuze oder Artefakte an den Wänden. An der Stirnwand hingen Wimpel aus einfachem Tuch, auf denen der Name der Kirche und Bibel-Stellen aufgedruckt waren.

Es war ein heißer Tag, und die Hitze wurde immer intensiver. Wir gaben uns Mühe, zu meditieren, unsere Gedanken von unserer unangenehmen Lage abzulenken und unsere Zweifel am Sinn unseres Hierseins zu zerstreuen. Kurz vor Sonnenuntergang gingen die Menschen auseinander. Alex war schon seit einiger Zeit verschwunden, und es gab niemanden mehr, der Englisch sprach, außer einem alten zahnlosen Mann. Er rief uns zu sich und lud uns ein, ihm zu folgen. Wir gingen mit, ohne zu fragen, wohin er uns zu führen gedachte, und wir mußten unser Gepäck über einen Kilometer lang schleppen, bis wir endlich zu einem kleinen staubigen Beton-Gebäude gelangten.

Es führte uns die Treppe hinauf zu einem winzigen Raum, welcher nichts als eine einzige Matratze barg. Lächelnd sprach er zu uns: „Mein Zuhause ist auch Euer Zuhause." Wir dankten ihm dafür.

Der einzige Blickfang im Raum, die Matratze, erschien uns sehr einladend und wir ließen uns sogleich darauf nieder. Einige Zeit später brachte uns der alte Mann ein Schüsselchen mit Reis und etwas Gemüse. Die Dämmerung brach herein, und wir merkten, daß es hier weder Elektrizität noch sanitäre Einrichtungen gab. Er besaß auch nur eine kleine Laterne für uns alle. Nach unserem einfachen Mahl erzählten wir ihm, daß wir hierhergekommen waren, um von Heilern zu lernen. Er nickte, verließ den Raum und kehrte bald darauf mit einer Bibel zurück. Wir wiederholten, daß wir gerne Heiler treffen wollten, und er nickte und sagte dazu: „Lest darin." Müde und verwirrt, schwiegen wir; wir waren nicht viele tausend Kilometer gereist, nur um die Bibel zu lesen!

Es war feucht und heiß. Die Fenster, rechteckige Öffnungen in der Wand, gestatteten den Moskitos freien Zugang zum Raum. Genny hatte sich immer noch nicht an das Klima gewöhnt und fühlte sich sehr schwach. Wir schauten einander an und wußten nicht, ob wir lachen oder weinen sollten. „Was machen wir eigentlich hier?" sagten wir zur gleichen Zeit. Wir konnten uns nicht vorstellen, die nächsten Monate auf diese Weise zu verbringen. Wir waren nicht einmal sicher, ob wir es in dieser Hitze mit all den Insekten eine Nacht lang aushalten konnten!

Am nächsten Morgen brachte uns der alte Mann mit freundlichem Lächeln wiederum weißen Reis. Er zeigte auf die Bibel und fragte: „Hattet Ihr eine gute Nacht?"

Wir bejahten und dankten ihm für seine Gastfreundschaft. Dann begannen wir, unsere Sachen zusammenzupacken. Wir hatten keine Ahnung, wohin wir uns jetzt wenden sollten, aber wir wußten mit Sicherheit, daß wir nicht länger hier bleiben wollten. Der alte Mann bat uns eindringlich, noch nicht wegzugehen, doch wir verabschiedeten uns und machten uns auf der staubigen Landstraße wieder auf den Weg. Wir wußten nicht, wohin wir gehen sollten; dazu kam noch, daß ich die Namen und Adressen, die wir auf der Ranch bekommen hatten, verloren hatte. Ich konnte mich nur an den Namen einer jungen Frau erinnern, die wir aufsuchen sollten, sowie an den Namen der Ortschaft, in der sie lebte.

Wir gelangten zu einer etwas größeren Straße, wo kleine Busse in beiden Richtungen fuhren. Da uns keine andere Wahl blieb, fuhren wir einfach im nächstbesten mit und hofften, auf diese Weise in eine größere Ortschaft zu gelangen. Der Bus war voll von Menschen, die ihre prallen Einkaufstaschen mit sich führten, sowie von Hühnern, Hunden, kleinen Kindern und Gepäck. Wir fanden im hinteren Teil etwas Raum für uns und unsere Sachen. Als der Bus weiterfuhr, drehte ich mich zu einer Frau um, die hinter uns saß, und fragte sie, ob sie eine Frau namens Sophy Mendez kannte, die in einer Stadt namens Binalonan lebte. Ich hoffte dabei, mindestens herauszufinden, ob wir in der richtigen Richtung fuhren. Die Frau schaute mich nur an und schüttelte ihren Kopf.

Im selben Moment drehte sich ein Mädchen, das vor mir saß, um und fragte mich auf englisch: „Wen suchen Sie?“

Ich wiederholte den Namen: „Sophy Mendez.“

„Das bin ich“, sagte sie.

Zwei Haltestellen später stiegen wir aus. Sophy war voll Energie und begierig, uns zu helfen. Am meisten freute uns, daß sie sogleich begriff, was wir suchten, und daß sie alle lokalen Heiler kannte. Wir schmiedeten Pläne, möglichst viele von ihnen in den nächsten Tagen zu besuchen. Alle arbeiteten in ihren eigenen einfachen Kirchen, die über die ganze Gegend verstreut standen.

Sophy erklärte uns: „Die berühmteste Heilerin ist Josephina Sison. Jeden Tag kommen ganze Busse voll ausländischer Touristen, um sie zu sehen. Der Weg ist weit, doch es lohnt sich.“

Über viele Kilometer staubige Landstraßen, welche uns immer tiefer ins Landesinnere führten, erreichten wir schließlich eine kleine Häusergruppe und eine kleine Kapelle. Eben war auch ein Touristenbus angekommen, und japanische Touristen stiegen aus. Wir gingen schnell in die Kapelle und stellten uns ganz vorne hin, um alles genau beobachten zu können.

Josephina stand hinter einem Tisch, auf dem ein kleiner Junge lag. Sie nahm einen Wattebausch und goß Öl darauf. Wir sahen, daß der Junge verkrüppelt war und große Unruhe zeigte. Dann hob Josphina den Wattebausch zur Fahne empor, welche über ihr hing, und schien ihn zu segnen. Wir hatten uns unterdessen ganz nahe herangedrängt und standen unmittelbar neben ihr. Sie begann, die Watte in den verkrüppelten Arm des Jungen zu stoßen, und ich konnte zuschauen, wie auch das letzte Stücklein mühelos in der Haut verschwand. Sie schaute mir direkt in die Augen und sagte ganz ruhig und freundlich: „Dies dient dazu, die Unreinheiten im Körper zu absorbieren." Dann bewegte sie die Schulter des Jungen und zog dort die Watte langsam wieder durch die Haut heraus. Der Arm des Jungen begann zu zittern und wurde, während wir zuschauten, gerade. Sie gebot den Eltern, ihn am folgenden Tag wieder zurückzubringen. Genny und ich konnten einander nur anschauen und mußten uns hinsetzen; unser physisches und psychisches Gleichgewicht war durch diese Energie, die wir rund um den Tisch fühlten, tief erschüttert worden.

Ungläubig saßen wir da. Wenige Augenblicke zuvor hatten wir auf beiden Seiten des Tisches gestanden, und kein Betrugsversuch wäre uns entgangen, doch unser Verstand fand keinen anderen Weg, mit dieser Situation umzugehen, als das Ganze als Zaubertrick abzutun. Aber war der verkrüppelte Arm des Jungen nicht wieder gerade geworden? Der Junge war geheilt! Ich richtete meinen Blick wieder auf Josephina, und ihr Gesicht leuchtete so sanft und liebevoll wie dasjenige von Jesus, dessen Bild neben ihr an der Wand hing.

Wir konnten keinen Hinweis darauf entdecken, daß sie diese Menschen nur des Geldes wegen heilte. Der Ort war ganz einfach eingerichtet. Ihr Ruf als Heilerin schien sehr weit gedrungen zu sein, denn viele der Anwesenden hatten einen langen Weg hierher zurückgelegt.

Wir schauten noch lange zu, wie sie mit anderen arbeitete. Jedesmal wiederholte sich das gleiche Ritual: Sie nahm den Wattebausch, segnete ihn, steckte ihn in einen bestimmten Teil des Körpers und nahm ihn an einer anderen Stelle wieder heraus. Wenn wir nur zuschauten und uns ihrer Energie öffneten, fühlte sich alles ganz natürlich an. Wenn unser Verstand jedoch intervenierte und zu erklären versuchte, was da vor sich ging, wurde uns übel. Unsere Versuche, alles zu verstehen, ließen sich mit der Arbeit dieser einfachen Bauersfrau nicht vereinbaren; wir waren Welten voneinander entfernt. Es erwies sich für uns als unmöglich, in ihrer Nähe zu stehen und zugleich über unsere Beobachtungen nachzudenken; wir konnten nur das eine oder das andere tun. So begnügten wir uns schließlich damit, ihr zuzuschauen, wie sie weitere zwanzig oder dreißig Menschen behandelte, jeden für ein bis zwei Minuten. Der ganze Raum schien lebendig und voller Licht zu sein, nur hatten uns unsere unablässigen Versuche, alles erklären und verstehen zu wollen, sehr ermüdet. Wir verließen die Kapelle und kehrten in eine ärmere Wirklichkeit zurück.

Sophy führte uns zu einem kleinen Motel in einer naheliegenden Ortschaft, wo wir die Nacht verbringen konnten. Sie ließ uns wissen, daß sie uns in der Morgenfrühe des folgenden Tages wieder abholen würde. Wir waren so erschöpft, daß wir uns nicht einmal mehr um die großen Insekten kümmerten, die auf dem Boden herumkrochen oder durchs dunkle Zimmer flogen.

Am nächsten Morgen drängte Sophy zur Eile, denn der Heiler, den wir aufsuchen wollten, nahm seine Heilungen nur in den ersten Morgenstunden vor. Später arbeitete er auf dem Feld. Wir gelangten zu seiner kleinen Kapelle, und man forderte uns auf, unsere Kamera draußen zu lassen. Sophy erklärte uns, daß nur wenige Ausländer den Weg hierher fanden und daß der Heiler während seines Gottesdienstes keine Kameras duldete. Der Raum war voll, und wir fanden im hinteren Teil für uns eine Sitzgelegenheit. Auch diese Kirche sah wie alle anderen aus: ein einfaches kleines Betongebäude mit Fahnen an den Wänden.

Wir konnten die Sprache, in welcher der Gottesdienst abgehalten wurde, nicht verstehen, daher lasen wir in unserer täglichen Lektion des *Kurs*, den wir am Morgen auf dem Weg zur Türe noch schnell eingesteckt hatten.

„Was könntest du nicht annehmen, wenn du nur wüßtest, daß alles, was geschieht, alle Ereignisse in der Vergangenheit, in der Gegenwart und in der Zukunft von Ihm, dessen einzige Absicht es ist, daß es dir gut ergeht, sanft geplant sind?“

Als der kurze Gottesdienst beendet war, zeigte der Heiler auf eine Frau, die nach vorne kommen sollte. Sie legte sich auf den einfachen Holztisch und machte ihren Bauch frei. Der Heiler nahm einen großen Silberlöffel zur Hand, berührte damit ihren Bauch und stieß ihn dann in den Bauch hinein. Die Frau schrie augenblicklich auf, als der Löffel die Bauchdecke durchstieß. Der Heiler kümmerte sich nicht darum und schaufelte mit dem Löffel kleine Gewebestückchen aus ihrem Bauch heraus. Überall war Blut. Schließlich legte er den Löffel weg, und jemand ging zu der Frau hin, um sie zu halten und zu trösten. Langsam beruhigte sie sich. Der Heiler rief dann weitere Menschen zu sich und wiederholte die gleiche Operation an verschiedenen Körperstellen. Ich hatte nur einen Gedanken: daß sein Finger nie auf mich zeigen möge.

Er rief nun einen Mann mit einer geschwollenen Backe zu sich, der vermutlich an einer Zahninfektion litt. Der Heiler hielt seine Hand unter die Fahne an der Wand und schien um etwas zu bitten. Dann drehte er sich wieder zum Patienten um, steckte zwei Finger in dessen Mund und zog mit einem gewaltigen Ruck einen Zahn heraus. Jedermann war sehr zufrieden außer diesem Mann, der nun einen Zahn weniger hatte; er litt große Schmerzen. Schließlich stand er auf und zeigte allen seine Zahnlücke. Sophy, die für uns übersetzte, sagte uns, daß dieser Zahn seit Wochen entzündet, aber nie locker gewesen sei und ihm große Schmerzen bereitet hätte.

Sophy erklärte uns dann auch, daß jeder Heiler andere Gaben und Methoden hat. Wir hatten immer geglaubt, daß ein spiritueller Chirurg seine Arbeit schmerzlos verrichten sollte. Allerdings hatte uns mein Freund Alberto einst von primitiven Heilern in Mexico und Brasilien erzählt, welche ohne Narkose mit einem Messer arbeiteten und manchmal wenig, manchmal aber auch viel Schmerz verursachten. Solche Geschichten zu hören oder selbst dabei zu sein, wie jemand einen großen Löffel in den Körper eines anderen stößt und anscheinend rohes Gewebe herausschaufelt, waren jedoch zweierlei Dinge. Wiederum konnten wir nur versuchen, unsere Erfahrung nicht mit dem Verstand zu analysieren.

Unterdessen war es Nachmittag geworden, und wir wurden ungeduldig; wir wollten endlich jemanden treffen, zu dem wir eine innere Verbindung spüren konnten. Die Heiler, denen wir bis jetzt begegnet waren, faszinierten uns wohl, zeigten aber kein großes Interesse an unserem Besuch. Wir wollten mehr spüren.

Auf einem Markt kauften wir ein paar Früchte für eine kurze Mahlzeit und setzten dann unsere Suche fort. Sophy wollte uns zum Haus eines Heilers führen, der als Medium berühmt war. Er war auch in Europa gewesen und wurde oft von Ausländern aufgesucht, die dann eine Zeitlang mit ihm lebten. Wieder fuhren wir in der glühenden Hitze im Bus über staubige Landstraßen, mußten mehrmals umsteigen und kamen erst nach Stunden dort an. Sein Haus war verlassen. Ein Mann, der in der Nähe auf dem Feld arbeitete, mutmaßte, daß sich der Heiler auf einer Reise in die Berge befand. Wir hatten schon öfter davon gehört, daß die Heiler häufig in die schwer zugänglichen Landesgegenden reisen, um dort den armen Leuten zu helfen. Es konnte sein, daß dieser Mann eine Woche, einen Monat oder noch länger wegblieb. Wir waren enttäuscht.

Für die Rückfahrt zum Hotel quetschten wir uns wieder in einen überfüllten Bus, wo wir zwischen Feldarbeitern standen, die nach Schmutz und Schweiß rochen.

Sophy drehte sich plötzlich zu uns um und sagte: „Ich weiß nicht warum, aber ich denke, ich sollte Euch noch heute zu einer Frau mitnehmen, die ich kenne. Sie macht nicht diese körperlichen Öffnungen, aber sie ist ein ausgezeichnetes Medium. Sie hat viele Gaben, auch jene des Handauflegens. Ihr Name ist Paz."

Wir stiegen aus und gingen den kurzen Weg zum Haus von Paz. In einem Stuhl sitzend, begrüßte sie uns und bat uns, neben ihr Platz zu nehmen. Ohne Einleitung ging sie sogleich in Trance. Die Stimme ihres inneren Führers, welcher durch sie sprach, sagte: „Dieses Medium ist hier, um Euch zu dienen; sie hat Euch erwartet. Ihr werdet den Sommer hier verbringen. Wenn Euer Herz rein bleibt, wird dieses Medium Euch alle ihre spirituellen Gaben übermitteln, bevor Ihr nach Hause zurückkehrt."

Genny und ich waren für einen Augenblick sprachlos, doch dann erinnerten wir uns, daß wir ja genau um das gebetet hatten, was Paz uns jetzt mitgeteilt hatte. Sie kam aus der Trance, und jemand erzählte ihr, was sie eben gesagt hatte, denn sie erinnert sich nicht daran, was geschieht, während sie sich in Trance befindet. Paz hörte aufmerksam zu, sprang dann auf und sagte aufgeregt und höchst erfreut zu uns: „Willkommen, willkommen! Ich habe im oberen Stock ein Zimmer für Euch. Ein ganz besonders Medium, welches weit weg in den Bergen lebt, sagte Eure Reise voraus und kündigte mir Euer Kommen an." Sie umarmte uns noch einmal voller Freude.

Kapitel 9

Alles ging nun ganz schnell. Nachdem wir eben noch bei Heilern gewesen waren, zu denen wir keine innere Verbindung gespürt hatten, wurden wir jetzt bei Paz als Gäste empfangen, die man erwartet hatte. Wir entschieden uns sogleich, zum Abendessen zu bleiben, hierauf im Hotel, wo wir unser Gepäck eingestellt hatten, zu übernachten und am nächsten Morgen bei Paz einzuziehen.

Noch am gleichen Abend brachte man die Großmutter der Familie aus dem Nachbarhaus zu uns. Sie war sehr alt. Während sie wartend dasaß und uns beobachtete, gab uns Paz einige Losungsworte, „um den Magnetismus in unseren Händen zu verstärken". Dann wurden wir aufgefordert, für die Großmutter zu beten und ihr die Hände aufzulegen. Wir wußten nicht genau, was ihr fehlte, doch das spielte keine Rolle. Jederman wußte, daß dies ein ganz besonderer Tag war. Die Prophezeiung hatte sich erfüllt; der Geist hatte uns alle erfolgreich zusammengeführt. Wir fühlten eine starke göttliche Gegenwart im Haus. Paz und ihre Familie standen im Kreis um uns her und schauten zu, wie wir nichts anderes taten, als aus vollem Herzen für die Ereignisse des Tages zu danken und dies mit ihnen zu teilen. Alle im Raum wußten, daß die Energie, welche von uns zur Großmutter floß, nicht unsere eigene war, sondern daß wir in unserem Herzen um vollkommene Heilung beteten.

Spätabends kehrten wir ins Hotel zurück. Als wir das Licht andrehten, konnten wir mehrere riesige Küchenschaben beobachten, die über den Boden krabbelten, doch wir waren zu aufgeregt, um uns darum zu kümmern. Als wir dann in der Nacht ihre leichten Kratzgeräusche auch noch hören konnten, wurden wir jedoch etwas ungeduldiger und freuten uns darauf, diesen Ort am nächsten Morgen wieder verlassen zu können.

Ich träumte, daß ich durchs Dorf ging und Genny an der

Hand hielt. Dann wurde mir gesagt, daß ich von nun an nicht mehr in Ich-Form denken sollte. Hierauf hörte ich, daß ich auch die Form „Genny und ich" in meinen Gedanken nicht mehr verwenden sollte. Ich verstand dies so, nur noch als „wir" zu denken: der Heilige Geist, Genny und ich — denn nichts wird uns je trennen.

Als ich am nächsten Morgen vor dem Frühstück im *Kurs* blätterte, sprang mir der folgende Abschnitt in die Augen:

> *„Du wirst eine Reise unternehmen, weil du in dieser Welt nicht zu Hause bist. Und du wirst dein Zuhause suchen, ob du nun erkennst, wo es ist oder nicht. Wenn du davon überzeugt bist, daß es außerhalb von dir liegt, wird deine Suche nutzlos sein, denn du wirst es dort suchen, wo es nicht ist."*

Als wir bei Paz eintraten und unser Gepäck ins Haus trugen, hatte sie gerade ihr Zimmer im ersten Stock ausgeräumt und trug ihre Kleider nach unten ins Zimmer ihrer Schwester. „Ihr werdet in meinem Zimmer wohnen", sagte sie zu uns.

Am Abend erfuhren wir dann, daß sie das Zimmer ihrer Schwester mit zwei anderen Frauen teilte und dort auf dem Boden schlief. Wir erinnerten uns auch daran, wie Alberto uns eines Tages erklärt hatte, daß es eine große Ehre sei, im Bett eines Heilers zu schlafen. Es heißt, daß auf diese Weise schon viele Menschen geheilt worden sind.

Paz gab uns jeden Abend und jeden Morgen zwei Psalmen zu lesen. Sie erklärte uns, daß der 51. und der 63. Psalm zur Ausbildung der meisten Medien gehört. Es war uns nie leichtgefallen, die Bibel als Quelle der Inspiration zu nutzen. Die vielen Gewalttätigkeiten befremdeten uns; sogar in den lyrischen Psalmen werden nach einigen sanften Versen sogleich Lügner und Diebe wieder in alle Ewigkeit verdammt. Doch jetzt, wo wir aufgefordert wurden, wieder darin zu lesen, entschieden wir uns dafür, daß unser Unbehagen über die darin beschriebenen Gewalttätigkeiten auf eine verborgene Seite in uns selbst hinwies. Welche

Seite in uns ist auf einer bestimmten Ebene auch ein Lügner und ein Dieb? Welche Seite in uns nimmt sich von der Welt alles, was sie gerade will, als ob die Welt ihr gehörte? Wie ehrlich sind wir wirklich?

In dieser ersten Nacht bei Paz lagen Genny und ich schon im Bett und redeten noch miteinander, als draußen der große Hund der Familie wütend zu bellen begann. Er war ein scharfer Wachthund, der in der Nähe des Behälters angekettet wurde, in welchem man den Reis aufbewahrte. Er bellte die ganze Nacht. Wir fingen an, ihn als Symbol jener Gewalttätigkeit zu sehen, welche wir nicht annehmen wollten. Wir sandten ihm Liebe und wünschten uns, daß er sie fühlen würde und sich beruhigte, damit auch wir schlafen konnten. Ich erinnerte mich an eine Stelle im *Kurs,* welche sagt:

> *„... nimm niemanden von deiner Liebe aus, sonst bewahrst du dir einen dunklen Ort in deinem Innern, wo der Heilige Geist nicht willkommen ist. Und auf diese Weise schneidest du dich von seiner Heilkraft ab, denn wenn du nicht uneingeschränkt liebst, kannst du nicht völlig geheilt werden."*

Ich fühlte, wie Ärger in mir aufstieg, und auch Genny konnte sich nicht mehr entspannen. In der Nacht vorher die Küchenschaben, heute dieser verrückte Hund, war dies ein Test für uns? Als der Morgen dämmerte, konnte ich endlich einschlafen — doch nur für kurze Zeit. Licht, das durchs Fenster hereinflutete, weckte uns. Wir entfernten das Moskitonetz vom Bett, kleideten uns an und gingen nach unten. In einem großen Eimer stand Wasser für uns bereit, womit wir uns waschen konnten. Die Toilette bestand, wie in allen Häusern, aus einem Loch. Es gab zwar Elektrizität, aber keine Wasserleitungen im Haus, und gekocht wurde im Hof über dem offenen Feuer.

Ein Frühstück, bestehend aus Fisch und weißem Reis, wartete auf uns; während unseres ganzen Aufenthaltes würde dies so bleiben. Paz bestand darauf, daß wir zuerst aßen. Alle Familienmitglieder waren um uns versammelt und arbeiteten oder schauten uns zu; auch dies würde sich bei allen Mahlzeiten wiederholen.

Erst jetzt realisierten wir, wie viele Menschen in diesem Haus lebten. Der Haushalt bestand aus Paz, ihren zwei Schwestern, dem Mann der einen Schwester, zwei Kindern und einer Frau, die bei den Hausarbeiten half. Die Großmutter lebte mit weiteren Verwandten im Nachbarhäuschen. Viele Menschen lebten hier auf engem Raum zusammen, doch nie hörten wir einen Streit oder schreiende Kinder. Jedes Kind, das den Raum betrat, ging zuerst zur ältesten Person, nahm ihre Hand und führte sie, wie das hier Sitte war, als Zeichen der Ehrerbietung an seine Stirn. Eine natürliche Stille durchdrang jede Aktivität.

Wir verbrachten einen ruhigen Tag im Haus, erholten uns und meditierten. Nach einem Mittagsschlaf rief uns Paz zu sich in den Hof und fragte: „Habt ihr heute den Besucher gesehen?"

Wir verneinten.

„Habt ihr ihn gefühlt?" fragte sie weiter. Wir waren uns dessen nicht sicher. „Nun, heute hielt sich den ganzen Tag ein Engel im Hause auf." Sie deutete auf den Raum, in welchem er gewesen war, und wir konnten dort schwach eine lichtvolle Gegenwart erspüren. „Dies ist ein gutes Zeichen. Es bedeutet, daß euer Besuch gesegnet ist."

Paz ging ins Wohnzimmer, setzte sich und nahm die Bibel zur Hand; dann ging sie so schnell und mühelos, wie man einen Atemzug nimmt, in Trance. Eine Stimme, welche sich von ihrer eigenen Stimme deutlich unterschied, sprach durch sie und stellte sich als Paulus aus dem Neuen Testament vor: „Dieses Medium wird euch lehren und euch alle ihre Gaben weitergeben. In diesem einen Sommer werdet ihr, bevor ihr nach Hause zurückkehrt, das empfangen, was sie in zwanzig Jahren gelernt hat. Betet, dessen würdig zu sein. Eure Mitarbeit wird dringend gebraucht. Viele beten für eure Entwicklung, damit vielen geholfen werden kann. Betet keine falschen Idole an, denn auf diese Weise begrenzt ihr Gott..."

Als Paz aus der Trance gekommen war, fragte Genny sie: „Was bedeutet das, falsche Idole?“ Statt einer Antwort forderte uns Paz auf, zu meditieren und zu beten. Um uns darüber klarzuwerden, machten wir einen großen Spaziergang in den Straßen dieser Ortschaft. Ich hatte ein schlechtes Gewissen, denn ich wußte, daß Geld mein falsches Idol war; ich hatte viel zu viel Zeit mit planen und abschätzen unserer Geldquellen für diesen Sommer verbracht. Bisweilen hatte ich meine Sorgen loslassen und mich vertrauensvoll dem Göttlichen hingeben können, doch Augenblicke später drehte ich jeden Dollar zweimal um, als ob er mein letzter wäre.

Genny sprach über ihre „falschen Idole“ — ihr Bedürfnis nach Schlaf und materieller Bequemlichkeit. Sie drückte es auf folgende Weise aus: „Ich folge Gott solange nach, als ich etwas Sauberes anzuziehen und eine ganze Nacht geschlafen habe.“

Während wir durch die Straßen gingen, entlarvten wir unsere Idole, unsere westliche Selbstsucht. Wir fühlten uns an so vieles gebunden. Würde Gott uns seiner Liebe für würdig halten, wenn unsere Persönlichkeiten sich derart entschlossen dagegenstemmten? Obwohl wir viel an uns selbst gearbeitet hatten, erschienen uns unsere Egos größer denn je.

Immer noch zweifelnd, kehrten wir niedergeschlagen zum Haus zurück und baten Paz, uns ihre Geschichte zu erzählen. Wie hatte sie das geschafft, ihre persönlichen Wünsche zu überwinden und sich selbst ganz dem Göttlichen hinzugeben?

„Ich habe mich meiner Berufung zum Medium dreimal verweigert“, antwortete Paz. „Als ich eine junge Frau war, weissagten mir drei verschiedene Medien, daß ich ein Medium und eine Heilerin werden würde. Ich wies diese Prophezeiungen jedesmal von mir, denn ich glaubte nicht an den Pfad der Espiritistas. Meine Familie sah mich als zukünftige Lehrerin, und ich wollte nichts anderes als wie meine Schwester Lehrerin werden. Weshalb wohl sprachen diese Medien in dieser Weise zu mir? Ich wollte nicht tun, was sie mir anrieten. Mehrere Monate nach der dritten Prophezeiung erwachte ich eines Morgens sehr, sehr krank. Ich konnte nicht mehr aufstehen und litt tagelang große Schmerzen. Die Ärzte waren ratlos, was mich sehr ängstigte. Dann erinnerte ich mich an die Prophezeiungen; im selben Augenblick sah ich einen Engel, umgeben von einem großen, weißen Licht, zu mir kommen. Ich wußte, daß ich vor der Wahl stand, von nun an dem Höheren zu dienen oder weiterzumachen wie bisher und zu sterben. Sollte ich den ersten Weg wählen? Zögernd stimmte ich zu. Ich begann, bei einem Medium, welches in der Nähe wohnte, zu lernen. Meine Familie war darüber sehr unglücklich. Viele Jahre lang wehrte sie sich dagegen und kämpfte mit mir. Ich wußte, daß ich ihre Ansichten nicht ändern konnte; so ging ich dann jeweils in mein Zimmer, weinte und betete um Heilung. In all diesen Jahren bot ich meiner Familie keinen Widerstand; statt dessen betete ich dafür, daß sich ihre Herzen erweichten. Erst viele Jahre später akzeptierten sie meinen Weg, und jeder einzelne in meiner Familie bekannte sich auch zum Espiritismus... außer einer." Paz deutete auf eine Schwester, welche immer noch, achtzehn Jahre später, nicht gläubig war. Paz lächelte und sagte: „Auch sie wird eines Tages Gott annehmen."

Genny und ich dachten über ihre Geschichte nach. Wir konnten uns nicht vorstellen, mit unserer Familie unter dem gleichen Dach zu leben, ohne Widerstand zu bieten. Wäre es wohl möglich, unsere innere Stimme und Führung zu hören und ihr zu folgen? Könnten auch wir mit der gleichen Überzeugung unseren Weg gehen, trotz des Widerstandes unserer Familien, welche einer anderen Glaubernsrichtung angehörten? Was mich an Paz' Geschichte aber am meisten erstaunte, war ihr langes Zögern, den Weg des Dienens zu gehen, welches dann dazu führte, daß sie von ihrer Bestimmung förmlich gejagt wurde, bis sie sich ihr ergab. Wie viele andere Geschichten hatten wir gehört, in denen ein Heiler sich schließlich seiner Höheren Bestimmung unterordnete, wenn ein Traum oder eine Prophezeiung dies von ihm verlangte? Und wie stand es damit bei uns? Wir waren nie auf diese Weise verfolgt worden. Wir waren sehr damit beschäftigt, Gott zu verfolgen und von ihm Geschenke zu erbitten. Vielleicht waren wir zu arrogant.

An diesem Abend besuchten wir Eduardo, ein weiteres Medium. Auf dem Weg zu seinem Gottesdienst erfuhren wir seine Geschichte: Lange Zeit war es sein Hauptinteresse gewesen, Hahnenkämpfe zu veranstalten. Als er dann eines Tages mit seinem Ochsen das Feld pflügte, hatte er einen Unfall. Im selben Augenblick sah er eine göttliche Erscheinung, die ihm gebot, mit den Hahnenkämpfen aufzuhören. Seit jenem Tag hatte er sein Leben ganz in den Dienst des Nächsten gestellt und seine Scheune an Donnerstag-Abenden für seine Nachbarn und alle, die kommen wollten, geöffnet. Man nennt ihn den „Alten Mann Eduardo", denn er zählt über achtzig Jahre.

Als wir seine Kirche betraten, war ich sogleich von diesem einfachen alten Mann eingenommen. In Arbeitskleidung stand er demütig vor einer Gruppe von Menschen, welche auf Bänken saßen. Eduardo war über unser Kommen sehr erfreut und schien es als gutes Zeichen für sich und seine Familie aufzufassen. Er schaute uns mit Augen an, welche hinter den äußeren Schein blicken konnten. Im spärlich erleuchteten Raum saßen wir alle ruhig da. Er ging in Trance, und alle achteten mit großer Aufmerksamkeit auf jedes seiner Worte: „Alles, was sich in unserem Leben ereignet, hat eine besondere Bedeutung. Jedermanns Gegenwart kann dazu benützt werden, etwas Größeres zu suchen und das Göttliche tiefer zu verstehen."

Einer nach dem anderen gingen die Menschen nach vorne, und Eduardo segnete sie. Dann wurden auch wir aufgerufen, und jemand stellte sich neben uns, um für uns zu übersetzen. Es wurde uns gesagt, daß wir unsere Hände offen darbieten sollten, um ein Geschenk zu empfangen. Der alte Mann hielt die Bibel über unseren offenen Händen. Ich schloß meine Augen: Da spürte ich einen Druck auf ihnen, als ob mir wirklich etwas gegeben würde. Ich öffnete meine Augen, um nachzuschauen, doch die Hände waren leer. Da schloß ich die Augen wieder und sah mit meinem inneren Auge, daß meine Hände mit weißem Korn gefüllt wurden. Als ich gerade darüber sprechen wollte, was ich sah, hörte ich Genny sagen: „Ich sehe etwas wie weißes Mehl oder weißes Korn in meinen Händen."

Eduardo erklärte: „Ihr erhaltet spirituelle Nahrung, um euch zu stärken. Betet keine falschen Idole an. Ihr sollt Gott nicht begrenzen." „Oh, nein! Nicht schon wieder dieselbe Warnung", dachte ich. Ich war nahe daran, zu verzweifeln.

Eduardo fuhr fort: „Wenn ihr meditiert, habt ihr Bilder von Gott, über die ihr meditiert. Diese Bilder sind Idole und begrenzen Gott. Laßt diese Bilder frei zu euch kommen und laßt sie frei wieder gehen. Klammert euch nicht an gestern in euren heutigen Meditationen. Begrenzt Gott nicht, indem ihr an diesen begrenzten Visionen und Erfahrungen festhaltet."

Plötzlich fühlte ich mich erhoben und von der Last meiner Persönlichkeit befreit. In diesem Augenblick erkannte ich, daß Gott jene persönliche Seite von mir nicht einmal sieht. Das, was vollkommen ist, sieht nur Vollkommenheit in mir. Gott sieht in jedem von uns nur sich selbst und sagt: „Begrenze nicht den, der ich bin." Plötzlich ergab alles einen Sinn: Um zu lernen, andere nicht zu verurteilen, muß ich zuerst lernen, mich selbst und vor allem die Schwächen, die ich an mir nicht schätze, nicht zu verurteilen. Wenn wir lernen wollen, Gott in anderen zu sehen, müssen wir wissen, daß Gott wahrlich nicht urteilt und nur sich selbst in uns sieht.

Am nächsten Morgen lasen Genny und ich im *Kurs:*

> *„Nimm diese kleine abgeschlossene Seite von dir nicht als dein Selbst an. Die Sonne und der Ozean sind nichts im Vergleich zu dir. Der Sonnenstrahl funkelt nur im Licht der Sonne, und die Welle tanzt, während sie sich auf dem Ozean ausruht. Doch weder in der Sonne noch im Ozean gibt es eine derartige Kraft, wie sie in dir ruht."*

„Der Gedanke Gottes umgibt dein kleines Königreich und wartet am Grenzzaun, den du aufgestellt hast, um hineinzukommen und auf den kargen Boden zu scheinen. Sieh, wie das Leben überall aufblüht."

An diesem Tag hielt uns Paz erneut an, zu meditieren und die Psalmen zu lesen. Jeden Tag fiel es uns leichter, deren Poesie in uns aufzunehmen. Jedes Wort war ein erfüllendes Korn spiritueller Nahrung. Paz sagte: „Lest heute morgen weiter und am Nachmittag werde ich euch in unsere Kirche mitnehmen, wo ihr baden werdet. Das Wasser ist gesegnet und wird euch helfen, euch zu reinigen und euch auf den weiteren Weg vorzubereiten."

Wir kehrten in unser Zimmer zurück und lasen abwechslungsweise in der Bibel und im *Kurs*, der uns oft am meisten aus der Seele sprach:

„So wie Unglaube deine kleinen Königreiche karg und verschlossen erhält, wird Glaube dem Heiligen Geist ermöglichen, den Boden für den heiligsten Garten, den er daraus machen kann, vorzubereiten."

An der Kirche angekommen, wurden wir zuerst auf die Rückseite des Betongebäudes geführt. Man brachte uns einen großen Behälter mit eiskaltem Quellwasser. Wir kleideten uns aus, gossen das Wasser schnell über uns und ließen uns hernach dankbar von der heißen Sonne wieder aufwärmen. Paz fordete uns auf, uns in die Kirche zu setzen, zu beten und die Geister zu sehen, welche vorne standen. Als wir die Fahnen betrachteten, die an den Wänden hingen, fühlten wir uns sanft und friedlich. Das Bad hatte uns zutiefst erfrischt, aber keiner von uns beiden sah etwas Besonderes. „Seid geduldig", sagte Paz, „seid geduldig."

Am nächsten Morgen wurden wir zu einer anderen heiligen Quelle geführt, um ein ähnliches Reinigungsritual durchzuführen. Neben einer kleinen Hütte lagerten mehrere Menschen am Boden. Ihre Glieder waren verkrüppelt. Paz erzählte uns, daß viele hier schon geheilt worden waren. Genny und ich erinnerten uns an die Geschichte in der Bibel, wo Jesus zu einer Quelle kam, wo die Krüppel jedesmal versuchen, ins Wasser zu gelangen, wenn der Engel näher kommt. Hier warteten die Krüppel ebenfalls auf ein Zeichen — sie hofften auf ein Wunder. Einer von ihnen hatte einen riesigen Kropf in der Größe einer Grapefruit, welcher sein Gesicht und seinen Hals völlig entstellte. Er schien große Schmerzen zu leiden. Es fiel mir schwer, mich in meinem Mitgefühl daran zu erinnern, daß ich mich von seinem Leiden nicht überfluten lassen dürfte. Ich wollte an der Quelle für ihn beten, doch ein plötzlicher ungewohnter Impuls ließ mich innehalten, bevor ich damit begann. Ich spürte, daß ich zuerst jene Seite von mir selbst anerkennen mußte, welche so grotesk und unansehnlich ist. Dann erst konnte ich zu Gott um Vergebung und Heilung beten.

Paz forderte uns auf, in den Brunnen zu schauen. Wir sahen beide einen Lichttunnel, der ins Wasser führte. Zuerst trank Genny von dem Wasser, dann tat ich es ihr nach; es schmeckte fürchterlich, aber wir beteten darum, daß es unser Bemühen unterstützte, rein zu werden. Paz ging in Trance und der Geist sprach wieder durch sie: „Ein Medium ist dann gesegnet, wenn es in Gottes Augen würdig ist. Nur Vergebung und Läuterung kann euch darauf vorbereiten. Viele Ausländer kommen hierher und prahlen mit der Diät, welche sie einhalten, mit Yoga und langem Fasten. Doch das einzige Fasten, welches Gott sieht, ist ein Gebets-Fasten. Er kümmert sich nicht darum, was du ißt, oder wieviel du für ihn leidest; er will einzig, daß seine Kinder reinen Herzens sind."

Ich fragte: „Was heißt das, Gebets-Fasten?"

Paz, noch immer in Trance, antwortete: „Heute abend werdet ihr damit beginnen: Während sieben Tagen werdet ihr euch rund um die Uhr alle drei Stunden zum Gebet hinsetzen. Einige der größten Medien auf den Philippinen tun dies bisweilen zweiundsiebzig Tage lang."

Am gleichen Abend stellten wir uns also auf unser Fasten ein. Wir würden normal essen, doch alle drei Stunden würden wir meditieren und die Psalmen lesen. Zu später Stunde ging Paz dann noch einmal in Trance und führte mit Menschen, die sie aufsuchten, Heilungen durch. Sie bat uns, ihr dabei zu helfen.

Die folgende Woche stand für uns ganz im Zeichen des Gebets-Fastens. Die Tage vergingen; unsere Sensitivität wuchs, und wir erkannten, daß es ein ganzes Spektrum psychischer Energien gibt. Der Weg des Schamanen, wie er uns durch Doris übermittelt worden war, und die Arbeit der Philippinischen Heiler unterschieden sich sehr voneinander.

Doris lehrte uns, die Lebenskraft, die Aura, in der ganzen Natur zu sehen — in Bäumen, in Menschen und in Blumen. Diese Kraft konnte uns die ganze Vergangenheit des betreffenden Wesens erzählen und uns zeigen, was es brauchte. Doris wollte, daß wir uns mit der Natur verbündeten, um aus ihrer Stärke schöpfen zu können. Der Schamane lebt sich in die vollkommene Ordnung der Natur ein; dann kann er unter Wasser atmen und Leben sogar im Tod finden, während er einen Pfad über der Erde geht. Er kommuniziert mit den Geistern von Freunden, geliebten Menschen und sogar von Tieren, welche uns Zeichen geben. Die Energie, welche Doris uns entdecken lehrte, war uns vertraut, war erdhaft, stark und bestimmend. Persönliche Kraft zählte, und persönliche Kraft erwarb man sich durch zielgerichtetes Leben, durch Wachsein und das Hören darauf, wie die Welt mit sich selbst sprach. Persönliche Kraft und Verantwortung waren dasselbe. In Doris' Welt gibt es keine Zufälle, keine Entschuldigungen, keine Vorwürfe gegen andere. Die Ursache für den schlimmen Zustand unserer Welt liegt darin, daß viele Menschen mit dem Anspruch leben, daß die Welt für sie sorgen solle, während sie selbst keine Verantwortung für ihre Beziehung zur Erde übernehmen. Fähig zu werden, der Erde soviel zu geben, wie wir von ihr nehmen, ist das einzige, was uns wieder mit der Natur in Einklang bringen wird.

Nach Paz' Ansicht ist die Person und die persönliche Kraft nichts. Nur durch völlige Demut bis zum totalen Verneinen des kleinen Selbst kann man bereit und Gottes Liebe würdig werden. Bei ihr fühlten wir eine himmlische und friedvolle Gegenwart, welche uns über unser kleines Selbst und über die Schwingung der Erde hinauszuführen schien. Doris heilte mit Kräutern und Naturgeistern; Paz suchte Gottes Werkzeug zu sein, und es war ihr höchstes Anliegen, die Existenz Gottes als Ursprung allen Heilens zu demonstrieren.

Der Schamane wendet sich an die Aura des Menschen und seiner Organe, an jeden Lebenszyklus seines Geistes und an jene Naturkräfte, welche sich in nächster Nähe des Patienten befinden. Die Philippinischen Heiler redeten vom Himmel und vom Heimgehen. Allmählich lernte ich die verschiedenen Manifestationen von Energie unterscheiden. Die spirituelle Welt ist weit und komplex und läßt sich nicht leicht in Annahmen und Schlußfolgerungen fassen. Als Westler öffnen wir uns diesen Energien ganz unbedacht und wissen nicht, wem, was oder wozu wir uns öffnen. Unser Geist wird von psychischen Eindrücken überflutet und wir glauben, daß diese Erscheinungen etwas Besonderes darstellen. Ich begann zu ahnen, daß wir uns zuerst einer strengen Disziplin verpflichten mußten, bevor unsere Herzen uns eine Vision von Gott zeigen konnten.

Wir stürzten uns immer seltener in äußerliche Aktivitäten, und so floß der Strom unserer Aufmerksamkeit in der vielen freien Zeit auf natürliche Weise nach innen. Wir begannen, unser Leben aufzuräumen. Uns wurde klarer, was uns hierher geführt hatte. Ich sah zum Beispiel, wie wichtig es für mich gewesen war, meine Gefühle zu erforschen und auf diese Weise die Extreme meiner Emotionen annehmen zu können. Ich konnte sehen, wie arrogant ich gewesen war, zu denken, daß ich etwas über die wahre Natur unseres Daseins wußte. Ich hatte Doris' Hilfe dringend gebraucht; sie wies meinem begrenzten Wissen seinen richtigen Stellenwert zu, zeigte mir aber auch die andere Seite, welche mein Ego in eine kleine Insel in einem großen Ozean verwandelte. Ich mußte einen höheren Sinn für mein Leben finden, sonst wäre ich von den Wellen überschwemmt worden. Das Leben selbst enthüllte mir, wie bedeutungslos mein kleines Inselchen war, und ich erzitterte im großen Ozean des Universums.

Doris und später auch Genny hatten mich von der öden Felsenküste auf dieser einsamen Insel zu einem Ort gebracht, wo sie mit dem Ozean zusammenwuchs. Meditationen und Träume hatten mich dabei geführt, doch es war Doris' und Gennys bedingungslose Liebe, die mein Suchen nach einem höheren Sinn in meinem Herzen erweckt hatte, aufgrund dessen ich meinen weiteren Weg verstehen konnte.

Genny und ich sahen, wie gering unsere Fähigkeit war, zu empfangen und zu geben. Jedesmal, wenn wir ein Medium in Trance erlebten und diese Sanftheit, die es durchströmte, spürten, sehnten wir uns danach, auch auf diesem Weg zu gehen. Das psychische Operieren, das äußere Phänomen der Philippinischen Heiler, ist wie eine große Fahne, die jeden an die Existenz Gottes als die Quelle allen Heilens erinnert. Gott ist für ein Medium dann zugänglich, wenn es sein ganzes Wesen zur Verfügung stellt, um von Seiner Gegenwart als Instrument gebraucht zu weden. Hier, bei Paz, wurde Religion konkret gelebt. Die Medien riefen Jesus, die Jünger, die Engel und alle Himmelsfürsten an und begegneten ihnen in ihrem reinen Herzen.

Ich erinnerte mich daran, was mir Alberto über die Geister von primitiven Stämmen in Afrika und einigen Gruppen in Südamerika erzählt hatte; sie beschreiben sie auf genau gleiche Weise wie die Medien auf den Philippinen, nur daß sie nicht unbedingt biblische Bezüge herstellen. Es wurde uns immer deutlicher, daß sich Heiler auf der ganzen Welt, obwohl in verschiedenen Kulturen lebend, an die gleichen Energien anschließen. Der Offenheit ihres Herzens entsprechend ziehen sie unterschiedliche Grade reiner Energie an, mit der sie dann heilen.

Im Laufe der Woche zeigte sich unser Widerstand zu meditieren in unserer Langeweile und in unserer Ungeduld. Ich erkannte, daß eine Seite in mir immer wieder eine Erscheinung, eine

Vision oder ein besonders friedliches Gefühl brauchte, um eine Meditation als Erfolg einzustufen. Es war, als ob ich ein Bonbon haben mußte, um mein Leben zu versüßen, da ich seine natürliche Süße nicht kannte. Ich war nicht fähig, Seine Essenz zu erfassen; ich wollte Ihn sinnlich erfahren. Ich sah, wie ich dauernd Bestätigung brauchte, auf dem richtigen Weg zu sein.

Unser einfaches Leben im Dorf und regelmäßiges Meditieren brachten uns dazu, die Suche nach dem Größeren Selbst aufzunehmen. Wir hatten wenig Ablenkung, und die ganze Umgebung forderte uns auf sanfte Weise auf, nach innen zu gehen. Jeden Tag machten wir Spaziergänge, hielten uns an den Händen und schauten den Kindern zu, welche uns beobachteten. In den Eingangstüren der Häuser standen Menschen, lächelnd, ohne Eile. Der langsame Gang des Lebens hier übte eine große Anziehungskraft auf uns aus. Wir spürten die üblichen Zwänge nicht, die sonst unsere Aufmerksamkeit so sehr in Anspruch nehmen.

Wir erlebten die Erfüllung unserer Träume: Wir hielten uns in einer fremden Kultur auf und suchten hier ein spirituelles Leben. Wir erkannten, wie die Mittel, mit denen wir uns zu Hause zerstreuten — Fernsehen, Zeitungen, Filme —, große Bereiche unseres Bewußtseins einnahmen und damit Gott seinen Ihm gebührenden Platz wegnahmen. Indem wir uns vom Geplauder und den Beschäftigungen unseres Alltags, die wir zu Hause immer als feststehende Tatsachen hingenommen hatten, entfernten, spürten wir hier nun, wieviel Leere wir damit vermieden, indem wir sie mit Aktivitäten füllten, die uns nicht wirklich befriedigten.

Während wir hier also die Erfüllung unserer Träume erlebten, redeten ironischerweise fast alle Philippinos, die wir trafen, davon, wie gern sie nach Amerika reisen wollten. Langsam begriffen wir, daß die Geheimnisse, die wir in weit entlegenen Dörfern vermuteten, in uns selbst lagen. In jeder Kultur sind die Menschen herausgefordert, durch die Zerstreuungen und durch die Versuchungen ihrer persönlichen Wünsche hindurchzugehen, um den gemeinsamen Atem in allem zu finden. Nur dann finden wir das eine Herz, das in uns allen schlägt, das Wissen, daß alles Teil Gottes ist. Als ich das in diesem abgelegenen heißen, schwülen Dorf erkannte, begann sich in mir eine innere Zielrichtung herauszubilden, die alle meine Erfahrungen sinnvoll miteinander verband. Ich wußte mit wachsender Gewißheit, daß in jedem Versuch, die Wahrheit zu leben, auf wunderbare Weise das ganze Universum mitschwingt. Alles, was ich in diesen Augenblicken wollte, war, ganz ich selbst sein.

Kapitel 10

An heiligen Tagen und zu besonderen Gelegenheiten gingen viele Menschen aus diesem Dorf in die Berge oder in andere abgelegene Gegenden. Bei diesen „Missionen“, wie sie es nannten, halfen sie Armen und Kranken, suchten eine Vision oder empfingen die Segnungen eines besonderen Lehrers, der in solch einem zurückgebliebenen Landesteil lebte.

Wenige Tage nach unserer Ankunft bereits wurden wir zu einer solchen Missions-Reise eingeladen. Andere hatten schon monatelang darum gebetet und darauf gewartet. Frühmorgens trafen sich alle in Paz' Kirche, um für eine sichere Reise zu beten. Wir hatten eine fünf- bis sechsstündige Fahrt vor uns, die uns weit in die Berge zu einem alten Medium namens Schwester Rose führen sollte. Alle, die von ihr sprachen, nannten sie „Weiße Rose“ als Symbol ihrer Reinheit. Paz erklärte uns, daß Schwester Rose viele Jahre lang ihre Lehrerin gewesen war; und sie war es auch, die unsere Reise auf die Philippinen und unseren Besuch bei Paz vorausgesagt hatte.

Alle wurden aufgefordert, sich eine Weile nach innen zu wenden, um sich über den Sinn dieser Mission klarzuwerden. Einige wünschten sich, körperlich geheilt zu werden; andere suchten Rat und Richtlinien für ihr Leben; Genny und ich entschieden uns dafür, unser höchstes Ziel erfahren zu wollen. Weshalb waren wir hier?

Wir bestiegen einen großen Jeep, der als offener Bus gebaut war. Dichtgedrängt saßen etwa zwanzig Menschen, wo eigentlich nur Platz für zehn oder zwölf war.

Während unser Gefährt langsam die Bergstraßen hinaufkroch, bestaunten Genny und ich die Gegend, wo weite Reisfelder sich an grüne Tropenwälder reihten. Manche Straßenabschnitte waren von kürzlichen Regenstürmen ausgewaschen worden. Mehrere Male mußten wir aussteigen und neben dem Bus durch

Flüsse waten, welche die Straße überschwemmten. Da erkannten wir, daß das Gebet um sichere Reise kein leeres Ritual war. Genny und ich hatten den Tag mit einer Lektion des *Kurs* begonnen:

> *„Jeden Tag, jede Stunde, jeden Augenblick wähle ich aus, was ich anschauen will, welche Klänge ich hören will, wer bezeugen soll, was für mich die Wahrheit zu sein hat."*

Unterwegs erklärte uns Paz, daß dort, wohin wir fuhren, kein Telefon und keine anderen Kommunikationsmittel vorhanden waren, fügte hierauf, um uns zu beruhigen, aber bei, daß sie Schwester Rose auf telepathischem Wege eine Botschaft geschickt hatte, um sie über den Tag und die ungefähre Zeit unserer Ankunft zu informieren. Als sich der Bus dann den letzten Straßenabschnitt zu einer kleinen Ansammlung von Häusern hochkämpfte, stand zu unserer Freude die große Weiße Rose im Eingang ihres Hauses, spähte durch den Regen und wartete auf uns. Da es sehr lange geregnet hatte, brauchten wir eine Viertelstunde, um die fünfzehn Meter Schlamm vom Bus bis zu Rose' Hütte zu durchqueren, welche auf hohe Pfähle gebaut war.

Schwester Rose war klein und wog nur wenig, aber ihre Ausstrahlung war gewaltig. Während sie sich lachend vor jedem von uns verneigte, lobte sie unseren Mut, eine solche Reise zu wagen. Sie erhoffte sich, wie sie uns mitteilte, daß es zu regnen aufhörte, so daß sie am nächsten Tag den Weg bis zur Kirche schaffen konnte, welche weitere dreißig bis vierzig Meter davon entfernt stand. Wie gewohnt wurde uns Schwarztee und Kaffee angeboten. Genny fragte nach der Toilette, und man zeigte ihr einen Raum im hinteren Teil des Gebäudes; er war leer, und durch den aus Bambus geflochtenen Boden konnte sie etwa einen Meter unter sich die Erde sehen. Da sie keinen Ausgang aus diesem Raum fand, kehrte sie zurück und fragte nochmals. Alle lachten, als sie Gennys Lage erfaßt hatten, und jemand versuchte ihr zu erklären, daß der ganze Raum die Toilette darstellte. Man hockt sich einfach irgendwohin, und nachher schickt man das, was man zurückgelassen hat, mit etwas Wasser zur darunterliegenden Erde. Jedermann schien sich an unserer Unbeholfenheit zu ergötzen.

Paz hatte uns schon einiges über Schwester Rose erzählt. Man hatte uns auch gesagt, daß sie sich ständig in einem anderen Bewußtsein befand und daß wir sehr aufmerksam auf jedes ihrer Worte achten sollten. Wenn sie in Volltrance ging, würden wir dies sogleich merken. Alle redeten im lokalen Dialekt miteinander und Paz übersetzte für uns.

Als Schwester Rose unsere Geschichte von Paz gehört hatte, wandte sie sich an uns mit den Worten: „Ihr hattet diese Kräfte schon einmal zur Verfügung und Ihr verlort sie wieder. Ihr werdet alles bekommen, wonach Ihr verlangt; und noch vieles mehr, aber Ihr dürft Euch nicht an materielle Dinge klammern!" Ihre Worte blieben uns im Gedächtnis und wir versuchten, ihre Bedeutung zu verstehen.

Es war kühl geworden, und alle gingen früh zu Bett. Der Regen hatte nachgelassen, und wir suchten unseren Weg zur Kirche; deren Betonboden diente uns als Bett, und mit den Kleidern deckten wir uns zu. Um auf diesem harten Bett schlafen zu können, versuchte ich, mir den Boden als grüne Wiese vorzustellen, hatte damit aber nur beschränkten Erfolg. Als wir bei Tagesanbruch erwachten, fühlten wir uns erstaunlicherweise sehr wohl, und die Steifheit im Körper verschwand sehr schnell. Noch vor dem Frühstück wurden wir alle aufgefordert, zu meditieren und zu danken, weil auch noch ein anderes besonderes Medium rechtzeitig für den Gottesdienst eingetroffen war.

Alle warteten draußen in der Sonne, bis Schwester Rose mit dem Stock ihren Weg zur Kirche hinter sich gebracht hatte. Als sie in unsere Nähe kam, entschuldigte sie sich dafür, daß ihr Englisch nicht besonders gut sei. Wir waren verlegen, denn wir hatten bisher versäumt, wenigstens ein paar wichtige Worte ihrer Sprache zu lernen. Jemand sagte uns, daß dieses Zusammensein mit Schwester Rose für uns sehr wertvoll sei und daß wir ihr jedes

Anliegen vorbringen könnten. Ich erzählte ihr unsere und Doris' Geschichte und bat sie, Doris Heilenergien zu senden. Genny fragte nach ihrer Großmutter, die in den Vereinigten Staaten lebte und über achtzig Jahre alt war.

„Ich werde beide heute Nacht besuchen", versprach Schwester Rose. „Ich arbeite immer spät in der Nacht, wenn die Luftwellen nicht so belebt und unruhig sind. Doch jetzt sollten wir über euch zwei sprechen."

Sie stand da, ließ ihren Blick über uns schweifen und fuhr lächelnd fort: „Heute sollt ihr mit dem Zeichen und dem Siegel des Heiligen Geistes gesegnet werden. Ein „Z" wird auf eure Stirnen gemalt werden, so daß der Heilige Geist euch erkennt, wo immer ihr hingeht." Ich verstand die Bedeutung ihrer Worte nicht, doch bevor ich Fragen stellten konnte, wurden wir in die kleine Kirche geführt und der Gottesdienst begann.

Außer unserer Gruppe füllten noch viele andere Menschen jede Ecke des Raumes. Der Gottesdienst begann damit, daß alle stehend sangen. Jemand übersetzte uns die Texte und erklärte, daß dies nun die Zeit war, in der die Gebete aller Anwesenden erhört wurden, falls sie nicht schon vorher auf unerklärliche Weise erfüllt worden waren. Schwester Rose, Paz und das dritte Medium stellten sich vorne auf. Jedes Mal, wenn eines von ihnen in Trance ging, stellten wir fest, daß sich seine Stimme veränderte. Eine stille Spannung lag in der Luft. Plötzlich erschien uns die kleine Schwester Rose viel größer als jeder andere im Raum; sie besaß die Ausstrahlung und die Kraft eines Moses, und ihre kleine Stimme war zu einem großen Wind geworden, der die ganze Kirche ausfüllte. Wir verstanden kein Wort von dem, was sie sagte, doch wir konnten deutlich spüren, daß die Atmosphäre sich veränderte. Die Menschen wurden still und ließen sich von den Botschaften der Medien fesseln. Deren Körper schienen in Feuerflammen aufzugehen, und ihre Stimmen klangen, als ob sie von dem Gipfel eines heiligen Berges predigten. Dann kündigte eines der Medien an, daß Apostelgeschichte 2, Verse 1-4, die

Anwesenheit des Heiligen Geistes bestätigte. Wir nahmen unsere Bibel zur Hand:

„Als der Tag der Pfingsten gekommen war, waren sie alle einmütig beieinander. Und plötzlich kam ein Brausen vom Himmel wie das eines gewaltigen Windes, und es erfüllte das ganze Haus, da sie saßen. Und es erschienen ihnen Zungen wie die eines Feuers, die ruhten auf jedem von ihnen. Und sie wurden alle erfüllt vom Heiligen Geist und begannen in anderen Zungen zu sprechen, so wie der Geist es ihnen gebot."

Wir saßen da und versuchten, unsere Gefühle mit dem Inhalt dieser Bibelstelle in Einklang zu bringen. Da berührte uns jemand und sagte uns, daß wir nach vorne gerufen wurden. Je mehr wir uns der Stelle, wo die Medien standen, näherten, desto stärker fühlte ich in der Atmosphäre eine Kraft und eine Gegenwart, die mich beinahe überwältigte. Ich tat jeden Schritt hellwach und bewußt. Als wir vorne angelangt waren, übersetzte jemand für uns: „Gott schützt diejenigen, welche das Siegel des Heiligen Geistes tragen. Indem ihr dieses Siegel empfangt, werdet ihr Seine Gegenwart fühlen. Alle Menschen in dieser Welt, welche das Zeichen des Heiligen Geistes tragen, werden einander begegnen und einander sogleich erkennen. Der Heilige Geist fühlt, daß solche, die den Tod nicht schmecken werden, da sind. Diese Kraft ist auf der Erde gegenwärtig und kann von denjenigen gefühlt werden, welche das Siegel des Heiligen Vaters tragen."

Bevor ich diese Worte in ihrer vollen Bedeutung verstehen konnte, verlor ich mich in der Erfahrung der inneren Welt. Als die Medien ihre Hände über die Bibel und unter die Flagge hielten, welche lose von der Decke herabhing, begann ich zu schwanken. Ich fühlte mich völlig nackt, und es gab nichts mehr zwischen Gott und mir. Ich gab Ihm meinen Willen, meine Hoffnungen, meine Dunkelheit, meine Liebe — ich gab Ihm alles von mir; ich gab mich für alle Ewigkeit Seiner Gegenwart hin.

Im selben Augenblick spürte ich, wie mich eine ungeheurc

Energie durchströmte; ich war in Ekstase! Jedes Atom meines Körpers schwang in weißem Licht und in Liebe. Zuerst schaute ich mir gleichsam von außen zu, dann aber war ich in mir drin und fühlte, daß ich im Mittelpunkt der Gnade stand, einem Zustand des Vergebens und der Unschuld. Als nächstes nahm ich wahr, daß ich kniete. Als ich mich nach Genny umschaute, sah ich sie mit dem anderen Medium zusammen weinen. Mein Körper war so weit hinaufgetragen worden, daß er sich nicht mehr mit Tränen zu erleichtern brauchte. Eine heilige Paste wurde auf unsere Handflächen aufgetragen und uns eingerieben, während wir die Worte hörten: „Ihr empfangt jetzt die Gabe des spirituellen Operierens. Eines Tages werdet ihr zurückkehren, um die Gabe des materiellen Operierens, der psychischen Chirurgie, zu erhalten."

Als ich langsam wieder im mein Alltagsbewußtsein zurückkehrte, sah ich, daß die ganze Versammlung immer noch stehend sang, und ich fragte mich, wieviel Zeit wohl vergangen sein mochte. Jemand sagte zu uns: „Ihr müßt dafür beten, daß eure weltlichen Begierden geringer werden. Ihr müßt euch auf euren spirituellen Fortschritt konzentrieren."

Wir wurden zu Stühlen geführt; viele Menschen scharten sich lächelnd um uns und gratulierten uns. Genny und ich schauten einander an und fielen uns weinend in die Arme. Mein Verstand versuchte auf irgendeine Weise zu begreifen, was mit uns geschehen war, doch statt dessen spürte ich nur unsere Umarmung. Ich fühlte mich zugleich leer und voll, als ob ich soeben auf die Welt gekommen sei. In Gennys Augen sah ich, daß auch sie erfahren hatte, daß sich der innerste Wesenskern von uns beiden mit dem anderen in einem gemeinsamen Ziel vereinigt hatte.

Später beschrieb Genny ihre Erfahrung dieser langen Momente so: „Wir wurden mit Feuer gesegnet. Mir wurde die Kraft des Wortes gegeben; es wurde in meine Hände gelegt, um Gottes Werk zu tun. Dann überkam mich ein friede- und lichtvolles Gefühl. Ich war in einer Höhle und empfing das Geschenk der Erde und der Natur aus einem intensiv leuchtenden Licht. Das

Licht war ein riesiges Feuer. Ich fühlte mich sehr schwach, doch ich nahm meine letzte Kraft zusammen, um für die Segnungen zu danken. Ich betete, Seinen Willen tun und Seine Stimme hören zu dürfen. Als ich meine linke Hand anschaute, sah ich in ihrer Mitte ein leuchtendes Rot. Sie fühlte sich schwer an, als ob ich ein mächtiges Werkzeug in ihr tragen würde. Dann schaute ich zu Bruce hinüber und sah ihn vor Gott knien. Ich fühlte uns beide wie nie zuvor vereint."

Zum Schluß forderte man uns auf, die folgenden Bibelstellen zu lesen:

„Gott ist Geist, und die ihn anbeten, müssen Ihn im Geist und in der Wahrheit anbeten." – Joh. 4, 24

„‚Ich bin das Alpha und das Omega, der Anfang und das Ende', spricht Gott, der Herr, der da ist, der da war und der da kommt, der Allmächtige." – Offenbarung 1,8

„Dann zeigte er mir den Strom des Wassers des Lebens, klar wie ein Kristall, welcher vom Thron Gottes und des Lammes ausging und in der Mitte der Straße durch die Stadt floß; er zeigte mir auch auf beiden Seiten des Stromes den Baum des Lebens mit seinen zwölf verschiedenen Früchten, welcher jeden Monat seine Frucht trug; und die Blätter des Baumes werden alle Völker heilen. Nichts wird mehr verflucht sein, sondern der Thron Gottes und des Lammes wird darin sein. Und seine Diener werden ihn anbeten; sie werden sein Angesicht sehen, und sein Name wird auf ihren Stirnen stehen." – Offenbarung 22, 1-4

Der Gottesdienst ging zu Ende. Schwester Rose kam zu Genny und mir und umarmte uns. Sie sagte: „Lest oft den 23. und den 27. Psalm, bis wir wieder beieinander sind." Sie lächelte und umarmte uns noch einmal.

Kapitel 11

Wir verbrachten eine weitere Nacht auf dem harten Boden der Kirche. Bevor wir dann zum Haus von Paz zurückfuhren, kam Schwester Rose noch einmal zu uns und erzählte uns, daß sie in der Nacht Doris besucht hatte. „Sie fühlt sich sehr einsam", sagte sie, „doch es sind viele Geisthelfer bei ihr. Ich gab ihr ein spirituelles Geschenk für ihr Herz." Dann wandte sie sich an Genny und begann, ihr den genauen Ort und die Anordnung der Gebäude auf der Farm ihrer Großmutter zu beschreiben. Ohne daß wir ihr ein Wort über den körperlichen Zustand der Großmutter gesagt hatten, teilte uns Schwester Rose mit: „Sie litt an Schmerzen in ihren Beinen. Ich gab ihr Injektionen. Sie war von meiner Gegenwart überrascht, denn sie kannte mich nicht, aber sie akzeptierte die Heilenergien. Ich werde ihr noch mehr davon senden."

Unsere Lehrzeit bei Paz nahm eine neue Wendung. Während wir in ihrer Küche unser Frühstück einnahmen, erschien eine junge Lehrerin mit stark geschwollenem Gesicht an der Türe. Ich warf nur einen Blick auf die junge Frau und wußte sogleich, daß Genny und ich mit ihr arbeiten würden. Im selben Augenblick sprach Paz: „Ihre Krankheit ist geistiger, nicht körperlicher Natur. Ärzte können ihr nicht helfen. Der Heilige Geist gebietet Euch, alle drei Stunden mit ihr zu arbeiten."

Weitere Heilungsarbeit folgte: Eine Frau mit entzündeten Augen suchte uns auf, eine andere mit einer Ohrinfektion. Auch Paz' Nichte, die an hohem Fieber litt, ließ sich von uns behandeln. Zwischen den Behandlungen lehrte uns Paz: „Krankheit kann aus drei verschiedenen Gründen entstehen: Erstens kann sie von niederen Kräften verursacht sein; zweitens ist sie oft die Folge von Nachlässigkeit; drittens kann Sünde die Ursache einer Krankheit sein. Es ist dabei nicht unbedingt so, daß wir von Gott bestraft werden, aber alle unsere Handlungen wirken sich auf unseren weiteren Weg aus. Wir werden, entsprechend unserer eigenen höheren oder niedrigeren Gedanken, von höheren oder niedrigeren Kräften beeinflußt. Im Körper erleben wir die Auswirkungen unserer inneren Einstellung; und unsere Gedanken bestimmen die Qualität der Kräfte, welche uns leiten."

Wir konnten uns gut mit Paz' Theorie anfreunden, denn sie bewertete Krankheit nicht als etwas Negatives, sondern führte uns zur tieferen Wahrheit, daß Krankheit uns daran erinnert, daß unsere Gedanken und unser Verhalten Konsequenzen haben. Genny und ich hatten dies schon einige Male diskutiert, und wir versuchten, nicht unseren Verstand die Ursachen der Krankheit beurteilen zu lassen, sondern in unserem Herzen zu fragen: „Welchen Segen kann dieser Augenblick bringen? Hilf mir, die göttliche Gegenwart, welche als Krankheit verkleidet daherkommt, in jedem Menschen zu erkennen."

Wir wußten schon damals, daß in unserer Arbeit das Heilen nicht die erste Rolle spielen würde, sondern daß wir vor allem andere darin unterstützen wollten, ihr Göttliches Selbst zu erfahren. Die Notwendigkeit des Krankwerdens und die Krankheit selbst verschwinden, wenn wir diese Erfahrung machen.

An diesem Abend arbeiteten wir wieder mit der Großmutter von Paz, die an Verstopfung litt. Nachher betete Paz und vermittelte uns hierauf die Gabe der spirituellen Injektion. Genny und ich mußten unsere rechte Hand auf die Bibel legen, um zu fühlen, wie die Heilenergie eine unsichtbare Spritze in unseren Händen füllte. Wir gaben der ganzen Familie spirituelle Injektionen. Der tiefe Glaube in diese Heilkraft, den wir bei allen spürten, half uns, unserer eigenen inneren Führung darin zu vertrauen, unsere Hände zu den richtigen Körperstellen zu lenken. Im selben Ausmaß, wie ich mich der inneren Wirklichkeit anvertrauen konnte, fühlte ich, wie meine Finger genau zu derjenigen Stelle geführt wurden, welche berührt werden mußte. Meine Sinne sprachen jetzt von innen zu mir, statt wie früher Informationen in der Außenwelt zu sammeln. Mein Führer zeigte mir, daß Paz' Bruder an Atem- und Verdauungsbeschwerden litt, was sich beim Nachfragen als zutreffend erwies. Je mehr ich zur Ruhe kam und die Gegenwart der inneren Stimme annahm, desto lauter konnte ich sie in mir hören.

Es war mir klar, daß diese medizinischen Anklänge im psychischen Heilen ihren Grund zum Teil darin hatten, daß es an Ärzten mangelte. Dennoch ging es bei der Metapher einer spirituellen Injektion noch um mehr. Die Heiler hatten die Fähigkeit entwickelt, sich vorzustellen, wie die allerreinste Liebe des Universums eine unsichtbare Spritze anfüllt, die sie dann dem Patienten injizieren. Auch wenn es wahr ist, daß im Heilen nur zählt, worein wir unseren Glauben setzen, dann lebte ich immer noch lieber in einer Kultur, die an Injektionen von spiritueller Liebe glaubt statt in einer, die an Drogen glaubt. Die inneren Vorstellungsbilder, die ein Heiler und ein Patient hervorbringen, können Unglaubliches bewirken, vor allem, wenn der Patient sich aktiv darauf einstellt, daß er in der Behandlung Liebe empfängt. Und wenn Krankheit ja in letzter Konsequenz durch Mangel an Liebe verursacht wird, könnte man sich da wohl eine bessere Behandlung wünschen?

Paz erklärte uns den Unterschied zwischen spirituellen Injektionen und Operationen, wo alles unsichtbar vor sich geht, und psychisch-materiellen Injektionen und Operationen. Wenn ein Heiler sein Bewußtsein so weit entwickelt hat, daß er das Unsichtbare als ebenso wirklich wahrnehmen kann wie das Sichtbare, dann können seine Injektionen wirklich blutende Stellen hinterlassen oder die Haut wird bei Operationen wirklich geöffnet. In diesen Fällen ist die Existenz der Liebe Gottes zu einer körperlichen Realität geworden. Der Heiler fragt sich: „Weshalb soll der Patient die Injektion oder die Operation nicht auch so stark spüren wie ich die Spritze oder meine Hand in seinem Bauch fühle?"

Je mehr der Heiler sich diesen Bewußtseinszustand erarbeitet hat, desto weniger begrenzt er die Kraft der Liebe, welche seine

Hände führt. Je mehr der Heiler sich dem Potential bedingungsloser Liebe öffnet, desto leichter kann er begreifen, daß Liebe Materie verändern kann. Unser Glaube in die göttliche Heilkraft wuchs, und wir stellten uns vor, wie durch die Liebe in einer solchen Liebesinjektion oder -operation die Harmonie der Liebe im Körper wiederhergestellt wird.

Wir begannen zu verstehen, daß man nicht nur aus dem Grunde ärztliche Handlungen imitierte, um den Mangel an ärztlicher Behandlung zu kompensieren, sondern auch, um Gott einen Platz in der Alltagswirklichkeit zu geben. Es war ja auch etwas sehr Handfest-Praktisches, etwas sehr Glaubwürdiges an einer spirituellen Injektion.

In den folgenden Tagen wurden wir auch in spirituelles Röntgen eingeführt. Das Medium hielt ein leeres Blatt Papier vor den Körper des betreffenden Menschen und bat darum, seinen inneren Konflikt oder seine Krankheit sehen zu dürfen. Ein anderes Medium demonstrierte uns seine eigene Diagnosemethode: Sie ergriff das Handgelenk des Patienten, übte dabei mit einem Finger einen kräftigen Druck aus und las dann aufgrund ihrer Hellsichtigkeit den Blutdruck des betreffenden Menschen.

In dieser Gegend waren Ärzte damals eine Seltenheit, zum Teil, weil das öffentliche Gesundheitswesen wenig gefördert wurde, aber auch, weil die Menschen wieder mehr auf ihre eigenen inneren Quellen vertrauten. Regierung und Ärzteschaft gingen nicht gegen die Heiler vor, denn sie erkannten, daß diese eine sehr wertvolle Rolle im Gesundheitswesen spielten und die Bedürfnisse vor allem der armen Bevölkerung, um die sich sonst niemand kümmerte, stillten.

Interesssanterweise waren einige Heiler, welche die Fähigkeit des psychischen Operierens entwickelt hatten, eines Tages zu dem einfachen Handauflegen zurückgekehrt. Parallelen zur modernen Medizin schienen ihnen letzten Endes unnötig und vielleicht für diese geheiligte Erfahrung auch zu profan. Genny und ich begannen ähnlich zu fühlen; uns interessierten nicht die psychischen Gaben, mit deren Hilfe die Heiler ärztliche Handlungen ohne ärztliche Ausbildung und Ausrüstung vornehmen konnten, sondern das potentielle Bewußtsein eines Heilers. Nirgendwo sonst wurde so klar erkannt, daß Heilen weit über Behandeln körperlicher Symptome hinausgeht und ein Vorgang ist, durch den Liebe und Glaube im Patienten wieder ihren Platz finden dürfen.

Dies war unsere Inspiration! Inmitten von Armut und Krankheit floß zwischen Heiler und Patienten nicht mehr und nicht weniger als die Reinheit der Unschuld. Liebe, Güte, vor allem aber Unschuld waren die Ecksteine einer jeden Kirche.

Wir erlebten, daß das Fehlen einer medizinischen Ausrüstung einen sehr direkten Kontakt zwischen Heiler und Patient zur Folge hat. Es gab keine Medikamente, keine Kräuter, keine Diagnosen; es brauchte für eine heilende Beziehung nur die eigenen Hände und ein offenes Herz. In dieser Einfachheit geschah dann das Unfaßbare, welches wir nur durch unsere eigene Erfahrung verstehen konnten.

Tag für Tag und Abend für Abend wohnten wir den verschiedensten Heilungsgottesdiensten bei. Meine wohlgeordneten Glaubensgrundsätze über die physische und die spirituelle Welt wurden derart durcheinandergeschüttelt, daß schließlich auch mein Körper zusammenbrach. Wieder hatte ich hohes Fieber. Ich wußte nicht mehr, in welcher Sprache ich denken sollte. Brannte das spirituelle Feuer meiner Einweihung bei Schwester Rose immer noch in mir? Wehrte ich mich angstvoll gegen das Erwachen meiner wiederentdeckten Heilfähigkeiten? War das Fieber, das mich einige Wochen zuvor niedergeworfen hatte, wieder ausgebrochen? Oder litt ich immer noch an Malaria? Während ich fieberglühend im Bett lag, versuchte ich herauszufinden, welcher Welt ich angehörte.

Wann immer ich in dieser Nacht und am nächsten Tag meine Augen öffnete, sah ich Paz auf Händen und Knien an meinem Lager. Alle drei Stunden erschien sie neben meinem Bett, wusch mich mit einem in heißem Wasser und Essig getränkten Schwamm und betete für mein spirituelles Weiterkommen. Ich hörte, wie sie um ein göttliches Eingreifen bat, damit ich am nächsten Tag zur Kirche gehen und am Heilungsgottesdienst teilnehmen konnte. Ich glühte, schwitzte, stank nach Essig, und es war mir sehr lästig, meine Körperlichkeit zu spüren, doch Paz pflegte mich die ganze Zeit aufopfernd, wechselte meine Bettlaken und schien mich nur als Garten voll wunderschöner, blühender Blumen zu sehen. Mein körperliches Wohlergehen war ihr einziger Wunsch. Nach all den Zeremonien, den neuen Erfahrungen und vielen Einsichten erlebte ich nun am eigenen Leibe, was ein Heiler wirklich ist, und ihre Liebe half mir, demütiger zu werden.

Natürlich saß ich am nächsten Morgen um acht Uhr zum Gottesdienst in der Kirche. Alle standen und sangen. Paz, das Medium dieser Kirche, ging in Trance und übermittelte eine Botschaft für den ganzen Ort. Der Geist, der durch sie sprach, zitierte viele Bücher und Bibelstellen, um seine Botschaft zu erhärten. In den nächsten Stunden gingen immer wieder Menschen nach vorne, und ganz selbstverständlich sprach man voreinander über seine Abenteuer mit Gott, seine Sehnsüchte und seine Erfahrungen.

Mein Körper erschauerte; ich fühlte mich abwechselnd heiß und kalt. Um uns herum war alles in ständiger Bewegung — Kinder, Katzen, Hühner und Hunde kamen und gingen.

In einem bestimmten Moment stand dann die ganze Versammlung wieder auf und begab sich nach vorne. Dort legten sie ihre Wertsachen — Brieftaschen, Geldbeutel, Familienschätze, aber auch das Essen dieses Tages auf einen Tisch. Während alle um diesen Tisch herumstanden, führte Paz eine Segnungszeremonie durch, in der sie darum bat, daß uns unsere Schätze in der physischen Welt zu unserem größeren Schatz im Himmel führen mögen. Dies war das allwöchentliche Ritual in dieser Kirche; alle dankten für ihre Besitztümer und baten sogar darum, daß ihre

Schulden gesegnet seien, um einem höheren Zweck zu dienen. Sie sagten, daß sie ihre Armut mit der wahren Quelle des Wohlstandes in Einklang bringen wollten.

Es war inzwischen Mittag geworden und Ruhe kehrte ein, als der Heilungsgottesdienst begann. Plötzlich befanden sich viel mehr Menschen im Raum, und jemand erklärte uns, daß viele Mitglieder anderer Kirchen, ja sogar einige katholische Priester zur Heilungszeremonie hereinschlüpften oder, wie Paz dies lächelnd nannte, „sich einschlichen".

Paz und andere Heiler bereiteten Tische vor, auf die sich die Heilungssuchenden legen konnten. Auf einem der Tische stand Watte und Öl für psychische Operationen bereit. Schon nach kurzer Zeit hatte sich vor jedem Heiler eine Schlange von zwanzig bis dreißig Menschen gebildet. Paz bedeutete Genny und mir, nach vorne zu kommen und zu assistieren.

Die ganze Kirche vibrierte vor Energie und gespannter Erwartung. In wenigen Augenblicken hatte sich auch vor Genny und mir eine Menschenschlange gebildet. Einzeln traten diese Menschen nun auf mich zu, und ihre Offenheit und ihr fester Glaube, geheilt zu werden, berührten mich tief. Ich wandte mich nach innen, um Gottes Gegenwart zu fühlen und mich ihr hinzugeben. Da fühlte ich, wie eine große Kraft meinen Körper durchströmte. Während ich mich nur darauf konzentrierte, die Reinheit in jedem zu sehen, entdeckte ich, daß meine eigenen Konflikte in den Hintergrund traten. Wir schienen gemeinsam in einem Lichtregen zu stehen, und während wir uns darin befanden, war Licht die einzige Wirklichkeit. Einer nach dem anderen traten diese Menschen zu mir in den Lichtregen, und ich sah dabei jedesmal ein Arznei-Schränkchen über unseren Köpfen schweben. Für jeden stand ein anderes Fläschchen an vorderster Stelle, und jedesmal wußte ich, daß ich es an mich nehmen sollte, um diesem Menschen von der unsichtbaren Medizin zu geben. Kein Wort wurde gesprochen, doch tief in uns fühlten wir, daß wir alle dieselbe Wahrheit suchten.

Eine Mutter brachte ihr Kind, und ich fühlte mich gesegnet, als ich ihre Einheit spürte; sie erinnerte mich an die Mutter-Kind-Beziehung, die wir alle mit Gott haben.

Ein Mann, der von Kopf bis Fuß mit offenen Wunden bedeckt war, kam auf mich zu. Ich spürte, daß er sich zutiefst nach Liebe sehnte, und fühlte mich aufgefordert, jede einzelne Wunde zu berühren, als ob sie eine Blume wäre. Ich betete darum, seinen Körper als Garten sehen zu dürfen. Als ich bei seinen Füßen angelangt war, lief mein Verstand Sturm: „Sei vorsichtig! Jemand mit so vielen Wunden hat sicher viele Giftstoffe in seinem Körper. Willst du wirklich seine Füße berühren?" Im selben Augenblick öffnete sich mein Herz und eine andere Stimme in mir sagte: „Ja, ja!" Und ich hielt seine Füße in meinen Händen und wußte, daß es Seine Füße waren, und ich wollte nichts anderes mehr, als nur Seine Liebe spüren.

Als die Heilungszeremonie geendet hatte, standen mir Tränen in den Augen. Ich schaute mich nach Genny um und sah, daß ihre Wangen ebenfalls naß waren. Wir faßten uns an den Händen, und ich wußte, daß sie wie ich fühlte. Alles, was wir wollten, war, immer mehr Seine Liebe in allen, denen wir begegneten, fühlen zu können.

Zwanzig, dreißig, vierzig Menschen mußten sich uns anvertraut haben; der Ort, an welchem wir standen, fühlte sich geheiligt an. Ich war nicht müde geworden, während ich arbeitete; im Gegenteil, ich fühlte mich stärker und fester mit meiner Lebenskraft verbunden.

Arm in Arm machten Genny und ich einen großen Spaziergang und tauschten unsere Erfahrungen aus. Sie hatte ebenfalls ein Arznei-Schränkchen über sich erscheinen sehen. Und auch sie hatte mit jeder Heilung mehr Energie verspürt. Jede Begegnung war mir erfüllt und abgerundet erschienen, obwohl ich nur ein oder zwei Minuten mit dem betreffenden Menschen verbracht hatte. Wir hatten keine Ahnung, ob wir diesen Menschen wirklich Heilung gebracht hatten. Wenig Worte waren gewechselt worden; in diesen kurzen Begegnungen war nur Zeit für die reine Wahrheit gewesen, ohne Erklärungen, unnötiges Reden oder Vorbereitung. Heute morgen hatte nicht so sehr physisches Heilen, sondern vielmehr das gegenseitige Geben und Empfangen im Zentrum gestanden. Ich schaute zurück in meinem Leben auf die Male, wo ich darauf gewartet hatte, daß jemand etwas für mich tat, und mir fiel auf, wie eng und zusammengezogen ich mich dabei fühlte; heute, nach dieser Erfahrung, anderen dienen zu dürfen, fühlte ich mich weit. Konnte es nicht immer so einfach sein?

Als wir zu Hause ankamen, sahen wir, daß Paz mit ihren wenigen Sachen schon wieder in einen anderen Raum umzog. Ein Amerikaner namens Paul wohnte nun hier. Er ging an Krücken, und seine Beine wurden seit einem Unfall, bei dem er sich an der Wirbelsäule verletzt hattte, durch Schienen gestützt. Er erklärte uns, daß die Philippinen seine letzte Zuflucht und Hoffnung auf Heilung seien.

Während alle im Haus umhereilten, um es für Pauls Aufenthalt einzurichten, ärgerten Genny und ich uns über die Selbstverständlichkeit, mit der er erwartete, daß alle ihn bedienten. Paz achtete nicht darauf und versuchte, es ihm so bequem wie möglich zu machen. Besondere Mahlzeiten wurden geplant, da er nur ganz bestimmte Nahrungsmittel zu sich nahm, Möbel wurden umgestellt und Botschaften an verschiedene Heiler gesandt. Unterdessen saß Paul einfach im Wohnzimmer herum und schien von all dieser Aktivität unberührt, geradeso, als ob er alles auf seiner Kreditkarte belasten könnte. Das ganze Haus wurde seinetwegen auf den Kopf gestellt, ohne daß jemand dafür eine Gegenleistung verlangte.

Unser innerer Friede war gestört. Ein Amerikaner platzte mitten in die Idylle unserer Lehrzeit in Spirituellem Heilen und brachte uns mit seinem Verhalten aus der Fassung! Es kam noch schlimmer; als Genny und ich nach draußen gingen, um etwas Abstand zu gewinnen, öffneten wir den *Kurs* und lasen:

„Du kannst mit keinem von Gottes Söhnen in eine wirkliche Beziehung treten, bis du nicht alle gleichermaßen liebst. Liebe wählt nicht aus.“

Weshalb hatten wir zufälligerweise gerade diese Seite im Buch aufgeschlagen? Weshalb erschien Paul ausgerechnet am Tag aller Tage in unserem Leben? Natürlich wußten wir, daß dies Zusammentreffen kein zufälliges war, doch in unserem Kopf versuchten wir dennoch, die Dinge so zu arrangieren, daß unsere Vorbehalte und Vorurteile gerechtfertigt erschienen.

In den folgenden Tagen schauten wir mit einer gewissen Reserviertheit zu, wie Paz Paul von hinten und vorne bediente, für ihn betete und ihn zu mehreren Heilern mitnahm. Er gab zu, nicht an Heilung zu glauben, wollte aber dennoch Beweise sehen, daß es wirklich funktionierte. Seine nie versiegenden Wünsche wurden von den verschiedenen Familienmitgliedern bereitwillig erfüllt. Wenn er jemanden ausschickte, um Eßwaren oder Limonade zu besorgen, dachte er erst in zweiter Linie ans Bezahlen.

Unterdessen hatte Paz in Trance von ihren inneren Führern erfahren, daß eine völlige Heilung für Paul möglich war. Paz schickte Botschaften an verschiedene Heiler und mietete jeweils ein spezielles Gefährt, um Paul dorthin bringen zu können. Nachts schlief sie auf dem Beton-Fußboden, um Paul das letzte Bett zur Verfügung zu stellen.

Wir „kochten“. Wie konnte jemand, der keine Verantwortung für sich übernahm, völlig geheilt werden? Wurde er durch diese Mitteilung nicht gerade in seiner Arroganz bestärkt? Wir waren eifersüchtig, daß sich Paz’ ganze Aufmerksamkeit jemand anderem zuwandte. Gleichzeitig war uns bewußt, wie lächerlich wir uns benahmen. Was hatte dies zu bedeuten, daß wir Paul, einen Amerikaner, der so viele Züge zeigte, deren wir uns schämten, „auswählten“, mitten in unserer Lehrzeit hier zu erscheinen? Je mehr sich Paz für ihn aufopferte, desto demütiger wurden wir angesichts ihrer Liebe. Paul hingegen erwartete von ihr nichts anderes und forderte noch mehr. Aus Tagen waren Wochen geworden, und nichts schien sich zu verändern.

Nie werde ich Pauls Gesicht vergessen, als er Schwester Josephine zuschaute, wie sie einen Wattebausch in den Körper eines Menschen steckte und ihn anderswo wieder herauszog. Ja, er schaute sogar über seine Schulter, als sie auch bei ihm in der Kreuzgegend eine große Kugel gesegnete Watte in seinen Körper einführte, um sie dann dort zu belassen. Er stand auf und legte seine Hand auf diese Stelle. Bis zu diesem Moment hatte er diesen Bereich seines Körpers nicht mehr gespürt, doch jetzt konnte er dort wieder Empfindungen lokalisieren. Josephine hatte ihn angewiesen, die Watte drinzulassen und sie eine Woche später wieder aufzusuchen, wobei sie sie wieder entfernen würde. Paul blieb skeptisch und mußte immer wieder an die Watte in seinem Rücken denken. Doch im Verlauf der Woche schien er Watte und Schwester Josephine langsam zu vergessen. Als der vereinbarte Tag gekommen war, an dem er die Heilerin wieder aufsuchen sollte, regenete es so stark, daß er unmöglich dorthin gelangen konnte. Paul wurde ärgerlich. Wir konnten ihm ansehen, daß er dachte: „Was mach' ich bloß, wenn nun wirklich etwas da drin ist und ich es mein Leben lang mit mir herumtragen muß!" Er faßte den Plan, einen anderen Heiler aufzusuchen, um abzuklären, ob wirklich Watte in seinem Körper steckte.

Ohne irgend jemandem davon zu erzählen, schaffte er es, zu einer örtlichen Heilerin zu gelangen, die jedoch nicht die Gabe besaß, den Körper mit Watte innerlich zu reinigen. Er fragte sie, ob sie etwas in seinem Rücken sehen könne. Die Heilerin betete, schaute ihn dann an und sagte: „Natürlich, Sie haben Watte in Ihrem Rücken!" Daraufhin entfernte sie einen Wattebausch aus genau der gleichen Stelle, wo Josephine ihn eine Woche zuvor hineingetan hatte. Paul war sehr erstaunt. Als er sich erholt hatte, zeigte er sich sehr erleichtert, daß die Watte entfernt worden war, doch schon nach ein paar Stunden bezweifelte er seine Erfahrungen bereits wieder.

Er wußte zumindest, daß die Heiler ihre Arbeit nicht des

Geldes wegen taten, denn er konnte leicht sehen, wie arm sie alle waren. Einige von ihnen nahmen sogar lange, anstrengende Wege auf sich, um ihn in Paz' Haus zu behandeln. In seinem Rücken und in seinen Beinen hatte er manchmal wieder Empfindungen, und eines Nachts spürte er sogar Muskelkrämpfe in jenem Bein, welches seit Monaten gefühllos war. Doch er weigerte sich standhaft, seinen eigenen Erfahrungen Glauben zu schenken.

Am nächsten Morgen standen wir daneben und schauten zu, wie ein anderer Heiler Paul eine spirituelle Injektion gab. Alle sahen, daß er an den Knien leicht zu bluten begann, wie wenn dort die unsichtbare Nadel einer Spritze hineinstechen würde. Alle sahen es, doch einige Stunden später beschloß Paul wiederum, nicht wirklich gesehen zu haben, was er zu sehen glaubte.

Aus unserer ruhigen und heiteren Erfahrung hier auf den Philippinen waren wir wieder auf unser westliches Selbst zurückgeworfen, und der *Kurs* begleitete uns mit seinen Lehren auf jedem Schritt des Weges:

> *„Diejenigen, welche sich selbst als ganz erkennen, haben keine Wünsche an andere." „Was du in anderen wahrnimmst, stärkst du in dir selbst."*

Wir erkannten, daß wir uns durch Paul von unserer Arbeit hatten ablenken lassen. Paz' bedingungslose Liebe für Paul zeigte uns, daß wir uns noch immer von Vorurteilen lenken ließen und uns scheuten, uns ganz einzulassen. Wir hielten aber dennoch an unserer Ansicht fest, daß Heilung nur eintreten kann, wenn auch der Patient bereit ist zu geben. Wir entschieden uns, auszuziehen.

Als wir Paz unsere Gefühle und unsere Entscheidung mitteilten, war sie verletzt. Ein gemeinsamer Freund vermittelte zwischen uns und erklärte ihr, daß wir unserer eigenen Ausbildung einfach mehr Zeit und Raum einräumen wollten. Paz verstand unsere Bedürfnisse und segnete uns.

Von da an arbeiteten wir an drei Vormittagen jede Woche mit einem anderen Heiler im Nachbarort. Nach einem kurzen Gottesdienst behandelten wir dort jeweils zwanzig bis dreißig

Menschen. Jedes Mal konnten wir die Sanftheit und die Offenheit des Heiligen Geistes stärker spüren. Wir mußten vierzig Minuten im Bus fahren, um die kleine Kirche dieses Heilers zu erreichen. Sie bestand aus einem an einer Seite offenen Betongebäude, an dessen Dach immer noch gebaut wurde. Auf dem Hinweg bereiteten wir uns vor, indem wir im *Kurs* lasen:

„Lege all deinen Glauben in die Liebe Gottes in dir; ewig, unveränderlich und unfehlbar. Dies ist die Antwort auf alles, was dir heute begegnet."

Jene Tage, an denen wir uns nur mit Mühe aufraffen konnten, uns auf den Weg zu machen, erwiesen sich für uns als die allerwichtigsten. Auf dem Hinweg beteten wir jeweils: „Mögen meine Gedanken Deine Gedanken sein, möge mein Herz Dein Herz sein, mögen meine Hände Deine Hände sein." Es gab Tage, an welchen wir nach den Heilungen gerne gehört hätten, ob wir wirklich jemandem hatten helfen können, doch niemand teilte sich uns mit. An anderen Tagen, wenn Gottes Gegenwart unleugbare Wirklichkeit war, die keiner Bestätigung mehr bedurfte, kamen mehrere Menschen am Schluß zu uns und sagten zum Beispiel: „Erinnert ihr euch an mich? Ich war letzte Woche hier. Erinnert ihr euch an meinen Rücken? Ich habe seither keine Probleme mehr damit!"

An diesen Tagen schien uns die ganze Welt Beifall zu spenden, und der *Kurs* spiegelte unser Gefühl wider:

„Es ist sehr wohl möglich, Gott zu erreichen. Eigentlich ist dies sehr leicht, denn es ist die natürlichste Sache der Welt."

Diese Worte drückten genau aus, was wir fühlten.

„Wo Gott ist, da bist du. Das ist die Wahrheit."

Diese ganze Zeit über wohnte Paul immer noch bei Paz. Es wurde viel Aufhebens um ihn gemacht, aber trotz zahlreicher Heilbehandlungen hatte sich sein Zustand wenig gebessert; er hielt auch seine Zweifel hartnäckig aufrecht. Genny und ich schauten weiterhin zu und beteten für ihn; wir waren uns jedoch darüber im klaren, die ganze Angelegenheit in Gottes Händen zu belassen. Dennoch freundeten wir uns langsam mit Paul an. Wir mußten zugeben, daß er durch Paz' Liebe sanfter und umgänglicher geworden war. Ja, er entwickelte sogar einen Sinn für Humor über die Geschäftigkeit, die sich um ihn herum entfaltete.

Er ersuchte uns kaum je um unsere Meinung über diese Heilerfahrungen, doch eines Morgens fragte er uns: „Wenn es Heilung wirklich gibt, warum braucht es dann mehr als eine Heilungsbehandlung, damit jemand wieder gesund wird?"

„In jeder Heilerfahrung", erklärte ich ihm, „kann, wie ich hoffe, der betreffende Mensch immer offener für Gottes Liebe werden."

„Aber", sagte er, „will denn nicht jeder schon beim ersten Mal völlig geheilt werden?"

„Ja", erwiderte ich, „wahrscheinlich sucht jeder, zumindest in seinem Verstand, völlige Heilung. Doch es mag sein, daß er in seinem Herzen noch nicht bereit ist, zu empfangen. Er mag noch viele Zweifel hegen, welche ihn daran hindern, Heilung zu empfangen."

Da mischte sich auch Genny ein und sagte: „Paul, es genügt nicht, einfach deinen Körper auf den Tisch eines Heilers zu legen. Gott lebt auch in dir. Wenn du Entscheidungen fällst und Verantwortung übernimmst, kann Gott durch deine Anstrengungen wirken."

„Wir glauben", unterbrach ich sie, „daß niemand geheilt werden kann, ohne sich ganz einzulassen. Er muß vertrauen lernen und riskieren, daß Heilung möglich ist."

Wir waren uns einig, daß es keine einfachen Erklärungen oder Antworten gab. Nichtsdestoweniger fuhr Paul damit fort, jeden Heiler, den er traf, „auszuprobieren". Und wir entschlossen uns, uns nicht mehr mit seinem Wohlergehen zu beschäftigen.

Viele Wochen hatten wir nun ausschließlich auf dem inneren Weg verbracht, und wir fühlten, daß die Zeit für eine Atempause gekommen war. Wir wollten uns ausruhen und uns selbst und unsere Umgebung nicht mehr so ernst nehmen. Wir fuhren im Bus eine halbe Tagesreise weit ans Chinesische Meer. Da die Touristensaison noch nicht begonnen hatte, waren die Urlaubsorte an der Küste praktisch ausgestorben. Mutterseelenallein wateten wir bei Sonnenuntergang ins Wasser und weihten unsere Seelen Seinem Königreich.

Der *Kurs* sagte:

„Wenn du nichts als Liebe willst, wirst du nichts anderes sehen."

Und Liebe war alles, was wir fühlten.

Am nächsten Morgen mieteten wir ein kleines Dingy und einen Führer, welcher uns eine Stunde weit zu einem Riff ruderte, wo wir mit dem Schnorchel tauchen konnten. Plötzlich bemerkten wir, wie der Himmel sich schwärzte und ein großer Sturm aufzog. Wir holten den Anker ein und machten uns auf den Rückweg. Es schien, daß uns der Sturm nach wenigen Minuten einholen müßte. Genny und ich schauten einander von den entgegengesetzten Enden des Bootes an, während der Führer mit voller Kraft ruderte. Es war uns allen klar, daß dieses Boot große Wellen nicht überstehen konnte. Würden wir es schaffen, rechtzeitig zurückzukehren? Bange Minuten verstrichen, bis mich plötzlich ein seltsames Gefühl überkam, und ich ahnte, daß Genny dasselbe fühlte: Hätte Gott uns wohl auf diese Reise auf die Philippinen geschickt, um uns hier in einem Sturm umkommen zu lassen? Dies ergab keinen Sinn; mit Sicherheit würden wir also beschützt sein. Während wir unseren Führer beobachteten, wie er unter Einsatz aller Kräfte zur Küste ruderte, beobachteten wir zugleich den Heiligen Geist, wie er den Sturm auf Distanz hielt. Genau in jenem Moment, in welchem wir am Strand aus dem Boot kletterten, begann ein gewaltiger Wind turmhohe Wellen, wie wir sie noch nie zuvor gesehen hatten, gegen die Küste zu treiben.

Wir rannten in unser Hotel zurück. Während das Gebäude unter der Wucht des Sturmes erzitterte, saßen wir in unserem Zimmer, zündeten eine Kerze an und dankten für unsere Rettung.

Vielleicht verstanden wir in diesem Moment zum ersten Mal wirklich den Unterschied zwischen ‚an Gott glauben' und ‚Gott kennen'. An diesem Abend lasen wir im *Kurs*:

> *„Wie Gott zu denken, heißt, Seine Gewißheit darüber, was du bist, mit Ihm zu teilen; wie Er zu erschaffen, heißt, mit anderen die vollkommene Liebe zu teilen, die Er mit dir teilt." „Wenn du Liebe in dir hast, hast du kein anderes Bedürfnis, als sie auszustrahlen."*

Ich will nichts als Liebe also werde ich nichts anderes sehn

Kapitel 12

Paz hatte uns davor gewarnt, Alkohol zu trinken oder ins Kino zu gehen. Wir nahmen ihren Ratschlag aber nicht ernst, denn wir sahen ihn als Ausdruck ihrer katholischen Erziehung an. Wir tranken ohnehin sehr wenig Alkohol, und nun gelüstete es uns, einmal aus unserer Routine auszubrechen und einen Film anzuschauen. Im einzigen Kino, das sich in dieser Gegend befand, wurde gerade ein drittklassiger Krimi gezeigt und wir gingen hin. Anschließend stellten wir erstaunt fest, daß wir unsere innere Ruhe verloren hatten. Zu Hause waren wir des öfteren ausgegangen, ohne unser inneres Gleichgewicht zu verlieren. Was war denn heute anders?

In dieser Nacht hatten wir beide Alpträume. Wir schliefen schlecht, fühlten uns angegriffen und auch verletzlich. Vielleicht hatten das Lesen der Psalmen und unsere Bitten um Läuterung tatsächlich gewirkt. Wir verbrachten die nächsten zwei Tage in gedrückter Stimmung und fühlten uns vom Film auf ungute Weise beeinflußt. Wir erkannten, welches Potential in Filmen steckt, innere Aktivitäten in Menschen in Gang zu setzen. Dies führte uns auch zur Einsicht, daß wir zu Hause wahllos geistige „Nahrung" konsumiert hatten.

Welch ein Schock mußte es für unser Innenleben bedeuten, wieder in den Westen zurückzukehren. Wenn schon ein einziger Film eine derartige Wirkung auf uns ausübte, konnte dann die geistige Umweltverschmutzung zu Hause nicht alle unsere Anstrengungen zunichte machen? Würden wir den inneren Frieden, den wir hier gefunden hatten, bewahren können? Mindestens die Hälfte unserer Lehrzeit hatte ja darin bestanden, uns aus der Gewohnheit zu befreien, andauernd Zerstreuung und Ablenkung zu suchen. Das Leben im philippinischen Tiefland hatte uns ruhig werden lassen — lange Spaziergänge zu unternehmen, dem strömenden Regen zuzuhören, sich für ein Nickerchen zurückzuziehen, Reis mit etwas Fleisch zu essen und alle paar Tage einen anderen Heiler zu treffen, um mit ihm zu arbeiten, all dies bestärkte uns in unserer spirituellen Ausrichtung. Als wir uns nach einiger Zeit daran gewöhnt hatten, über soviel Zeit verfügen zu können, fühlten wir, wie sich unsere inneren Schutzschilder langsam öffneten. Der breite Strom gedanklicher Energie, welche wir früher täglich aufnahmen, verarbeiteten und austauschten, war zu einem bloßen Rinnsal verkümmert.

Unterdessen war psychisches Operieren, vor einigen Wochen noch bewußtseinsverändernd und äußerst unglaubwürdig, für uns zu einer normalen Alltagserscheinung geworden. Watte in den Körper eines Menschen zu stecken und sie einige Tage später an einer anderen Stelle wieder herauszuziehen, erschien uns ein selbstverständlicher und natürlicher Weg des Heilens. Nur wenn unser Verstand herauszufinden versuchte, wie dies alles vor sich ging, wurde uns übel und wir mußten den Raum manchmal verlassen, um unser inneres Gleichgewicht wiederzufinden.

Eines Tages sahen wir aus nächster Nähe einer Heilerin zu, die Meter um Meter einer klebrigen Schnur aus dem Bauch einer Frau zog. Später holte sie aus dem Unterleib einer anderen Person einen Plastiksack heraus. Diese Vorfälle wurden uns als Auswirkungen von schwarzer Magie erklärt, durch die Menschen auf diese bizarre Weise vom Fluch eines anderen „besessen" sind.

Später erzählte uns eine europäische Forscherin eine Begebenheit, welche ihr ein philippinischer Arzt mitgeteilt hatte: Ein Heiler hatte einem Patienten erklärt, daß seine Schmerzen im Bauch einem Plastiksack zuzuschreiben seien, der sich darin befände und entfernt werden sollte. Der Patient weigerte sich, dies zu glauben, und ging zu einem Arzt. Der Arzt untersuchte ihn mit einer Sonde, um den Grund seiner starken Schmerzen zu finden, und zog aus dem Bauch des Mannes einen Plastiksack heraus.

Solche Geschichten waren immer eine große Herausforderung für uns. Wir konnten sie nur im Zusammenhang mit dieser

Kultur sehen, in der die Menschen wohl an Gott glauben, aber auch wissen, daß böse Gedanken genauso wirklich wie materielle Gegenstände sind. Diese Menschen stehen täglich mit Kräften in Kontakt, welche größer als sie selbst sind und ihnen dennoch natürlich erscheinen.

Der Präsident von Paz' Kirche war ein guter Freund von uns geworden. Eines Tages erzählte er uns lachend die Geschichte seiner Bekehrung zum Espiritismus. Es geschah ziemlich schnell, etwa so schnell wie eine Handbewegung eines psychischen Heilers, der ein Stück rosa Négligé aus dem Magen eines Mannes zieht, dessen Frau und Familie dabei zuschauen.

Zu dieser Zeit glaubte er nicht an Medien, Geister oder irgend etwas, das auch nur im entferntesten damit zu tun hatte. Alles, was ihn interessierte, war seine Arbeit und die Freizeit, die er im Stil eines Playboys verbrachte. Doch als dieser Heiler, der seinen Lebensstil nicht kannte, ein Stück eines hauchdünnen Nylon-Négligés aus seinem Bauch zog, holte ihn sein Leben ein, und er konnte eine Verbindung zu den immer wiederkehrenden Schmerzen in seinem Bauch herstellen. Es war ihm nicht länger möglich, sich der Wahrheit über sich selbst zu entziehen. Er konnte auch die Wahrheit des Espiritista-Weges nicht mehr leugnen und seine Augen vor der Notwendigkeit verschließen, etwas Größeres in seinem Leben anzuerkennen. Psychisches Operieren hatte als Heilmittel gewirkt, ihn zu veranlassen, zu seiner Familie zurückzukehren und die Richtung seines Lebens neu zu überdenken.

Während wir Heilern bei ihrer Arbeit zuschauten, erkannten wir mehr und mehr, daß sie sehr begabte Therapeuten waren. Sie boten ihren Patienten anstelle der Konflikte und Zweifel einen vergebenden, all-liebenden Gott an. Wenn der Patient dann diese größere Kraft spürte und sich ihr hingab, bejahte er damit seine grundlegende Ganzheit, und der Druck seiner Krankheit oder seiner inneren Dunkelheit verringerte sich unweigerlich.

Irgendwie wußte ich, daß ein blinder Mensch, welcher stirbt, wieder sehend wird. Wenn ein Gelähmter stirbt, kann er wieder gehen, und jemand, der auf seinem Totenbett schreckliche Schmerzen leidet, spürt sie im Jenseits nicht mehr. Jeder von ihnen lebt nur noch als sein inneres Wesen, welches immer ganz ist. Die Heiler anerkannten diese Ganzheit des inneren Wesens bereits jetzt als einzige Wirklichkeit; mit Gott in ihrem Herzen sahen sie von jedem Patienten eine Vision, in welcher er rein und vollkommen war. Die verschiedenen Heilungsmethoden, welche sie dabei anwendeten, waren nur Versuche, Gottes immer gegenwärtige Liebe durch das Wiederherstellen der körperlichen Ganzheit zu demonstrieren.

An den Donnerstagabenden besuchten wir weiterhin den „Alten Mann“ Eduardo in seiner kleinen Scheune. Bei einer dieser Versammlungen forderten uns seine inneren Führer auf, an den folgenden drei Sonntagen je eine andere Kirche zu besuchen. In jeder dieser Gemeinschaften wurden wir als Westler, die am Gottesdienst teilnehmen wollten, mit überströmender Herzlichkeit und Offenheit empfangen. Diese bescheidenen Kirchen waren voll von lachenden Kindern, Tieren, die zwischen den Sitzbänken herumstreunten, und Erwachsenen, die uns so einfach und offen wie die Kinder begegneten.

Nur in Baguio, einer Stadt in den Hügeln über dem tropischen Klima des Tieflandes, fanden wir Heiler und Gemeinschaften mit gewissen starren Einstellungen, wie wir sie von organisierten religiösen Gruppen her kannten. Baguio war für seine Heiler berühmt; jeden Tag kamen ganze Busse voller Touristen an, welche sich von den Heilern behandeln lassen wollten. Ein berühmter Heiler, der von Menschen aus der ganzen Welt aufgesucht wurde, hatte eben ein Zentrum eröffnet, in dem die Patienten eine Woche oder länger bleiben konnten. Es hieß, daß es dort viel Gerede und Schwierigkeiten gäbe. Ferner erzählte man sich von ihm, daß er bei seinem Aufstieg zu Anerkennung und materiellem Erfolg vom heiligen Berg heruntergefallen sei und die Gabe des Heilens verloren hätte. Dies sei der Grund, daß nun

Heiler aus dem Tiefland für ihn arbeiteten.

Dieser Mann plante, ein noch größeres Kur-Zentrum mit luxuriösen Hotelzimmern und Swimming-Pools zu eröffnen. Viele, mit denen wir darüber sprachen, bezweifelten, daß im neuen Gebäude überhaupt noch Heilkräfte am Werk sein konnten.

Ist Erfolg notwendigerweise ein Hindernis auf dem inneren Weg? Ich begann mich zu fragen, ob ich je einem reichen Mann begegnet war, der auch Demut leben konnte. Da mußte ich an meinen Vater denken, der diesem Bild vielleicht am nächsten kam. In seiner charakteristischen Dankbarkeit und Lebensfreude macht er kaum Unterschiede zwischen sich und anderen. Vielleicht ist das alles, was nötig ist.

Während unsere Egos versucht waren, in Baguio mit den berühmteren Heilern zu arbeiten, fanden wir diesen sanften Geist, dem wir uns hingeben wollten, viel ausgeprägter in den Kirchen des Tieflandes. Wir erkannten, daß sie durch ihre Einfachheit gesegnet waren. Wie der *Kurs* sagte:

> *„Um im Königreich zu sein, brauchst Du nur Deine volle Aufmerksamkeit darauf zu richten."*

Im Tiefland wurden wir ebenfalls als Heiler respektiert. Doch unser Verstand richtete immer noch Barrieren aus Unglauben und Skepsis auf. Während die Insel meines Egos von der überwältigenden Gegenwart des Geistes immer mehr überflutet wurde, klammerte ich mich an einen Baum und versuchte zu verstehen, warum meine Insel wohl verschwand. Den ganzen Sommer hindurch hatten uns bei verschiedenen Anlässen verschiedene Heiler Ähnliches prophezeit: „Ihr werdet ein Zentrum des Heilens eröffnen, welches von Menschen von weither besucht werden wird. Bestimmte Menschen werden vortreten und tragende Säulen eurer Kirche werden. Ihr werdet reisen und andere ausbilden. Der Magnetismus in euren Händen wird größer werden, bis allein durch eure Berührung Krankheiten jeglicher Art verschwinden."

Diese Worte machten uns Mut, doch wenn wir ihnen nicht auch unseren Glauben gaben, würden sie leer und kraftlos bleiben.

Eine andere Prophezeiung, an die ich mich erinnere, verhieß, daß Genny und ich immer zusammenbleiben würden. Es gehört zu unserem spirituellen Lebensziel, daß wir unsere Beziehung ausbauen, und wenn wir dieses Ziel je aus den Augen verlieren, werden wir auch einander verlieren. Es wurde mir gesagt, daß ich, wenn so etwas je geschähe, bald darauf sterben würde, da ich dann keinen Grund mehr hätte, noch länger zu bleiben. Manche dieser Worte durchdrangen die harte Schale meines Ego und erlaubten mir, mich mit der Wahrheit zu befreunden, daß ich letzten Endes keine Wahl habe; ich kann nur vorwärts gehen und meinem Herzen, ja, meinem ganzen Selbst erlauben zu dienen, trotz der immer wiederkehrenden verzweifelten Wünsche des Ego, wieder so „normal" wie alle anderen zu sein.

Die Heiler besaßen nichts, woran sie sich halten konnten; das Wetter, die Regierung, die vielen, scheinbar zufälligen und launischen Schicksalskräfte in ihrem Leben, nichts bot ihnen Sicherheit. Obwohl mir die romantische Färbung dieses Bildes gefiel, fürchtete ich mich dennoch davor, mein Leben aus diesem dünnen und zerbrechlichen Stoff des Vertrauens aufzubauen. Doch während Genny und ich allmählich lernten, uns von unserem Glauben führen zu lassen und unsere Erfahrung als wahr zu nehmen, sah ich, daß sogar unsere Beziehung an einem solchen dünnen Faden hing.

An einem Sonntag wurden uns gleich zwei ganz verschiedene Lektionen erteilt, wie man ein Leben auf Vertrauen aufbauen kann. Der Tag begann mit einem Besuch in einer Kirche, in welcher wir auch schon gearbeitet hatten. Am Ende des Gottesdienstes wurden Genny und ich dadurch geehrt, daß man das älteste Mitglied der Kirche zu uns brachte. Diese zerbrechliche alte Frau war ganz in Weiß gekleidet und saß auf einem Stuhl vor uns. Sie richtete an uns die Bitte, für sie zu beten. Ich schloß meine

Augen, und mit der Stimme meines Herzens bat ich ihren Geist, für uns alle zu beten, denn es war so offensichtlich, daß sie der Wahrheit viel näher stand. Ihr Körper schwand nicht langsam dahin, sondern verwandelte sich in Geist, in spirituelle Weisheit. Sie saß einfach da, und mir schien, daß sie mit geschlossenen Augen die Wahrheit von allem sah.

Als wir nach Hause zurückkehrten, fanden wir Paul im Bett vor. Er war gerade von der Behandlung bei einem Heiler zurückgekehrt. Eigentlich hatte er nicht dorthin gehen wollen, doch weil alle anderen zusammen hingingen, hatte er seine Meinung geändert. Wie gewohnt hatte er sich dann auf den Tisch des Heilers gelegt. Der Heiler massierte ein stark duftendes Öl in seine Beine ein. Die Massage bereitete ihm starke Schmerzen, doch Paul beklagte sich nicht, da er hoffte, daß es ihm helfe. Er legte seine Beinschienen wieder an und kehrte zu Paz' Haus zurück. Dort angekommen, waren beide Beine mit einem Ausschlag in Form vieler kleiner Bläschen bedeckt.

Paz hatte immer betont, daß ihre Aufgabe nur im Dienen bestand und daß sie das Urteilen Gott überließe. Ich mußte daran denken, als Paul jetzt starke Schmerzen litt und sich nicht mehr bewegen konnte. Genny und ich waren voll Mitgefühl für ihn; wir erkannten in ihm jene Seite von uns selbst, welche immer versucht, äußerlich das Richtige zu tun, statt einfach nach innen zu horchen. Wir konnten Paul nicht länger verurteilen, wir konnten uns jedoch nicht daran hindern, uns selbst zu verurteilen. Wäre es besser gewesen, unsere Gefühle für Paul ganz loszulassen und ihn seinem Schicksal zu überlassen, oder hätten wir von Anfang an das Wagnis eingehen sollen, Paul unsere tiefe Besorgnis darüber mitzuteilen, daß er alle Verantwortung an die Heiler delegierte?

Wir wußten es nicht. Jeder von uns spielt seine Rolle in einer Heilung, und die Rolle, die wir spielen, ist kein Zufall. Wir lernten zumindest, daß starke Gefühle, die wir hegen, allen Beteiligten als Wegweiser dienen können. Zu oft denken wir entweder, daß unsere Gefühle nur mit uns selbst zu tun haben, oder wir meinen, daß unsere Gefühle nur mit dem anderen zu tun haben. Heilung geschieht nicht isoliert vom anderen, und genausowenig können wir von anderen erwarten, daß sie sich ändern, nur weil wir uns dann besser fühlen. Das Leben ist ein solches Gleichgewicht — zu lernen, wann wir um Heilung nach innen gehen sollen und wann wir uns der Welt gegenüber äußern sollen.

Paul hatte im Grunde genommen seinen Körper auf den Tisch jedes erreichbaren Heilers gelegt, aber es stand noch aus, daß er auch sein Herz darbrachte. Er lag weiterhin mit Schmerzen im Bett. Nach einigen Tagen gelangte er dann zu einer Entscheidung: „Ich weiß, daß es Zeit ist, heimzugehen", sagte er zu uns, „ich werde körperlich nicht gesund werden, jedenfalls nicht jetzt, aber ich gesunde spirituell." An jenem Tag, an welchem er dies erkannte, umgab ihn tiefe Ruhe.

Paz und die ganze Familie umsorgten ihn weiterhin, bis sein Ausschlag soweit geheilt war, daß er seine Schienen wieder tragen konnte. Sie begleiteten ihn sogar auf der langen Fahrt zum Flughafen von Manila, um ihn zu verabschieden.

Wir hatten unsere drei Sonntage in drei verschiedenen Kirchen verbracht, wie dies Eduardos Führer verlangt hatten. Dann suchten wir ihn wieder in seiner Scheune auf, um Führung für die nächsten Schritte unserer Ausbildung zu erhalten. Nach einem kurzen Gottesdienst ging er in Trance, und sein innerer Führer sprach durch ihn zu Genny und mir: „Ihr habt euch nun die Reise zu Eduardos Lehrer verdient."

Wir waren nicht sicher, was er damit meinte. Als man dem alten Mann sagte, welche Botschaft während seiner Trance durch ihn gekommen war, wurde er ganz aufgeregt. Es bedeutete für ihn eine große Ehre, uns seinem Lehrer vorstellen zu dürfen, den er uns als ganz besonderen Menschen beschrieben hatte. Man sagte uns, daß sein Lehrer eine Tagesreise entfernt in den Bergen lebte. Eduardos Enthusiasmus steckte uns an, und wir vermuteten sogleich, daß es noch einen tieferen Grund für diese Reise gab.

Bevor er den Gottesdienst beendete, ging Eduardo noch

einmal in Trance und schickte seinem Lehrer die telepathische Nachricht von unserem Kommen und unsere Ankunftszeit. Andere Kommunikationsmittel gab es in der Regenzeit nicht. Genny und ich hatten jedoch schon einige Male erlebt, daß wir uns auf diese Art der Nachrichtenübermittlung, wie sie von den Espiritistas praktiziert wird, verlassen konnten. Und wir wußten, daß wir erwartet wurden.

Die Nachricht von der geplanten Reise verbreitete sich rasch in der ganzen Kirche. Daß sie mit äußeren Schwierigkeiten verbunden war, verlieh ihr zusätzliche spirituelle Bedeutung. Wenn zum Beispiel in der Zeit unseres Aufenthaltes viel Regen fiel, würden wir für einige Zeit in den Bergen festsitzen. Doch Eduardo war unbesorgt; er wußte, daß seine inneren Führer ihn nur dann auf eine solche Reise schickten, wenn sie auch stattfinden konnte. Am Tage unserer Abfahrt fanden wir uns wie üblich für eine kurze Zeremonie in der Kirche ein, bevor wir uns in den Bus quetschten. Eduardo erklärte uns, daß man eine derartige Reise schweigend und betend am sichersten übersteht; die Auswirkungen der holperigen Straßen und andere weniger sichtbare Kräfte können einen sonst negativ beeinflussen. Eduardo und einige andere schienen sich innerlich sehr gründlich auf diese Reise vorbereitet zu haben.

Wir hatten keine Ahnung, was auf uns zukam. Auf der langen Fahrt hielten Genny und ich uns an den Händen, und zu schweigen fiel uns leicht. Erstaunliche Geschichten, die wir über Eduardo und seinen Lehrer gehört hatten, füllten unsere Köpfe mit vielen Phanatsiebildern.

Die Geschichte von Eduardos Lehrer begann vor dem Zweiten Weltkrieg, als er mit einem Freund, welcher einer Espiritista-Kirche angehörte, den Gottesdienst dieser Gemeinschaft besuchte. Es war dies seine erste spirituelle Erfahrung außerhalb des Katholizismus. Das Medium, welches sich bereits in Trance befand, rief seinen Namen. Überrascht und neugierig ging er nach vorne. Das Medium zeichnete eine Karte und beschwor ihn eindringlich, seine Familie zum darauf eingezeichneten Ort zu führen; andernfalls würden sie den kommenden Krieg nicht überleben.

Er glaubte nicht an Medien und war nur gekommen, weil sein Freund ihn eingeladen hatte. Wie konnte ein ihm vollkommen fremder Mensch seinen Namen kennen? Weshalb riet ihm dieser Fremde, seine Familie jetzt, wo niemand an eine japanische Invasion dachte, zu einer versteckten Höhle inmitten eines fernen Gebirges zu bringen?

Obwohl er überzeugt war, daß die Japaner keine Bedrohung darstellten, fühlte er sich genötigt, diese Höhle wenigstens einmal aufzusuchen, denn das Medium hatte ihn tief beeindruckt. Er reiste mit seiner Familie in die Berge, und sie fanden die Höhle, welche sich als eine Reihe von Höhlen erwies. Zu seiner Überraschung waren sie nicht nur genau am angegebenen Ort zu finden, sondern schienen bisher noch gar nicht entdeckt worden zu sein. Es wurde uns nicht gesagt, was er dort fand, nur, daß er seither dort lebte.

Die Reise im Bus hätte sehr anstrengend sein können, doch als wir nach vielen Stunden Fahrt auf ausgewaschenen Gebirgsstraßen unser Ziel erreichten, fühlten wir uns überraschend gut. Die zwanzig Menschen, die dichtgedrängt im Bus saßen, waren als Einheit unterwegs gewesen.

Eduardos Lehrer erwartete uns am Straßenrand. Er hatte nicht lange gewartet, und Eduardo erwähnte beiläufig, daß er ihn auf telepathischem Wege über unsere Verspätung informiert hatte. Erleichtert stiegen wir aus, entluden den Bus und wurden sogleich auf einen Hügel zu einer kleinen Kapelle geführt. Wenige Minuten später begegneten wir dem Geistführer von Eduardos Lehrer. Viele philippinische Medien stellen sich einem großen Kreis von Wesen zur Verfügung, die durch sie sprechen; doch als Eduardos Lehrer in Trance ging, kam nur der Geist von Christus durch ihn. Eduardo sagte zu uns: „Er hat sein Herz geöffnet. Er bat darum, nur dem ‚Einen Meister‘ dienen zu dürfen."

Wiederum mußten wir die Grenzen unseres Glaubenssystems der Wirklichkeit anpassen; wir fühlten uns von einer sanften und lichtvollen Schwingung umfangen und die Demut dieses alten Mannes berührte uns sehr. Dann zeigte Genny auf eine weißgekleidete Figur, welche vor ihm erschienen war. Rosenduft und eine unfaßbare und dennoch eindeutige Gegenwart erfüllte die Kapelle. Wir hatten uns inzwischen mit dem Glauben der Heiler angefreundet, daß die Jünger von Jesus nicht nur geschichtliche Figuren sind, sondern lebendige spirituelle Wesen, die dem Planeten Erde dienen. Doch hier wurde nicht einmal mehr über den lebendigen Christus gesprochen; wir fühlten wirklich Seine Gegenwart!

Der alte Mann breitete seine Arme aus, und einen Augenblick lang sah ich ihn nicht mehr; Jesus Christus war es, der sprach; nur Er war im Raum.

Wir wurden nach vorne gerufen; wir knieten nieder. Man sagte uns: „Ihr dürft jede Frage stellen."

Während wir unbeweglich verharrten, entstand in Genny und in mir die gleiche Frage: „Wie können wir uns am besten auf unsere spirituelle Aufgabe vorbereiten?"

Noch bevor wir diese Frage aussprechen konnten, hörten wir Seine Stimme, die uns antwortete. Schon wenige Augenblicke später konnte sich keiner von uns beiden mehr an Seine Worte erinnern. Wir fühlten uns Gott so nahe und ahnten zugleich, daß Gott uns ebensosehr braucht, wie wir ihn brauchen.

Eduardo kündigte uns an, daß sein Lehrer von seinem Geistführer die Erlaubnis erhalten hatte, uns am nächsten Tag zu den Höhlen mitzunehmen. Wir übernachteten auf den harten Bänken in der Kapelle. Den größten Teil der Nacht lagen wir wach und ließen die Schwingungen dieses Erlebnisses in uns nachklingen. Keiner von uns hatte sich in seinem ganzen Leben so angenommen, so erfüllt von Sinn und seinem Höheren Selbst so nahe gefühlt.

Bei Sonnenaufgang war jedermann wach und stimmte sich in

der frischen Morgenluft auf den Tag ein. Eduardo und sein Lehrer waren bereits zu den Höhlen gegangen. Der Lehrer wartete dort auf uns, während Eduardo zurückkehrte, um uns alle dorthin zu führen. Wir stellten uns auf einen längeren Fußmarsch ein, doch er endete schon nach wenigen hundert Metern. Eduardo zeigte uns, wie wir eintreten sollten: Die ganze Gruppe versammelte sich am Eingang zu einem kurzen Gottesdienst. Jeder schien zu wissen, daß dieser Ort als heilig respektiert werden sollte, und bat still um Erlaubnis, eintreten zu dürfen. Wir spürten, daß wir uns völlig im klaren sein mußten, was wir hier suchten.

Die Zeremonie am Eingang bereitete uns auf das vor, was uns in der Höhle erwartete. Wir verstanden sogleich, warum dieser Mann sich entschieden hatte, sein Leben hier zu verbringen. Dies war kein feuchtes, kaltes Loch, nein, wir hatten einen heiligen Ort betreten, welchen die Erde selbst beschützte.

Hunderte von Lichtstrahlen erleuchteten die Seitenwände der Höhle, doch wir konnten die Quelle dieses Lichtes nirgends finden. Wir schritten auf einem völlig trockenen Boden dahin, und die Decke befand sich etwa fünfzehn Meter hoch über uns. Von ihr hingen leuchtende Gegenstände herunter, die wie Sonnenlicht erstrahlten.

Wir gingen tiefer in die Höhle hinein. Eine ganze Reihe von Höhlen reihte sich wie in einer Bienenwabe aneinander. Hinter einer weiteren Biegung trafen wir auf Eduardos Lehrer; er war bereits in Trance gegangen. Heute war ein ganz besonderer Tag, denn aus Ehrfurcht vor diesem heiligen Ort ging er sehr selten innerhalb der Höhle in Trance. Er stand vor uns, seine Arme ausgebreitet, die Handflächen nach oben gekehrt, und lud uns alle ins Königreich ein. Einen langen, schweigenden Augenblick stand er so da, ein einfacher Botschafter Gottes. Es brauchte keine Worte; seine Gegenwart allein genügte.

Heute ging es nicht um Fragen oder Bitten; er näherte sich uns, beugte sich vor und berührte sanft unsere Stirne. Noch heute fehlen uns die Worte, um die nun folgende Erfahrung in ihrer Ganzheit wiederzugeben. Als wir uns umdrehten, sahen wir in einer Felswand eine Vision der Geschichte, der Bestimmung und des gegenwärtigen Lebens der Menschheit, welche uns seither nie mehr verlassen hat.

Aus einer großen Wand der Höhle hatte die Natur gleichsam einen Wandbehang herausgeschnitzt, Gesichter und Figuren, die aus der Wand hervortraten und zu uns zu sprechen schienen. Oben in der Mitte sahen wir ein Meer von Gesichtern, die alle Extreme menschlicher Emotionen zeigten und das ganze Leben auf Erden repräsentierten. Eine Christusfigur, welcher Tränen des Schmerzes und der Freude über die Wangen flossen, befand sich im Zentrum. Man half ihm, vom Kreuz herabzusteigen. Dabei verwandelte er sich aus einem alten Mann in einen jungen Mann, in einen Knaben und schließlich zuunterst in ein Kind, welches wieder emporstieg, seiner Bestimmung des Gekreuzigtwerdens entgegen. Zu beiden Seiten des Kindes befanden sich mehrere Figuren, welche uns den Rücken zukehrten und sich vor Christus verneigten. Links und rechts von den sich verneigenden Figuren stand ein Lamm und ein Löwe, umgeben von vielen anderen Tieren. Ihre Körper wanden sich in Wut und Angst, waren aber zugleich von Stärke und Licht erfüllt.

Wir nahmen immer mehr Einzelheiten in den Skulpturen wahr. Alle Leiden der Menschheit wurden vom Kreuz herabgenommen und verwandelt, bis sie einem Kind glichen, welches unter den Tieren steht. Wir sahen, wie der Mensch von der natürlichen Schönheit des Kindseins ausgeht und auf seiner Reise alle Lebenssituationen durchschreitet. Dies führt ihn zur letzten und größten Konfrontation — das Menschliche und das Göttliche begegnen und vereinigen sich als Christus am Kreuz. So ist das individuelle Leben mit der Geschichte allen Lebens verbunden.

Große Meisterwerke der Kunst kamen mir in den Sinn; mir schien, daß die großen Meister das Geheimnis dieses Ortes gekannt haben mußten und sich gedrängt fühlten, es in Farbe auf

Leinwand, in Marmor und Bronze darzustellen. Der Weg der Menschheit, aber auch Gennys und meiner, begann und endete in dieser Höhle. Jede menschliche Erfahrung, von den Leiden des Abstiegs bis zum Frieden der demütigen Wesen im Garten unten war hier dargestellt. Wir treten aus Gott in dieses Leben und entfalten uns bis an die Grenzen unserer menschlichen Natur; dann geben wir uns hin, kehren zurück und werden wiederum von den Armen der Liebe umfangen. Was gibt es anderes?

Wir schritten vor den Skulpturen auf und ab, die Welt aus jedem möglichen Blickwinkel betrachtend. Dann erkannten wir, daß jede Seele die ganze Geschichte der Menschheit durchlebt und in diesem Kreislauf menschlicher Göttlichkeit gefangen ist. Wir alle befinden uns irgendwo zwischen Geburt und Tod und in uns allen wächst das Bewußtsein, daß wir miteinander verbunden sind und uns in Wirklichkeit auf derselben Reise befinden.

Für Genny und mich stand die Zeit still. Wir beschrieben den anderen, was wir sahen, und jemand übersetzte es der Gruppe. Eduardo und sein Lehrer lächelten. Es gab so viel zu sehen, und irgendwie wußten wir auch, daß wir dies nie völlig würden begreifen können.

Alle versammelten sich zu einer weiteren Zeremonie, diesmal einer des Dankens. Als wir uns ihnen zugesellten, lebte in Genny und in mir die gleiche innere Klarheit; Genny sagte: „Ich fühle, daß mein bisheriges Leben hier endet und daß wir neu beginnen." Ich nickte: „Ich fühle, daß wir um unseretwillen auf die Philippinen, zu Paz, zu Eduardo und in diese Höhle kamen, doch jetzt, wo wir diesen Ort wieder verlassen, kennen wir unsere Aufgabe: Wir gehen, um anderen zu dienen."

Kapitel 13

Bevor wir aufbrachen, kam Eduardos Lehrer zu uns und sagte: „Erinnert euch immer daran, Gott kennt eure Bedürfnisse, bevor ihr sie kennt.“ Dann kam er noch näher und sagte: „Je mehr ihr anderen dient, desto leichter macht ihr es Ihm, für euch zu sorgen.“ Hierauf umarmte er uns und gab uns folgende Prophezeiung mit: „Eines Tages werdet ihr mit einer Gruppe hierher zurückkehren, und Genny wird das, was sie in der Höhle gesehen hat, malen.“

Die Heimreise ging noch leichter vonstatten. Vielleicht waren die Straßen in besserem Zustand, vielleicht weilte ein Teil unseres Bewußtseins noch in der Höhle — ich weiß es nicht. In den folgenden Tagen machten wir lange Spaziergänge, meditierten und sprachen oft über die Skulpturen. Sahen sie wirklich so aus, wie wir sie wahrgenommen hatten, oder hatten wir uns in einem anderen Bewußtseinszustand befunden? Erschienen sie uns deshalb so vollkommen? Die Bilder waren großartiger als alles, was wir in unserem Leben gesehen hatten. Bereits jetzt fiel es uns schwer, zu glauben, daß sie tatsächlich bis in jede Einzelheit so wunderbar ausgestaltet waren, doch warum sollten wir unsere Vision bezweifeln, wenn beide von uns genau dasselbe gesehen hatten?

Über Eduardos Lehrer rätselten wir am meisten. War es nicht tragisch, daß jemand, der sich auf einer so hohen Bewußtseinsstufe befand, nur wenigen Menschen bekannt war? Schließlich kam uns der Gedanke, daß seine Gebete und sein Leben in der Höhle vielleicht eine viel größere Wirkung auf die Welt hatten, als wir uns vorstellen konnten.

Auf einem unserer Spaziergänge fiel uns eines Tages auf, wie dünn wir geworden waren. Jeder von uns hatte seit unserer Ankunft fast zehn Kilogramm an Gewicht verloren. Entsprechend hatte sich auch, leider nicht meßbar, das Gewicht unserer hartnäckigen Egos verringert.

Zu Hause hatten wir, zum Teil als Ersatz für spirituelle Nahrung, viel mehr gegessen. Hier bestanden unsere Mahlzeiten aus Reis und nochmals Reis, selten etwas Fleisch, sowie aus Gemüse und Früchten. Wir waren hier jedoch nie versucht gewesen, uns anders als spirituell ‚anzufüllen'. Dieses einfache Leben, welches man beinahe ein Leben in Armut nennen konnte, inspirierte uns, noch mehr an uns selbst zu arbeiten. Ich erkannte, wie falsch und arrogant unsere westliche Haltung ist, zu denken, daß wir mit unseren gefüllten Schüsseln — im Gegensatz zum Rest der Welt — alles hätten, was das Leben geben kann. Es steht uns ebensowenig zu, andere nach ihrer äußerlichen Armut zu beurteilen, wie sie uns für glücklich halten deshalb, weil wir im Westen wohlhabender sind.

Jetzt sah es so aus, als ob auch Genny und ich nichts mehr besäßen, und bald würden wir in eine Welt zurückkehren, wo jeder danach trachtete, möglichst viel zu besitzen. Wir hatten nicht nur körperlich, sondern auch emotional an Gewicht verloren. Womit kehrten wir denn zurück? Wir konnten zwar viele unglaubliche Geschichten erzählen, doch unsere inneren Erfahrungen schienen uns zu persönlich und außergewöhnlich, um sie jedem mitteilen zu können. Wenn wir doch nur etwas Greifbares mitnehmen könnten, um die Kluft zwischen beiden Kulturen zu überbrücken! Wir waren einer Fährte in ein magisches Land gefolgt und hatten den Heimweg verloren; wir wollten aber nach Hause zurückkehren! Doch wie unwirklich würde uns unsere alte Umgebung erscheinen!

Unser Ausflug endete bei Paz' Haus. Sie ging in Trance und gab uns eine „Verlaufsmeldung" über unsere Lehrzeit. Sie sagte voraus, daß wir alle ihre psychischen und spirituellen Gaben mit nach Hause nehmen würden. Dies zu glauben fiel uns leicht, doch wußten wir auch, daß viele dieser Gaben noch der Entwicklung bedurften. Auch andere Fähigkeiten lagen noch brach in uns, denn erst indem wir allmählich unsere Herzen öffneten, würden sich, wie Paz' Führer sagten, die Gaben des Geistes ganz von selbst einstellen. „Wenn ihr anderen beisteht, sich ihrem wahren Selbst zu öffnen, erinnert euch daran, daß man ein Herz nicht zwingen kann, sich zu öffnen; vergeßt nie, daß es nur durch sanftes Umsorgen erblühen wird. Wenn ihr anderen helft, ihren Garten anzulegen, wird euch eure Aufgabe immer klarer werden."

Wir schätzten uns glücklich, Paz als Lehrerin zu haben. Wir waren vielen Heilern begegnet, und dabei war uns bewußt geworden, daß viele von ihnen mit der Gabe des Heilens, aber nicht unbedingt mit der Gabe des Lehrens gesegnet waren. Paz gehörte zu den wenigen, die sich zur Verfügung stellten, Heiler auszubilden. Sie lehrte uns viel über spirituelles „Gärtnern" — wie sich die Gaben der Menschen in der richtigen Umgebung und im richtigen Boden ganz von selbst entfalten.

Paz befand sich immer noch in Trance und bat um ein Blatt Papier. Sie kritzelte etwas darauf, das jenen Fahnen, welche in der Kirche hingen, ähnlich sah. Immer noch zeichnend, sprach sie: „Eine Fahne soll für euch angefertigt werden, weiß mit grünem Schmuck. Die Worte ‚Göttlich' und ‚Spirituell' sollen im oberen Teil hineingestickt werden. In der Mitte soll eine gelbe Fackel sein, und rund um die Flamme sollen die Worte ‚Werk der Nächstenliebe' stehen. Unter der Fackel soll eine Bibel gestickt werden, auf welcher fettgedruckt die Worte ‚Gott ist Liebe' zu lesen sind."

Paz' Führer, welche immer noch durch sie sprachen, erklärten uns dann: „Diese Fahne soll gesegnet werden, und sie wird eure Kirche zu einer Schwesterkirche der Espiritistas auf den Philippinen machen. Wenn ihr die Worte auf dieser Fahne als Sinn eurer Arbeit in Ehren haltet und nie einen Hilfesuchenden abweist, sondern wahrlich Werke der Nächstenliebe tut; wenn ihr lehrt, daß Gott Liebe ist, dann wird euer Leben beschützt sein, und alles, was ihr braucht, wird euch gegeben werden."

Unsere eigene Fahne! Wir hatten darum gebeten, etwas

Greifbares mit nach Hause bringen zu können, um uns an unsere Erlebnisse auf den Philippinen zu erinnern. Und so hatte der Heilige Geist in seiner vollkommenen Art eben eine Fahne für uns entworfen!

Paz zeigte Anzeichen, aus der Trance zu kommen, doch plötzlich wandte sie sich Genny zu, und eine andere Stimme sprach durch sie: „Du sollst als Medium initiiert werden. In drei Wochen soll dir das Siegel der Mediumschaft gegeben werden. Dieses Schutz-Siegel soll dir entweder durch drei oder durch sieben Medien übermittelt werden. Es wird dich segnen und dich schützen, so daß nur höhere Geister durch dich sprechen können. Du mußt noch mehr meditieren und dich vorbereiten, um im Dienst der Mediumschaft gebraucht werden zu können."

Wir waren bestürzt; mehrere Monate lang hatten Genny und ich philippinische Heiler in Trance gehen sehen, doch es war uns nie in den Sinn gekommen, daß ein Wesen durch einen von uns sprechen könnte. Wir verließen das Haus für einen unserer Integrations-Spaziergänge, um mit dieser völlig unerwarteten Prophezeiung klarzukommen.

Wir wußten, daß ein jeder mediale Fähigkeiten besitzt; dies bedeutet, daß ein jeder von uns Energien kanalisiert. Gedanken können mit Radiowellen verglichen werden, welche sich im ganzen Universum ausbreiten. Die meisten Menschen übernehmen für die Gedanken, die sie aussenden, jedoch keine Verantwortung und meinen, daß ihnen daraus keine Konsequenzen erwachsen. Normalerweise ist uns nicht bewußt, daß unsere Gedanken die Qualität unserer Leben und unserer Beziehungen, ja sogar den Zustand der Erde bestimmen. Die meisten Menschen geben sich auch gar keine Mühe, ihre Gedanken zu disziplinieren und auf eine höhere Ebene zu heben; statt dessen kanalisieren sie Alltags-Gedanken und Frequenzen.

Welcher Disziplin muß man sich unterziehen, um ein Medium zu werden? Ein Teil der Ausbildung besteht im Meditieren, doch wir wußten, daß ihre Grundlage im Lieben, Vergeben und

Annehmen der eigenen Konflikte bestand. Zu hören, daß Genny ein Medium werden sollte, wühlte uns beide auf. Genny wußte mit Sicherheit, daß sie sich nicht irgendeinem Verstorbenen zur Verfügung stellen wollte; sie wollte nur Kanal für wahre Lehrer sein, welche eine höhere, erleuchtete Bewußtseinsstufe erreicht hatten.

Wir erkannten, daß die meisten Medien sich beliebigen Frequenzen öffneten. Nur selten hatten sie dabei auch ihr Herz geöffnet. Dasselbe gilt für Heiler; es gibt die psychischen Heiler, die sich mentaler Heilenergie geöffnet haben; der Unterschied zwischen psychischem und spirituellem Heilen besteht jedoch darin, statt des Mentalen das Herz sprechen und heilen zu lassen. In allen Kulturen ist die Qualität der Mediumschaft von der Qualität der Energie, und noch wichtiger, von der Qualität der Liebe abhängig, der sich das Medium geöffnet hat.

Gennys Gedanken kreisten nur um ihre Einweihung. Medien kennenzulernen und ihre Arbeit zu studieren oder sich selbst dieser Erfahrung hinzugeben, waren zwei verschiedene Dinge. Genny fragte: „Wenn es dann soweit ist, wohin gehe ‚ich' während dieser Erfahrung?" Wir wußten keine Antwort.

Paz sagte: „Meditiere; laß deinen Geist zur Ruhe kommen; bitte darum, dienen zu dürfen. Du wirst wissen, ob ein höheres Wesen zu dir kommt. Wenn du die Energie zuerst in deiner rechten Hand, deinem Herzen oder an deiner Stirne spürst, weißt du, daß du von einem wahren Lehrer berührt wirst. Wenn du die Energie in deiner linken Hand, deinem Bauch oder deinem Rücken spürst, weißt du, daß es niedrige Energie ist."

Genny hatte noch bis Donnerstag Zeit, sich vorzubereiten. Paz' Versicherung, daß nur ein hohes Wesen durch sie sprechen würde, beruhigte uns beide. In vielen Kulturen und Gruppen glaubt man, daß Mediumschaft das Ziel an sich sei, und schenkt der Qualität und dem Frieden der kanalisierten Energie wenig Beachtung. Schon Doris hatte uns jedoch gelehrt, daß manche Menschen, die in irgendeiner Form medial tätig sind, schließlich nur noch verlorene Seelen anziehen, welche körperlichen, emotionalen und spirituellen Schaden anrichten können.

Ich fühlte mich wie ein werdender Vater. Ich konnte Genny zwar in ihrer Vorbereitungszeit unterstützen, doch gleich einer schwangeren Frau würde sie die Erfahrung alleine durchstehen müssen. Ihr Tag rückte immer näher, und sie schien in ihrem ganzen Wesen getestet zu werden; auch die letzten Spuren der Angst vor dem Unbekannten mußten noch an die Oberfläche kommen.

Am Donnerstagabend war Genny ruhig und gefaßt; ich dagegen rannte nervös und aufgeregt mit einem Kassetten-Aufnahmegerät herum, um wie bei einer Geburt jede Phase davon festzuhalten. Mittlerweile hatte ich mich daran gewöhnt, andere in Trance gehen zu sehen, doch wenn ich mir vorstellte, daß Genny die Kontrolle über ihr Bewußtsein so weit aufgab, daß jemand anderer durch sie sprechen konnte, löste dies eine Flut von Gefühlen in mir aus.

Ich fragte mich, wie sich diese neuen Ebenen des Dienens, denen sich Genny hingab, wohl auf unsere Beziehung auswirken würden. Eine neue Türe öffnete sich. Gleich einem frischgebackenen Vater fühlte ich zeitweise große Eifersucht gegenüber dem Neugeborenen; ich hatte Angst, Genny zu verlieren. Für die Medien auf den Philippinen ist es ein alltäglicher Vorgang, in Trance zu gehen und wieder herauszukommen. Doch nun war auch ich unmittelbar herausgefordert, mich tiefer damit einzulassen. Glücklicherweise spürte ich inmitten meines emotionalen Aufruhrs, daß alles gut werden würde.

Zu Beginn der Zeremonie stand Paz alleine vor der ganzen Versammlung. Dann rief sie Genny zu sich, und beide setzten sich. Alles wurde still. Für Genny spielte es keine Rolle, ob sich nur eine oder hundert Personden mit ihr im Raum befanden, denn sie war bereits tief in ihren eigenen Frieden eingetaucht. Ich dagegen konnte meiner Aufregung nicht Herr werden und Genny innerlich unterstützen. Sollte ich meditieren oder dafür beten, daß nur ein ganz hohes Wesen durch sie sprach? Ich schaffte es nur, zuzuschauen und zuzuhören, wie sie weiter und weiter in die ruhigen Tiefen ihres inneren Wesens ging.

Alle beugten sich vor, als Genny zu sprechen begann. Ihre Worte waren kaum zu hören. Sie saß mit geschlossenen Augen ganz entspannt und hingegeben da, und eine gewaltige Gegenwart erfüllte den Raum. Sie sprach von innerem Frieden und Liebe und brach dann ab.

Paz unterbrach sie abrupt: „Reibe deine Stirn“, sagte sie, „setz dich zu den anderen und bete!“

„Was ist los?“ fragten wir beide zugleich. „Was ging schief?“ fügte Genny hinzu.

„Du bekamst Angst. Niedrigere Energien kamen auf dich zu“, sagte Paz, „setz dich, meditiere und bete!“

Wenige Minuten später hatte sich Genny wieder gefaßt. Sie beschrieb, was sie erlebt hatte: „Ich wurde zu einem Teil einer gewaltigen Energie, welche mich einzuhüllen schien. Zuerst spürte ich sie nur in meinem Herzen und in meiner rechten Hand. Die Energie war so übermächtig, daß ich meine rechte Hand nicht mehr bewegen konnte. Dann veränderte sich alles in einem Augenblick: Ich begann mich zu fragen, was mit mir geschah. Das nächste, was ich weiß, ist, daß Paz mich aufforderte, mich hinzusetzen.“

Ein Mitglied der Kirche, welches hellsichtig war, sagte, daß ein wunderschöner Geist gerade neben Genny gestanden hätte, doch Gennys Gedanken seien hierauf wohl in eine andere Richtung abgeschweift, denn eine andere Gegenwart sei in den Raum gekommen. Der neue Geist war nicht böse, aber er brachte tiefere Schwingungen mit sich und wies keine speziellen Qualitäten auf.

Der Gottesdienst ging zu Ende. Ich war wie betäubt und verstand nicht, was sich zugetragen hatte. Die Schwierigkeiten schienen mir unüberwindlich. Wie konnte Genny wissen, ob der Geist, welcher durch sie sprach, sich im göttlichen oder einem tieferen Bewußtseinszustand befand? Vielleicht war sie noch nicht bereit, ein Medium zu sein? Vielleicht mußte sie dazu noch viele Jahre diszipliniert an sich arbeiten?

Doch Genny war wütend: „Ich kenne die Wahrheit. Ich weiß, daß meine Gedanken in eine andere Richtung abschweiften. Ich bekam Angst!“ Wir gingen in die kühle Nachtluft hinaus und hielten einander umarmt, bis wir zu Hause ankamen. Ich entschuldigte mich dafür, daß ich geglaubt hatte, sie sei noch nicht bereit. Genny sagte: „Heute Abend hatte ich Angst. Das nächste Mal wird es anders sein.“

In dieser Nacht wurde Genny krank. Ich war sicher, daß sie sich bis zum nächsten Morgen erholt haben würde, doch es kam anders. Am nächsten Tag konnte sie weder aufstehen noch etwas essen. Sie rollte sich wie im Delirium von einer Seite zur anderen und hatte den ganzen Tag und die folgende Nacht hohes Fieber.

Am darauffolgenden Tag bekam ich es mit der Angst zu tun. Ihr Zustand hatte sich kaum verändert und sie fühlte sich schrecklich. Ich ging zu Paz, um sie zu fragen, ob Genny irgendeine Medizin einnehmen durfte. Paz verneinte und sagte mit Nachdruck: „Dies ist ein Test. Ein wahres Medium darf nur von Gott abhängig sein. Wenn es ihr morgen nicht besser geht, werde ich vorbeikommen und ihr eine spirituelle Injektion geben.“

In der folgenden Nacht fühlte ich mich so hilflos und machtlos, als ich viele Stunden lang neben Genny saß. Ich erkannte zum ersten Mal, wie sehr ich immer auf Ärzte und ihre Antibiotika vertraut hatte. Allein die Gegenwart eines Arztes hatte mich immer schon beruhigt.

Genny und ich meditierten zusammen. Ich legte ihr auch die Hände auf, doch es fiel mir schwer, mit jemandem, der mir so nahe stand, zu arbeiten. Ich konnte sie nicht in ihrer Vollkommenheit sehen, da ich mich auch mit ihren Schmerzen identifizierte. Es schien, daß wir beide getestet wurden. Keiner von uns konnte etwas tun. Wir konnten nur warten und zugeben, daß wir von etwas Größerem abhängig waren.

Bei Tagesanbruch war Gennys Fieber so hoch wie zuvor. In

der Nacht hatte starker Regen eingesetzt und alle Straßen standen unter Wasser. Paz würde den Weg zu uns nicht schaffen. Ich schaute zu, wie sich der Boden zwischen den Häusern immer mehr mit Wasser bedeckte, und fühlte mich an diesem fremden Ort mit seinen fremden Ideen völlig hilflos. Ich mußte etwas tun, um Genny zu helfen. Paz konnte nicht zu uns kommen, also mußte ich sie aufsuchen.

Unter normalen Umständen hätte ich ihr Haus in zwanzig Minuten erreicht gehabt, doch heute brauchte ich dazu über eine Stunde. Ich war jedoch froh, etwas tun zu können. Ich nahm mir vor, Paz zu fragen, ob Genny etwas Aspirin oder Tee zu sich nehmen durfte. Dies war nun der dritte Tag ihrer Krankheit.

Über eine Stunde später gelangte ich zu Paz' Haus. Sie war nicht da, denn sie hatte jemanden gefunden, der sie zu Genny brachte. In dieser langen Stunde, die ich benötigte, um wieder zu Genny zurückzukehren, hatte ich alle Zeit, zu erkennen, daß mein angstvolles Ausagieren überhaupt nichts erbracht hatte. Als ich unser Zimmer betrat, saß Paz neben Genny. Ich setzte mich neben sie und spürte, daß allein ihre Gegenwart uns beiden half. Wir fühlten uns nicht mehr allein.

„Kein Aspirin, kein Tee", wiederholte Paz. „Dies ist dein Test. Jedes Medium muß dahin gelangen, nur noch auf Gott zu vertrauen. Wenn ein Tee helfen würde, wüßtest du später nie, ob der Tee oder Gott dich geheilt hat. Deine Patienten zu Hause können Medizin zu sich nehmen, doch du mußt wissen, daß Gott allein mehr als genug ist, um zu heilen." Paz nahm ihre Bibel zur Hand, zog aus den Seiten die Energie in eine unsichtbare Spritze auf und gab Genny eine spirituelle Injektion.

Zwei weitere Tage vergingen, und Gennys Fieber blieb unverändert hoch. Sie hatte nun seit fünf Tagen nichts mehr gegessen. Paz kam noch mehrere Male zu uns und gab ihr weitere spirituelle Injektionen, um sie zu stärken.

Genny veränderte sich nicht nur körperlich, sondern auch innerlich; ihr Körper wurde schwächer, doch in dieser Schwäche öffnete sie sich einer neuen inneren Stärke. Zeitweise stiegen jedoch Zweifel in mir hoch: Gab Genny sich wirklich dem Neuen und Unbekannten hin — oder gab sie einfach auf? Die Scheidelinie zwischen beiden ist sehr dünn. Wenn ich ihren Körper betrachtete, fürchtete ich, daß sie aufgab, doch wenn ich mich auf ihr inneres Wesen einstimmte, war ich gewiß, daß sie eine tiefe Ebene völliger Hingabe erreicht hatte. Dies war mein Test: Welcher Wahrnehmungsebene vertraute ich?

Am Nachmittag des sechsten Tages ließ Paz uns ausrichten, Schwester Rose hätte auf telepathischem Wege mitgeteilt, daß sie zu Gennys Einweihung käme. Schwester Rose, Eduardo und Paz würden die drei Medien sein, welche Gennys Einweihungs-Zeremonie durchführten.

Diese Nachricht wurde uns fast beiläufig überbracht, als ob Genny sich bester Gesundheit erfreute und den Besuch und auch die Zeremonie kaum erwarten könnte. Wir hätten den Tonfall der Botschaft leicht als gleichgültig und taktlos mißverstehen können, doch sowohl Genny als auch ich fühlten uns durch Paz' Unbeschwertheit ermutigt und gestärkt. Zum ersten Mal in sechs Tagen setzte sich Genny im Bett auf. Wir umarmten einander, und sie sagte: „Ich weiß jetzt, daß ich nicht aus dem Wege gehen muß, damit ein anderes Wesen durch mich sprechen kann. Ich muß zu diesem Wesen werden. Ich bin dieses Wesen. Es gibt keine Trennung."

Am Abend stand sie auf und ging einige Schritte. Schwester Rose kam spätabends an, und ihr herzliches Lachen, das einem so kleinen und gebrechlichen Körper entsprang, regte unseren Lebensmut weiter an. Sie sagte zu uns: „Morgen werden wir Genny einweihen und eure Fahne segnen. Es wird ein glorreicher Tag sein."

Es war Sonntag geworden; der Tag der Einweihungszeremonie hatte begonnen. Genny fühlte sich immer noch schwach, als sie die Kirche betrat und den Gang nach vorne schritt, um vor die Versammlung zu treten. Schwester Rose, Paz und Eduardo gingen zuerst in Trance. Genny stand zwischen ihnen und folgte ihnen nach. Statt „sie ging in Trance", würde ich lieber sagen: „sie ging ins Wissen". Sie verwandelte sich, und ihre Schönheit strahlte mehr denn je. Ihr Gesicht leuchtete, als sich ihr Licht mit dem Licht eines größeren Wesens verband.

Die Worte, die sie sprach, stellten nur den kleinsten Teil dieser Gegenwart des Friedens dar, den sie in die Kirche brachte. Ein warmer Strom von Licht und Liebe floß in den Raum und umgab jeden einzelnen. Wir wurden alle in einen himmlischen Ort erhoben. Gennys Einweihung war ein Erfolg. Es war vollbracht: Sie war nun ein Medium.

Es war Zeit, wieder auf die Erde zurückzukehren und zu feiern. Wir aßen gebratene Ente, und Schwester Rose erzählte dazu Witze. Alle Einwohner des Ortes schienen sich bei Paz versammelt zu haben, um zu gratulieren und mitzufeiern. Inmitten dieser festlichen Aufregung schweifte mein Blick immer wieder zu Genny hinüber. Sie war anders geworden und dennoch gleich geblieben. Dasselbe galt für mich; ich begann Mediumschaft von einer höheren Warte aus zu sehen. Genny erklärte: „Es war, als ob ich mich selbst in einem Traum beobachtete. Ich war mir bewußt, daß ich redete, und zugleich beobachtete ich mich beim Reden." Das Wichtigste an der Trance waren nicht die Worte, die gesprochen wurden, sondern die Tatsache, daß sich da ein Kanal öffnete, durch welchen eine himmlische Gegenwart in die Realität dieser Welt strömen konnte.

Wir empfanden für alle große Dankbarkeit, besonders für Schwester Rose. Sie war ein großes Wagnis eingegangen, als sie auf überfluteten Straßen aus den Bergen herabgekommen war, um an der Zeremonie teilzunehmen. Am Nachmittag reiste sie wieder zurück. Ich entschied mich, sie zu begleiten, um einige Zeit mit ihr allein verbringen zu können. Ich ahnte, daß dies unser letztes Zusammentreffen war.

Auf der langen Fahrt in die Berge trug ich eine Frage mit mir herum, und ich war überzeugt, daß nur sie mir darauf eine Antwort geben konnte. Schließlich hatte ich mich soweit gefaßt, daß ich die Frage stellen konnte, und ich wandte mich ihr zu. Ihr Gesichtsausdruck verriet mir allerdings, daß sie bereits wußte, was ich fragen wollte: „Schwester Rose, was ist der Sinn meines Lebens?"

Sie grinste und nahm meine Hand; dann sagte sie einfach: „Die Kraft des Gebetes zu kennen." Das war alles. Die Frage war beantwortet. Ich hielt weiterhin ihre Hand, während wir zuschauten, wie das Wasser vom Dach des Jeeps auf die Straße floß. Sie wußte, wie ich auch, daß es für mich am allerschwierigsten war, voll zu leben und zugleich dem Unbekannten zu vertrauen. Beten ist die Brücke zwischen einem so gelebten Leben und dem Vertrauen in alles, was das Leben mir bringt.

Am späten Abend war ich wieder zu Hause. Wir hatten Schwester Rose nur die erste Hälfte ihres Weges begleitet, und jemand anderes hatte sie dort erwartet und den Rest des Weges geleitet.

Das Fest war immer noch in vollem Gange. Genny hatte sich eine Zeitlang zurückgezogen, um sich auszuruhen, gesellte sich jetzt aber mit mir wieder zu den anderen. Paz machte sich eben daran, ihre gewohnte Abendunterhaltung zu beginnen. Sie lud alle in ihr Wohnzimmer ein, und ging dort in Trance.

Als Einleitung sagte sie allen: „Ich werde zu den ‚Aufzeichnungen' reisen und um Erlaubnis bitten, alle Fragen, die ihr habt, nachzuschlagen."

Wir sahen Paz buchstäblich in den Himmel aufsteigen. Ihre Augen spiegelten ein himmlisches Licht wider; bei ihrem Aufstieg winkte sie Engeln zu, und als sie den heiligen Petrus am Tor traf und demütig um Einlaß bat, standen wir alle mit ihr am Tor zum Himmel.

Endlich gelangte sie zu den „Aufzeichnungen". Man erklärte uns, daß sie bei einem Medium aus goldenen und silbernen Lettern bestehen. Wenn der Name einer Person jedoch ausgelöscht ist, heißt dies, daß sie stirbt. Wenn die Schrift verschwommen ist, schwebt die Person zwischen Leben und Tod.

Schon Doris hatte von solchen „Aufzeichnungen“ oder der „Akasha-Chronik“, wie sie auch genannt werden, gesprochen. Paz befand sich nun offensichtlich in einem besonderen Gebäude, in welchem die „Aufzeichnungen“ aufbewahrt wurden. Es sah wie eine große Bibliothek aus Marmor aus. Viele Wesen waren darin tätig. Paz erklärte: „Jedem von euch sind drei Fragen gewährt.“

Eine Frau fragte: „Wie wird sich mein neuer Laden entwickeln?“

Eine andere Frau erkundigte sich nach ihrer Tochter, die vor einiger Zeit gestorben war. Auf diese Frage antwortete Paz, daß sie nachschauen ginge. Wenige Augenblicke später veränderte sich ihre Stimme, und in einem viel sanfteren und helleren Tonfall sprach ein Mädchen durch sie. Man übersetzte uns seine Worte, und wir sahen Tränen der Freude in den Augen ihrer Mutter, während wir alle der unglaublichen Beschreibung der himmlischen Gefilde zuhörten.

Die Tochter dieser Frau sprach nun direkt zu allen Familienmitgliedern, die sich im Raum befanden. Ihrem tragischen Tod war eine lange Krankheit vorausgegangen. Sie war zu diesem Zeitpunkt erst acht Jahre alt gewesen, und bevor sie starb, hatte sie gesagt: „Mutti, ich gehe jetzt in den Himmel.“ Sie entschuldigte sich dafür, daß sie allen so viel Leid bereitet hatte, und erklärte, daß alles hatte geschehen müssen, damit ein größerer Plan sich entfalten konnte. Sie erzählte, daß sie sich nach ihrem Tod für lange Zeit ausgeruht hatte; doch nun diente sie in einer Gruppe von Engeln, die sich um kleine Kinder kümmerten. Sie war sehr glücklich. Alle im Raum fühlten, daß wir für einige Augenblicke wirklich mit ihr im Himmel geweilt hatten.

Paz kehrte zu den „Aufzeichnungen“ zurück und beantwortete weitere Fragen. Paz’ Schwester bat um eine Segnung; Lächeln flackerte in der Gruppe auf, und jemand flüsterte uns zu: „Dies ist ein ganz besonderer Moment. Vor einigen Tagen hat sich ihre Schwester zum Espiritismus bekehrt!“

Wir erinnerten uns an Paz' Geschichte: Als sie vor siebzehn Jahren erkrankt war und ihr die Visionen, die sie zu ihrer Aufgabe führten, geschenkt worden waren, hatte sich die ganze Familie dagegen gewehrt. Mit Worten und bisweilen sogar mit Beleidigungen hatten sie versucht, sie von ihrem Glauben abzubringen. Paz jedoch wußte, daß dies ihr Test war, und argumentierte nicht mit ihnen. Mit Tränen in den Augen ging sie statt dessen in ihr Zimmer und betete stundenlang. Und heute abend, siebzehn Jahre später, war auch das letzte Mitglied der Familie bereit, sie auf ihrem Weg zu akzeptieren.

Wir fühlten uns tief beschenkt, Paz' Gang in den Himmel beiwohnen zu dürfen. Wir bewunderten ihren Mut, die Wahrheit einer höheren Wirklichkeit in diesem Raum voller Menschen unterschiedlichen Glaubens mitzuteilen. Als wir sahen, wie sie ihre Gaben voll anerkannte und lebte, fühlten auch wir uns aufgefordert, unser höchstes Selbst zu suchen. Ich erkannte, daß sie ein großer Lehrer war. Es wäre in meinen Augen ein Verbrechen gewesen, wenn Paz Schullehrerin geworden wäre, bloß weil das von ihr erwartet wurde. Vielleicht ist dies das größte Verbrechen, das wir begehen können, nicht zu wagen, unsere eigenen Gaben zu entwickeln. Die Heiler auf den Philippinen hatten uns die große Vielfalt der Wege, auf denen sich die göttliche Wahrheit durch uns alle lebt, erkennen gelehrt.

Ich saß da und versuchte mir vorzustellen, wieder zu Hause im Westen zu leben. Wie konnte ich die Menschen dort ermutigen, ihren eigenen und einzigartigen Weg zu finden, das Göttliche Selbst zu erfahren und zu leben?

Die Fragestunde ging weiter. Ein Mann fragte: „Wie kann ich für meine Familie sorgen, wenn ich auf eine Mission in die Berge gehe, um den Opfern des Hochwassers zu helfen?"

Paz bat um einen Peso. Sie nahm ihn, segnete ihn und wickelte ihn in ein Stück Papier. Hierauf sprach sie: „Ich könnte dir tausend Pesos geben, doch du könntest sie ausgeben und würdest eines Tages wieder so arm sein; ich kann dir jedoch diesen einen Peso geben und ihn segnen, und dann weiß ich, daß du nie mehr Not leiden wirst." Dann fügte sie hinzu: „Du kannst anderen nicht dienen, wenn du nicht zuvor deiner eigenen Familie gedient hast. Heile die Konflikte mit deinen Familienmitgliedern, vergib ihnen, und dann wirst du deinen Platz in deiner spirituellen Familie einnehmen können. Im eigenen Haus Vergebung zu üben kann viel schwieriger sein, als in die Berge zu gehen und den Opfern der Überschwemmungen zu helfen. Im eigenen Haus Vergebung zu finden, befreit dich von deinen karmischen Banden, so daß du wirklich Gott dienen kannst."

Dann wandte sich Paz an Genny und mich und sprach: „Ihr müßt lehren, daß spirituelles Wachstum immer im eigenen Haus beginnt. Ein Herz, das sich ganz Gott hingegeben hat, kann nichts erreichen, bevor es nicht in seiner eigenen Familie liebt und Heilung gefunden hat. Dann wird es auf ganz natürliche Weise seine himmlische Familie finden."

In diesem Augenblick erschien uns alles so einfach. Jeder wird mit zwei Elternpaaren beschenkt, einem biologischen und einem himmlischen. Wenn wir mit unseren biologischen Eltern Freundschaft schließen, einander verstehen und annehmen, dann sind wir von den karmischen Banden befreit und werden in eine größere Familie, unsere spirituelle Familie, wiedergeboren. Wenn wir schließlich Gott als Mutter und Vater anerkennen, wird jedes Wesen zu unserem Bruder und zu unserer Schwester. Unsere Enttäuschungen gehören zu unserem menschlichen Entwicklungsweg; unsere Freude und unser Leid dienen einem höheren Sinn: sie gehören zum steilen Anstieg auf unserem Weg, uns selbst ganz anzunehmen. Dies muß auch der Grund sein, warum alle großen spirituellen Lehrer auf solch göttliche Weise menschlich sind und sich ihrer Schwächen nicht schämen.

Ich schaute mich nach Genny um und sah sie strahlen. Sicher war es kein Zufall, daß eine Seite in ihr sterben mußte, bevor sie sich dem Größeren öffnen konnte. Unsere Todesfurcht ist unser größtes Hindernis auf dem Weg zu innerem Frieden. Während ich Paz mit den Mächten des Himmels sprechen sah, dachte ich: „Wenn doch nur die ganze Welt jetzt hiersein könnte, um mit Paz in den Himmel aufzusteigen und von verstorbenen lieben Menschen zu hören, was sie nach dem Verlassen ihres Körpers erfahren haben, dann würden alle die Wahrheit kennen." Wir hätten alle weniger Angst, uns unserer Masken zu entledigen und uns unserem Wahren Wesen zu nähern. In Paz' wunderschönem Gesicht stand alles geschrieben.

Es war offensichtlich, daß die Party noch Stunden dauern würde, doch Genny und ich waren erschöpft. Wir stahlen uns hinaus und machten uns auf den Heimweg. Schwarze Regenwolken verdunkelten den Nachthimmel noch mehr, doch als wir uns vorsichtig auf der sumpfigen Straße vorwärtstasteten, brach plötzlich das Mondlicht durch die Wolken, beleuchtete unseren Weg und führte uns sicher nach Hause.

Am nächsten Morgen lasen wir im *Kurs:*

> *„Die wirklich Hilfreichen sind unverwundbar, denn sie schützen ihre Egos nicht, und daher kann nichts sie verletzen. Die wirklich Hilfreichen sind Gottes Wunderwirker, die ich anleite, bis wir alle in der Freude des Königreiches vereint sind. Ich lenke euch überall hin, wo ihr wirklich hilfreich sein könnt, und zu allen, welche meiner Führung durch euch folgen können."*

An diesem Morgen blieben wir noch lange Zeit im Bett. Unser Aufenthalt auf den Philippinen ging zu Ende. Wir wußten, daß unsere Aufgabe hier erfüllt war. Beim Mittagessen sprachen wir mit Paz darüber, und sie stimmte uns zu, daß unsere Abreise unmittelbar bevorstand. Sie drängte uns, noch mehr zu meditieren und dafür zu beten, daß andere unsere Gaben als Geschenke annehmen konnten. Am Nachmittag gab sie uns in Trance spirituelle Blütenblätter, welche uns davor beschützen würden, in Versuchung geführt zu werden.

Als wir Eduardo aufsuchten, um uns von ihm zu verabschieden, sahen wir ihn hinken. Ein Ochse hatte ihn auf dem Feld zu

Boden gestoßen. Er war ärgerlich, weil er zu sehr litt, um in Trance gehen und unsere Heimreise segnen zu können. Wir lachten und liebten ihn nur noch mehr, weil er sich uns so offen und verletzlich zeigte. Er war ein einfacher, alter Mann, der uns zum Abschied noch seine besten Ratschläge mitgeben wollte. Als Geschenk nahm er seine Bibel zur Hand und sagte zu uns: „Betet und öffnet sie dann an drei verschiedenen Stellen; jeder Vers, auf den euer Finger zeigt, sollte eine ähnliche Botschaft enthalten." Ich versuchte es; zwei Verse sagten ähnliches aus, doch der dritte schien nicht dazu zu passen. Er lachte: „Genny, versuch du's." Wieder erlebten wir das gleiche: Zwei Verse standen eindeutig in Beziehung zueinander, doch der dritte schien nicht dazu zu passen. Eduardo lachte wieder: „Nein, ihr habt nicht versagt, ihr müßt nur mehr üben."

Wir verabschiedeten uns von Eduardo und wußten, daß wir ihn nicht wiedersehen würden, zumindest nicht auf der physischen Ebene.

Wenige Tage später verließen wir die Philippinen und flogen nach San Francisco. Kaum hatten wir das Flughafengebäude betreten, umgab uns hektische Aktivität. Jedermann schien beschäftigt, jedermann schien in Eile zu sein. Unser Flugzeug war zu früh gelandet, und wir setzten uns, um auf unseren Freund Peter zu warten, der uns abholen sollte. Ich sah uns als zwei Blumen, die man ausgegraben hatte und die nun darauf warteten, wieder eingepflanzt zu werden. Ich schaute den Menschen zu, die zielstrebig vorbeihasteten, und fühlte mich nackt und allein. Da bemerkte ich, daß Genny dieselben Menschen mit einem Lächeln beobachtete. Wieder schaute ich hin, und nun erkannte ich, daß ich eine Widerspiegelung meines alten Selbst gesehen hatte, dieser leeren Muschel, welche ich unablässig mit neuen Hoffnungen und Wünschen zu füllen versuchte, ohne je Zufriedenheit zu finden. Ich erkannte überdeutlich, wie mächtig der Einfluß meiner Gedanken sein konnte. Eine einzige flüchtige Erinnerung an mein altes Selbst besaß die Macht, mich davon abzuhalten, mich zu

Hause zu fühlen. Sie besaß die Macht, mich denken zu machen, daß wir aus der Erde gerissene Blumen waren, die darauf warteten, wieder eingepflanzt zu werden, statt zu wissen, daß wir immer in Gott gepflanzt sind! Und alle Menschen, die wir sahen, gehörten zum selben Garten.

Genny zog unsere zerlesene Kopie des *Kurs* aus der Tasche. Sie betete, öffnete das Buch und zeigte, wie uns dies Eduardo mit der Bibel gelehrt hatte, mit dem Finger auf eine Stelle:

„Ich bin hier, um wirklich hilfreich zu sein. Ich bin hier, um Ihn zu vertreten, der mich gesandt hat. Ich brauche mich nicht darum zu sorgen, was ich sagen oder tun soll, denn Er, welcher mich gesandt hat, wird mich leiten. Ich bin zufrieden, da zu sein, wo immer Er mich haben will, und weiß, daß Er mit mir da ist. Ich werde geheilt werden, indem ich zulasse, daß Er mich heilen lehrt."

Da nahm ich das Buch zur Hand, ging in mich und bat um Belehrung. Ich öffnete es und fand folgende Stelle:

„Ich lege den Frieden Gottes in dein Herz und in deine Hände, um ihn zu bewahren und weiterzugeben. Die Reinheit des Herzens kann ihn bewahren und die Stärke der Hände kann ihn weitergeben."

Genny nahm das Buch noch einmal zur Hand, hielt es an ihr Herz und schaute dann hinein:

„Nur der Heilige Geist weiß, was du brauchst, denn Er wird dir alle Dinge geben, die den Weg zum Licht nicht versperren. Er gibt dir alles, was du brauchst, und wird es solange erneuern, wie du es benötigst... Er weiß, daß alle deine Bedürfnisse vorübergehend sind und nur solange andauern werden, bis du aus ihnen heraustrittst und erkennst, daß sie alle bereits erfüllt sind."

Nachwort

1977 kehrten wir von den Philippinen nach Kalifornien zurück und eröffneten nördlich von San Francisco das „Zentrum für Spirituelles Heilen von Marin County". 1981 wurden wir die sehr glücklichen Eltern eines ganz besonderen kleinen Jungen, Matthew. Einige Jahre später begannen wir, in Europa spirituelle Seminare zu geben. Viele Menschen verschiedener Glaubensrichtungen, auch Paare und Familien, haben daran teilgenommen, weil sie entweder an schweren oder chronischen Krankheiten litten, oder weil sie ihre spirituellen Gaben weiterentwickeln und dem höheren Sinn ihres Lebens näherkommen wollten.

Auch viele Europäer haben seither die Veranstaltungen unseres Zentrums in Kalifornien besucht, das fünftägige Seminare, Abendgruppen über einen Zeitraum von sechs Wochen, Sonntags-Meditations-Gottesdienste und Einzelsitzungen anbietet.

Weitere Informationen sind zu erhalten beim

Center for Spiritual Healing
P.O. Box 807
Fairfax, California 94930, USA

Die unten aufgeführten Menschen und Zentren in Europa sind Kontaktpersonen und -orte für unsere europäischen Seminare.

Gion Chresta
„Shanti Nilayam"
Bläsistraße 14
CH — 8049 Zürich

Dagmar Taliaferro-Beyse
Jürgen Beyse
„Himmel und Erde"
In der Falterau 13
D — 7000 Stuttgart 70

Robert Dreyfus
„Zentrum der Einheit", Schweibenalp
CH — 3855 Brienz

Renate Zürn
„Nil Gagan", Alpenblick 7
D — 7758 Daisendorf/ Meersburg

Irene Borghardt-Frei
c/o G. Frei, Hirschen
CH — 9221 Hohentannen